JN440052

운주사 돌부처

운주사 돌부처

이경숙 수필집

그루

책 머리에

시각 장애인이 되어

대문을 나서면 시야가 뿌옇다. 파스텔화처럼 경계선이 불분명하다. 아는 사람이 앞에 와도 얼굴을 잘 알아보지 못한다.

오래전부터 조금씩 시력을 잃어가고 있었는데 요즈음에 와서 현저하게 나빠지는 것 같다. 확대경을 통해 어지간히 알아보던 글자들이 희미하게 어른거려 이제는 안 되겠다 싶은 생각이 들기도 한다.

장애는 불편할 뿐 불행하지는 않다는 말이 있다. 마음먹기에 따라서는 가능한 애기일 것이다. 그러나 그 경지까지 가려면 얼마나 도를 닦아야 할까.

어떤 맹인이 자기는 이승과 저승의 중간 지대를 살고 있는 것 같다고 하던 말이 실감난다. 눈이 점점 악화됨을 느낄 때는 서서히 침몰해 가는 배를 타고 있는 것처럼 불안과 두려움에 휩싸일 때도 있다.

어차피 지금은 나이 들어 앞서거니 뒤서거니 하며 이승을 떠날 채비를 해야 할 때가 되었다.

지난 한 해 동안 생활지원사의 도움을 받으며 집안 정리를 하였다. 최소한의 물건들만 남기고 대폭 버리면서 끝내 없애지 못한 종이상자가 있었다.

지난날 간간이 써서 발표했던 수필들.

이제 시력에 한계를 느끼면서 반평생 동안 매년 한두 편씩 썼던 글들을 한자리에 모아 보고 싶었다.

가정과 직장생활의 바쁜 와중에 틈틈이 골방에 엎드려 원고지를 메꾸던 일들. 그 어줍잖은 작업을 하느라 가족들에게 무심했던 세월을 생각하면 죄스러운 마음이 앞선다.

오래 전에 쓴 글들을 다시 읽으니 어리석은 한 인간의 실존을 보는 것 같아 부끄럽고 망설여진다.

그러나 이번 생에 마지막 정리라 생각하고 용기를 내어 보았다.

글쓰기는 가장 벅찬 일 중의 하나였지만 삶의 의미를 찾는 중요한 과정이었다. 때로는 수행의 한 방편으로 여겨보기도 했던 수필은 나의 삶에서 어떤 구원의 길이 되어 주기도 했다.

어려운 형편에 학교를 보내 주신 부모님과 내 삶에 버팀목으로 많은 힘이 되어 준 가족들, 그리고 인연 있는 모든 분들께 진심으로 감사한 마음을 드린다.

2022. 4.
이경숙 합장

차례

3부
내가 원해야 하는 것

4부
있는 그대로

1
추양 단상秋陽斷想

추운 겨울이 가까웠음을 알기 때문에
가을볕이 그만큼 더 따사롭게 느껴지듯,
삶의 존재가치는 죽음에의 위협에서
오히려 더 증대되는 것은 아닐까.

육아 일기 育兒 日記

'……한 인간이 그의 어린 시절을(모체 속에서부터의) 낱낱이 기억하기는 불가능하다. 그러나 우리는 가끔 기억할 수 없는 유년기에 대해서 향수와 호기심을 느낄 때가 있다…… 아이가 보다 의미 있고 보람찬 삶을 누리게 하기 위하여 기도하는 마음으로 그 아이 생애의 가장 사랑스러운 시절을 영원히 붙잡아 두고자 이 노트를 준비한다. 엄마로서 특별히 생각해 낸 가장 소중한 선물이 되리라 믿으며, 되도록 성실하게 하나하나의 성장 과정을 여기 기록하여 철이 든 후에 보여 주려 한다.

우리의 사랑의 증명이며, 생명의 연장인 고귀한 보물 우리 아가야를 위하여……'

큰애의 육아 일기 첫머리에 적혀 있는 말들이다.

큰애는 지금 다섯 살, 둘째는 네 살, 둘이 연년생인 형제이다.

운 좋게도 사내애만 둘 낳아서 국가시책에 호응할 수 있는 애국자가 된 셈이다. 운이 좋다는 것은 내 자신의 생각이기보다 주위 사람들의 바람 때문이지만…….

결혼하던 이듬해 어느 가을날이었을 것이다. 그이와의 오가는 얘기 끝에 이런 말들을 하곤 했던 것 같다.

"어디론가 멀리 떠나고 싶다."

"아무 일도 손에 잡히지 않는다."

는 등의.

역마살이 붙은 것처럼 가을이면 혼자 지병을 앓던 나를 바라보면서 그이는 할 수 없다는 듯이

"어서 아이를 하나 낳아야 되겠다."

하여 웃은 적이 있었다.

그 이듬해 여름, 첫 아이를 낳은 뒤 그런 공허한 말들은 많이 줄어든 편이었다.

그런데 또 어느 저녁때였을까.

예의 그 허황한 언어들을 나도 모르게 늘어놓고 있었던가 보다.

"아이를 하나 더 낳아야 되겠구나."

그이의 두 번째 농담 섞인 선언이었다.

끝없이 유동하는 소녀적 감정을 버리지 못하는 철없는 아내가 딱하기도 하였으리라.

그런 이유에서가 아니더라도 동생을 하나쯤은 더 낳을 생각이

었다. 어른들만의 집안에 애기가 하나뿐이니까 가끔 좀 심심해 보이기도 했고, 성장하는 데도 더 나을 것 같았다.

그러나 막상 두 번째 아기의 태동을 느꼈을 때는 조금 당황할 수밖에 없었다. 칠칠치 못한 주제에 두 아이를 함께 키워야 한다는(연년생이므로) 엄청난 생각이 들었다. 하지만 어차피 둘 정도는 낳아 키울 각오를 했으므로 못내 벅찬 생각을 가라앉히곤 했다. 무거워 오는 몸의 부피만큼 차츰 현실에 뿌리박아 평범하게 적응해 가는 자신을 돌아보며 언뜻언뜻 그이의 말을 떠올려 보기도 했다.

그이의 예언대로 나는 두 아이를 낳으면서 비로소 철이 드는 것 같았다. 진정한 인간으로서의 책임과 보람, 희열을 느꼈다고나 할까.

큰애는 몽실몽실한 찹쌀강생이처럼 귀엽고 영리하게 잘도 자랐다.

"순하고 영롱하게 빛나는 새카만 눈망울, 수밀도보다 탐스러운 볼, 참하게 생긴 입술이며 오똑한 콧날, 젖빛 살결, 방울소리 같은 목소리……. 혼자 누워 잠자는 모습을 들여다보면 슬프리만치 귀엽고 아름답다."

어느새 내 일기장은 아가의 이야기로 넘쳐흘렀다. 그런 어느 날, 이럴 것이 아니라 두 아이의 육아일기를 따로 써 주고 싶다는 생각을 했다. 어머니로서 일종의 욕심이었을 것이다.

먼 훗날 커다랗게 성장한 아들에게 자랑스럽게 내어 줄 즐거운 선물이 되리라. 또는 언젠가 다가올 사춘기의 어느 날에 그는 어머니가 정성들여 쓴 육아일기를 들여다보며 자신의 꿈같은 어린 날을 기억하고 어떤 생각에 잠길까. 나는 마냥 부푼 가슴이었다.

둘째는 아직 뱃속에 있었으므로 그때부터 쓰면 되었고, 첫째는 내 일기장에 기록되어 있는 사실들을 적당히 옮기기로 했다. 그리하여 두 권의 공책을 마련하였었다. 오랜 기간 동안 쓸 작정이었으므로 좀 두껍고 질이 좋은 책으로 엮어져 있는 것이었다.

그 뒤 오늘까지(만 삼 년 가까이) 비교적 꾸준하게 틈나는 대로 생각이 내킬 때마다 일기장을 들치곤 한다.

태아가 생성되기 전부터, 우리가 아이의 출생을 원했을 무렵부터 상세히 적혀 있는 육아일기는 큰애 것이 45페이지, 작은애 것이 23페이지를 넘기고 있다.

첫돌 때까지는 주로 하루에 무엇을 얼마씩 먹는다든지 키와 몸무게가 정상보다 얼마나 넘어 있다는 등의 신체 발육 상황이 한 장씩의 사진과 함께 적혀 있다. 그리고 어휘, 사고력의 발달, 정서의 분화 과정 등이 많은 관심과 사랑 속에 펼쳐진다.

어느 부모에게나 마찬가지겠지만 자식은 가장 소중하고 불가사의한 선물 중의 하나이리라. '눈에 보이는 형태로 나타난 사랑'인 아이들을 위하여 우리 부모들은 전적으로 그의 인생에 대한 모든 책임을 져야 한다는 사실이 연민의 정과 더불어 때로 깊이 인식되어 옴을 어쩔 수 없다.

'유태인 가정 교육의 비결'이란 정원식 교수의 책을 사서 읽은 적이 있다. 유태인의 우수한 두뇌와 끈질긴 생활력이 유전에 의한 것이 아니라 그들의 엄격한 가정 교육 때문이란 것을 알 수 있었다.

좀더 체계적으로 일관성 있는 육아를 위해 많은 책을(위인들이나 그 어머니들의 전기 같은) 읽고, 의도적인 노력을 해야겠다는 생각을 한다. 그러나 아이들에게 충실하다 보면 언제 책 한 줄, 글 한 자 쓸 겨를도 없기 마련이다.

'한 알의 밀알……'의 비유가 생각나도록 그것은 끊임없는 희생과 노고의 연속이므로.

아이들이 곤히 자는 깊은 밤에 몰래 일어나 앉는다. 새삼스레 자는 모습을 살펴보고 나 자신과 아이들과 이 세계와의 관계를 생각해 본다. 현실에 더욱 깊이 발을 붙이고 있는 자신의 무게를 실감한다. 때로는 생텍쥐페리의 '어린 왕자'에 나오는 한 구절을 떠올리기도 하며 열심히 육아일기를 써 나가는 것이다.

'네가 네 장미에게 허비한 시간 때문에 네 장미가 그토록 중요하게 된 거야……. 영원히 네가 길들인(관계를 맺은) 것에 책임을 져야 해, 넌 네 장미에 대해…….'

(1978)

수수떡

"열 살 먹을 때까지 생일에 수수떡을 해 주면 좋단다."

애들 생일 때마다 시어머니께서 이르시는 말씀이다. 혹 안 계시더라도 잊지 말고 명심하라는 뜻이리라.

옛날부터 동짓날 팥죽을 끓이는 풍속이 있었다. 팥죽이나 수수떡의 색깔이 불그스럼하여 나쁜 귀신을 물리치고 재앙을 없애게 된다는 생각에서일 것이다.

오늘 큰아이의 네 번째 생일을 맞았다. 여느 때보다 좀 일찍 잠이 깨었다. 옆에 나뒹굴며 자고 있는 아이의 이불을 바로 덮어 주고 부엌으로 나갔다.

보통 때보다 고기를 더 잘게 썰어 넣고 음식을 만든다. 아이가 조금이라도 더 편하게 먹을 수 있도록 하자는 생각에서다. 시어머니께선 예외 없이 수수떡을 빚고 미역국을 정성껏 끓이셨다.

한창 그러고 있는데 '엄마!' 하는 소리와 함께 부엌문이 열렸다. 부엌에 섰던 사람들이 놀라면서 쳐다보았다.

"오! 네가 왠일이지? 이렇게 일찍 일어나고."

보통 때 같으면 아직도 한잠에 빠져 있을 시간이었다. 눈만 떴다 하면 잠시도 가만 있지 않고 뛰노는 데다 늦게 자는 편이라 아침에는 늦도록 곯아떨어지기 마련이었다.

그런데 이놈이 벌써 일어나다니 이상한 생각이 들었다. 아줌마도 돌아보며

"얘가 뭘 아는 모양이죠?"

하고 의아해한다. 공교롭게도 늘 새벽같이 일어나는 작은애는 오늘 뒤바뀌져서 늦잠을 자고 있는 게 아닌가.

"엄마! 오늘이 내 생일이나?"

고모한테 듣고 와서 묻는다.

"응, 네가 이 세상에 태어난 날이란다."

"안다."

"네가 어디서 났는지 아니?"

"엄마 배!"

하면서 손으로 나의 배를 쿠욱 찌르며 웃어 보인다. 나는 갑자기 이 애가 철이 다 들어버린 것 같다는 생각을 하며 왼쪽 볼을 꼬집어 주었다.

제 밥그릇에 고봉으로 담겨진 밥을 보고 씩 웃는다. 늘 먹을 만

큼만 들고 앉아 먹던 버릇이라 밥을 덜어 내라고 고집을 피울 줄 알았는데 그냥 숟가락을 드는 것이 기특하다. 푸짐한 밥상이며 식구마다 한마디씩 해 주는 생일 축하에 마음이 푹 누그러진 모양이다. 삼촌도 머리가 천정에 닿도록 번쩍 안아 올려 주어 기분이 좋았을 것이다.

아줌마가 미역국을 철철 넘치게 한 그릇 떠서 내 앞에 놓는다.

"뭘 이렇게 많이……."

나도 모르게 나온 말에

"오늘 애 엄마가 애 낳느라고 수고했으니까 많이 잡수이소."

한다. 생각해서 한 행동이란 듯 생색을 내는 것이다.

미역국을 먹으며 아이를 물끄러미 바라보았다. 그리고 4년 전 오늘의 일을 떠올렸다.

말로만 듣던 산모의 진통을 겪으며 많은 생각을 했던 것 같다. 그런 고통을 겪게 만들어진 여자의 운명이며 그것을 통하여 태어나는 아이(인간)에 대한 새로운 평가였다.

적어도 한 인간이 어떤 삶을 살아가든지 간에 그 출생시의 일을 생각하면(키울 때의 모든 노고는 다 그만두고라도) 자기의 생을 아무렇게나 살 수는 없을 것 같았다.

그리고 어떤 생명체든 그것이 죽음을 무릅쓴 고통의 댓가이므로 '생명의 존엄성'이나 그 '가치'는 더이상 논할 필요가 없다는 등의 생각이었다. 그때까지 때로 비관적이던 인생관에 변화를 가져온 계기가 되었었다.

사람이 왜 태어나는가, 왜 살아야 하고 죽어가야 하는지를 따지기 전에 생명은 생명 그 자체로서 의미가 있는 듯이 보였다.

밥상머리에 의젓하게 한몫을 차지하고 앉아 입을 불룩거리는 아이를 보며 새삼스럽게 아이의 고마움을 생각하고 내가 어머니임을 다시금 인식하게 된다.

"아이를 가져 보아야 비로소 아는 아이의 은혜"

라는 말이 있다. 참으로 아이의 출생은 나의 인생에 있어 가장 큰 의식의 변화를 일으켜 주었었다.

언젠가 숙모님께서

"제 열매 귀한 줄은 안 가르쳐 줘도 잘 안다."

하시던 말씀이 생각난다. -다른 일은 잘하지도 못하면서 아이를 위해서는 어떤 궂은일이나 고생도 마다않고, 단 한마디의 불평도 하지 않는 것을 보고 가상히 여겨 하신 말씀이리라.

지금도 밥상머리에 앉으면 아이들을 거두어 먹이기에 바빠 항상 다 식은 밥을 먹기가 일쑤다. 좀 맛있는 음식이 생기면 내 몫까지 기꺼이 아이들에게 주고 싶어한다. 피가 통하지 않는 아줌마는

"아이들 대강 주고 그만 애 엄마나 먹어요."

한다. 그러면서 자기 논이나 자식에게는 아무리 밑천이 많이 들어도 아깝지 않다더라는 말을 하기도 했다. 내게 생의 의미를 터득하게 해 주고 많은 보람을 안겨 주는 아이들은 나의 분신으로서 곧 나 자신이 된다. 그들의 희망찬 미래는 곧 우리들의 것이기도 하다. 아이들을 위한 일이라면 아무리 작은 일이라도 힘에 닿는 대로

해 주고 싶은 것이 부모들의 심정이리라.

생일에 수수떡을 해 주면 좋다는 얘기를 사실 그대로 믿지는 않는다. 그러나 열 살 먹은 뒤까지도 꼭 수수떡을 해 주고 싶다. 그것이 오랜 세월 내려오는 우리네 풍습이라면 굳이 마다할 필요는 없지 않은가.

가능하면 집 앞뒤 밭에 키가 큰 수수를 줄지어 심고 손수 정성들여 가꾸고 싶다. 가을이면 아이들과 함께 수숫대를 꺾어다 마당에서 타작을 하고 언제 언제 이걸 가지고 떡을 해 먹자는 얘기도 하며…….

그리고 생일이 되면,

"생일에 이 떡을 먹으면 좋단다."

하며 아이들 입에 하나씩 넣어 주리라. 마음속으로는 병 없이 아무 탈 없이 무럭무럭 잘 자라거라 하고 빌면서…….

(1978)

산정山頂의 추억

대학 시절을 회상할 때 가장 진하게 떠오르는 것이 '산정발표회' 때의 일들이다.

그 무렵(십여 년 전) K대학교에선 주로 현대 사상을 연구하는 단체가 있었다. 대학 내의 여러 과를 통해 성적이 우수하고 사상이 건전한 학생들이 선배의 추천으로 입회하게 되어 있었다. 나도 어떤 인연으로 이 회에 참가하게 되었고 많은 영향을 받았다. 이 회의 특징은 매월 1회 모임을 갖고, 어떤 주제를 두고 토론하는 것이다. 주로 철학이니 사상의 흐름이 중심 과제였고, 각기 전공 분야의 연구 발표 등이었다.

회원들 간의 상호 유대는 너무나 긴밀하여 정기 모임 이외에도 자주 자리를 함께하였다. 내가 다닌 문리대에선 수업이 없는 시간에 인문관 2층 동편 교실에 가면 항시 회원들을 만날 수 있었다. 언제 보아도 무궁무진한 화제가 있었고 모두 무언가에 몰두하여 탐구하는 자세였다.

삼학년 때는 어학에 관심을 가지게 되어, 대학을 졸업하기 전까지 적어도 몇 개 국어에 능통해야 한다고 생각했다. 일어를 배우고, 독어 작문을 연습하기 위해 매일 독일어로 편지를 교환하기도 했다.

'오헨리'의 '마지막 잎새'가 실린 단편 소설집, '북경에서 온 편지' 등의 원서를 단체로 구입하여 매일 첫 강의 시간보다 한 시간씩 일찍 등교하여 읽어 나가던 것도 그때였다.

토요일 오후 같은 때는 졸업한 선배들이 찾아와 좋은 얘기(학교와 사회의 교량이 되는)를 들려 주곤 했다. 등꽃이 치렁치렁한 로터리 벤치에서 우연히 회원들과 마주치면 십년지기인 양 반가웠고 끝없는 이상론을 펼치며 시내로 동행하는 날은 동성로 뒷골목의 허름한 판잣집에 걸터앉아 오십 원짜리 국수를 말아먹으며 무슨 프롤레타리아이기나 한 듯 떠들어댔다.

시간이 나면 '백조' 다방의 조용한 바이올린에 젖으며 미래의 무한한 가능성을 펼쳐 보았다. 결코 평범하게 살 수는 없다는 생각에 공감하며 '루 살로메'의 생애를 열망하기도 했다.

매년 가을에 베풀어지는 '현대 사상 발표회'(이때는 시내 각 대학 단체의 대표자들을 초청하여 발표를 듣고 토론한다)와 친목 축야제, 칵텔 파티 등 잊을 수 없는 행사가 많았지만 그중에서도 가장 감명 깊은 추억은 산정 발표회이다.

해마다 봄가을에 한 번씩 산정에서 집회를 가졌다. 주로 팔공산의 수숫골이나 염불암 위의 등성이에서 짐을 풀었다. 1박 2일이었고 밤에는 '캠프화이어'를 피워 놓고 새벽까지 꼬박 앉아서 새웠다. 봄이라 해도 산정의 밤은 으스스 추워서 스웨터나 담요를 둘러쓰고 앉았기도 했다.

산정 발표회 때는 늘 창립 회원이랑 선배들이 동참하여 더욱 활기를 띄게 된다. 사오십 명이 먹을 밥을 지으며 나누는 구수한 농담이며 가족적인 분위기, 선배들의 재기 발랄한 교훈적인 얘기들은 지금도 생생히 기억에 남아 있다.

저녁 그늘이 묻어올 때면 불 피우기에 분주하다. 썩은 나무등걸 등 장작개비를 겹쳐 놓고 낙엽 부스러기에 불을 붙이면 차츰 불꽃이 힘을 더해 간다. 바람이 심한 날은 불꽃이 하늘 높이 치솟아 미친 듯 소용돌이친다. 마치 스스로의 힘으로 감내하기 어려운 청춘의 설레임같이…….

주위가 완전히 캄캄해지고 발아래 저멀리 은반을 굴리는 시가지의 불빛이 아득히 내려다보이면 제각기 숙연한 자세로 불 주위에 둘러앉는다. 세속과는 완전히 절연된 탈속의 경지에서 탁탁 튀는 불꽃을 응시하는 것이다.

지도교수님의 말씀으로부터 시작되는 발표회는 서서히 열을 올리게 된다. 한 달 전에 공고된 공통 주제를 두고 돌아가며 일가견을 말하고 토론하는 과정이다. 열띤 논쟁, 끝없는 대화의 향연이 베풀어진다. 실로 젊음의 축복을, 한없는 가능성을 지닌 청춘의 만용을 유감없이 발휘해 본다. 적어도 그 순간만은 제왕이 부럽지 않고 역대의 사상가, 정치가, 철학가들을 한 손에 쥐기나 한 듯 자신만만하다.

인생을, 청춘을, 연애와 결혼을, 문학과 예술, 종교를 토론하며 니체와 싸르뜨르를 들추기도 한다. 그 옛날 위대한 철인들이 대화(문답)를 통하여 진리에 도달하던 것(소크라테스의 대화법 등)을 조금은 이해할 수 있게 된다. '지성인은 그 시대의 불침번이다' 등의 말에 매혹당하며 스스로 선택받은 사도인 양 불 밝히자, 땀 흘리자, 알아내자고 명심하는 것이었다.

자정이 지나고 주위가 적막 속에 묻히면 모두 침묵을 지키며 생각에 잠긴다. 어디선가 새벽 정기를 타고 모세의 산상수훈이라도 들려올 것 같은 신비함이 감돈다. 온 밤을 하얗게 지새우고 난 뒤 먼동이 틀 때의 감격, 머리가 투명하게 맑아지는 상쾌함을 잊을 수 없다. 그때 마침 저 아래 법당에서 은은히 울려 퍼지는 새벽 종소리는 희미한 의식의 저편에 잠자는 인식을 일깨워 주게 된다.

발표와 토론 및 총평의 과정이 끝나면 늘 듣게 되는 창립 회원인 한 선배님의 '오 데니 보이'는 너무나 감동적이었다. 산에서 듣는, 희미한 달빛을 받으며 허공을 향하여 울리는 그분의 저음의 목소리는 언제나 우리에게 깊고 우울한 지성을 느끼게 하고, 영원히 풀 수 없는 물음, 철학적인 한계성을 깨달아 미미한 인간 존재의 무상함을 터득하게 하는 것이었다.

그분은 지금 부산에서 검사 생활을 하고 있다고 한다. 그때 열변을 토하던 그 이상론을 지금은 어떻게 현실에 적용하고 있는지 궁금하다. '사회에 물이 들겠지만 어떤 점에서든 다른 사람과는 다르게 처신할 것이다'고 장담하던 그 패기에 찬 모습이 떠오른다.

그때의 동기, 선후배들이 지금은 모두 사회의 각 방면에서 활동하고 있다. 요즘도 가끔 한 번씩 만나면 제일 반갑고 마음 푸근해진다. 어쩔 수 없이 현실에 타협하며 세상을 살지만, 가장 아쉽게 떠오르는 것이 그 무렵 그 친구들임을 부인할 수 없다. 인생은 단 한 번의 초대임을, 그리고 대학시절이 가장 축복받은 초대임을 다시 한번 생각해 본다.

'산정발표회'에서 불꽃을 바라보며 불꽃 튀던 대화의 광장, 그 충만했던 정신의 세계를 다시 한번 가져 보고 싶다.

(1979)

유랑극단流浪劇團

여기는 대구에서 좀 떨어진 성서 50사단 바로 옆이다. 출퇴근 길에서나 삼층 옥상에 올라가면 자주 군인들을 볼 수 있다. 총을 메고 군가를 부르며 달리는 모습, 가끔 들리는 대포 소리, 예비군들의 훈련받는 모습은 이색적인 풍경이다. 거기다 지척에 높이 뻗어있는 구마고속도로와 그 밑으로 보리밭의 푸른 물결은 대조적인 인상을 주고 있다.

나는 가끔 일손을 멈추고 옥상에 올라가 주위를 둘러보며 생각에 잠기기를 좋아한다.

5년간 근무하던 직장을 떠나 이곳으로 전근 온 지 한 달이 되었다.

사람들은 좋든 나쁘든 간에 자기 주변의 사물들을 사랑하게 마련인가 보다. 그 반대의 예도 많이 있겠지만, 오래 곁에 있으면 정이 들어서일 것이다.

떠나온 곳에 대한 생각이 얼마 동안 불현듯 떠오르곤 하더니, 차츰 뇌리에서 사라져 가기 시작한다. 새로 만나게 되는 얼굴들, 사물들에 점점 낯익어지면서 새로운 정을 느끼기 때문일까.

직장을 가진 이후 이번이 세 번째 이동이다. 이제 또 몇 년 있으면 어딘가 다른 곳으로 다시 떠나야 한다.

으레 그렇거니 하면 그만이긴 하지만 가끔 좀 덧없는 상념에 사로잡힐 때가 있다. 다음에 옮겨갈 곳을 예측할 수 없기 때문이다. 자기가 원하거나 원하지 않거나 간에 일정한 기간이 지나면 이동을 해야 한다. 그러니까 누구나 이리저리 떠돌아다니면서 살아가기 마련이다.

어떤 사람은 가족과 헤어져 혼자 싸늘한 하숙방에 짐을 풀기도 하고, 매일 두어 시간씩 차를 타고 통근을 하기도 한다. 그러한 고충 때문에 해마다 인사이동이 발표되면 늘 희비가 엇갈리는 모습들을 만나게 된다.

한 달 전, 새 근무지가 발표되었을 때 나는 약간의 불안을 느끼며 짐을 챙겼다. 새로 가야 할 곳에 대한 기대와 막연한 설렘이 일고 있었고, 그동안 정들었던 모든 것에의 결별로 어수선한 마음이었다. 그러나 어설픈 미련 같은 것은 아예 날려 버리고 훌훌 털고 일어서야 하는 것이다. 그래서 뒤를 돌아다보며 자연에 순응하는 철인哲人마냥 담담한 표정을 지어 보았다.

그날, 막차에 짐을 싣고 차창에 흔들리며 나는 어릴 때의 기억을 떠올리고 있었다.

초등학교 시절, 내가 살던 시골 마을엔 몇 달에 한 번씩 '유랑극단'이 찾아왔다. 서투른 서커스나 신파조의 연극을 하는 것이 고작이었지만.

유랑극단이 천막을 칠 때면 어린 가슴이 퍽이나 설레었다. 해질 무렵, 방천둑 너머 강가에 세워진 막사에서 확성기로 온 동네가 떠나가도록 울려퍼지던 노래가락이며, '친애하는 임고면민 여러분! 오늘 저녁에는……'으로 시작되는 유창한 변사의 안내 말에 마을은 온통 술렁이기 마련이다.

그런 날, 학교가 파하면 곧장 그 천막으로 달려가곤 했다. 괴상하게 차려입은 낯선 단원들의 모습(공주처럼 예쁜 소녀의 곱슬머리며 억양이 다른 말투, 세련된 표정 등)을 훔쳐보며 호기심에 들떠 있었다.

태어나서 그때까지 집에서 이십 리 밖 구경을 해 보지 못했었다. 그런 탓인지 마음대로 이곳저곳 떠돌아다닌다는 그들의 삶이 이상하고 부러웠다. 하여, 며칠 묵고는 또 짐을 싸서 훌쩍 떠나가는 그들의 뒷모습을 아쉬워하며 동경하기도 했다.

그네들이 또 어떤 곳으로 가게 될 것인지, 언제쯤 다시 이곳으로 찾아와 줄 것인지를 생각하며, 지도책을 펴고 공상에 잠기기를 좋아했다. 바다가 보이는 목포 항구, 마산, 여수, 인천……. 등의 생소한 지명을 외며 거기 아름다운 해변의 풍경과 도시의 건물들을 상상해 보며 내 어린 날의 꿈은 무르익어 갔다.

현실에 대한 불만, 권태가 밀려올 때면 지금도 나는 가끔 어딘가 훨훨 떠나 버리고 싶은 충동을 느낄 때가 있다.

내가 모르는 세계, 어느 낯선 고장, 얼굴을 모르는 사람들을 만나면 신기해진다. 그런 것들에의 호기심이 생의 원기를 북돋워 주는 것 같다.

내가 이곳으로 전근 오지 않았다면 평생토록 이 주변의 풍경을 모르고 살았을 것이다. 어릴 때부터 좋아했던('전쟁과 평화'에서의 여주인공처럼) 군인들도 자주 볼 수 없었을 것이고, 여기 교외의 가난한 사람들이 알뜰하게 살아가는 모습을 가까이서 접할 수도 없었을 것이다.

대학 시절의 어떤 친구는 '잘 산다'의 정의를 '가장 많은 것을 볼(경험할) 수 있는 것'이라고 했던 기억이 난다. 일반적인 타당성은 없을지 모르나 나는 가끔 이 말에 공감을 느낄 때가 있다.

평범하고 안이하게 사는 사람보다는 좀 고되더라도 몹시 격렬하게 생을 불태운 사람에게서 더 인간적인 매력을 엿볼 수 있기 때문이다. 보다 많은 것을 체험하고 사유해 본 사람만이 보다 깊고 높은 정신적 가치를 소유할 수 있지는 않을까.

짐보따리를 들고 전근을 다니며 나는 나의 실존을 의식하고 '인생유전'이란 단어를 되새겨 본다. 어떻게 보면 인생을 살아가는 것이 유랑극단 단원의 신세와 흡사한지도 모른다. 내가 여기저기 옮겨다니며 근무하는 것이 날라리를 불며 이 고을 저 마을로 떠돌아 다니는 유랑극단과 무엇이 크게 다를까.

생을 누리는 동안 몇 번인가의 유락流落생활을 즐기다가 마지막으로 떠나가는 곳은 무덤이다. 죽음 또한 삶의 연장이라면(불교의 윤회설을 믿으면) 거기에서도 어떤 형태의 삶(역할)이 주어지는지, 어떤지는 알 수 없는 노릇이다.

오늘 이곳에서 화려한 막을 올리고, 내게 주어진 배역을 충실히 연기하리라. 협연자와의 보다 긴밀하고 애정 깊은 유대를 가지면서…….

그러다가 내가 맡은 역할이 끝나면 서슴지 않고 일어설 수 있는 용단도 가지리라. 죽음(이별)에의 연습 삼아 철새나 짚시의 기분으로…….

인환人寰의 거리를 헤매며 헤르만 해세 같은 유랑의 멋을 소유하고 싶다.

주위를 감싸고 있는 인간의 멍에를 벗어나 표박의 영원한 동경을 지닌 나그네의 꿈을 꽃피우고 싶다.

(1979)

성지순례聖地巡禮

버스가 서서히 출발하자 차창 밖으로 시선을 보내며 나는 좀 무거운 마음이 되었다. 중등학교 여교사 300여 명을 태운 관광버스가 줄을 이어 산업 시찰 및 국토 순례의 길에 오른 것이다. 6박 7일의 경주 화랑 교육원 새마을 연수 기간의 6일째 되는 날이었다. 그날 아침 강당에 모였을 때 교관 선생님이, 오늘 국토 순례를 마치고 돌아오면 저녁에 각 생활실(내무반) 별로 한 사람씩 나와서 소감 발표를 해야 한다고 말하였다.

교육원의 한 생활실에는 20명이 같이 기거하게 되어 있었다. 우리 반 대표는 그 말을 듣자 나를 돌아다보며 '우리 반은 선생님이 소감 발표를 준비해 주십시오.' 했다. 너무도 당연한 얘기처럼 아무 거리낌 없이 한마디 하고는 고개를 돌린다. 원래 소심하고 언변이 시원찮은 내가 어쩌다 이런 인정을 받게 되었는가 싶은 생각을 하며 마음의 준비를 하지 않을 수 없었다.

먼저 포항 종합 제철을 둘러보며 생각에 잠겼다. '후진국, 개발도상 국가의 국민들은 행복하다'고 한 서구의 어떤 학자의 얘기가 떠올랐다. '해야 할 일이 많아 창조, 개척의 쾌감을 누릴 수 있는 후진국 백성으로 태어난 것을 감사하게 생각한다……'는 등의 얘기로 발표를 시작할까 하고, 나의 칠칠치 못한 두뇌는 소감 정리를 위해 고심하고 있었다.

그러는 사이 어느덧 차는 다시 포항을 빠져나가 경주로 들어섰다. 노변에 군데군데 보이는 오래된 솔숲, 유적지를 지나치며 버스는 천천히 달리고 있었다. 종합 제철을 시찰하며 용광로의 불길처럼 타오르던 마음이 어느새 차분하게 가라앉기 시작했다. 경주에 들어서며 나는 고향에 돌아온 것 같은 안도감과 역사의 위대한 흐름을 느끼고 있었다.

밭두렁에 차를 세워 두고, 우리는 줄을 지어 헌강왕릉으로 향했다. 대열의 중간쯤에서 묵묵히 걷고 있던 나는 어떤 생각이 떠올라 문득 멈춰서서 뒤를 돌아보았다. 좁은 길 위로 저 멀리까지 긴 행렬이 움직이고 있었다. 그것은 나에게 문득 '성지순례'란 단어를 떠오르게 하고, 일상日常을 초월한 어떤 엄숙한 체험을 생각하게 했다. 골고다의 언덕 위 성분묘聖墳墓까지 이어진 슬픔의 길, 탄식의 벽, 아드 바셤(유대인 기념관), 겟세마네 동산에 있는 수도원과 성 마리아 교회 등으로 연중 끊일 날이 없다는 순례객들의 모습이 상상

되었다.

그리고 언뜻 머리속에 떠오르는 것이 있었다. 그것은 먼 지난날 그이와의 데이트 시절에 경주에 들렀을 때의 일이었다. 지금 다시 생각하니, 그 때 일이 내가 그이와 결혼하게 된 중요한 동기 중의 하나였을 것 같았다. 헌강왕의 둥그런 묘지를 한 바퀴 돌아 소나무 밑을 거닐며 왕릉의 구조에 대한 안내자의 설명을 들으면서도 나는 줄곧 그 생각에 잠겨 있었다. 그리고 신통하게도 오늘 소감 발표 때는 나의 러브 스토리를 얘기해야겠다는 생각이 들었다. 하지만 자신의 일을 공개할 만큼 용기가 없어 친구의 얘기인 것처럼 적당히 각색하여 말하기로 했다. 그 내용을 대충 적어 보면 다음과 같다.

저는 오늘 국토 순례에 대한 소감이라기보다 생각나는 일화를 하나 얘기하고 내려갈까 합니다. 제 가까운 친구가 데이트 시절에 경주에 한 번 온 적이 있다고 합니다. 불국사, 석굴암 등 여기저기 구경을 다니다가 박물관에 들렀을 때, 그 남자분이 고고학자도 아니면서 얼마나 상세히 설명을 잘해 주는지 속으로 은근히 탄복하고 있는데 하는 말이,

'저는 일 년에 한 번 정도는 사명감을 가지고 경주에 옵니다. 볼일이 있어 오기도 하지만 오래 들르지 않으면 조상에 대한 예의가 아닌 것 같아 일부러 와서 둘러보기도 하지요…….'

하더랍니다. 그 친구는 그 말에 감동하여 그때까지 프러포즈를 받

고도 몇 달 동안 보류, 보류해 오던 결혼을 승낙하고, 지금 잘살고 있습니다. 아마 그 정도의 민족적 자각과 근본이 있는 사람이면 믿을 수 있다는 생각이 들었겠지요.

오늘 경주의 여러 유적지를 참배하며 그 친구 생각을 했습니다. 이스라엘 민족이 일년에 한 번씩 예루살렘 성지순례의 길에 오르듯 우리도 그런 종교의식은 없지만 가장 유서 깊은 전통의 도시 경주로 매년 의례적인 순례의 행렬이 줄을 잇는다면…… 하는 생각이 들었습니다. 저도 이번에 돌아가면 그이와 의논해서 일 년에 한 번씩은 꼭 아이들을 데리고 경주에 오고 싶습니다…….

300여 명이 주시하는 강단 위에서 마이크를 쥔 손이 떨려 왔고, 나는 무슨 우국지사나 된 양 자신의 얘기에 스스로 감동되고 있었다.

포석정지, 남산탑곡 마애조상군, 생의사지, 나정, 전망대, 통일전, 화랑바위, 헌강왕릉…… 등 그 옛날 신라 천 년의 전통이 화랑도의 숨결에 섞여 들려오는 듯 깊은 감격이 솟구쳐 올랐다.

늘 바쁜 생활에 틈을 내어 겨레의 후손으로서 종교의 여타에 관계없이 한 번쯤 경건한 여행길에 오르면 어떨까. 날로 각박해지는 인심과 비리非理에 시달리며 서로가 이민족처럼 경쟁에 혈안이 되어 있는 현실을 생각하면 답답해질 때가 있다. 거슬러 올라가면 우리 모두 삼천만이 한 동포요, 형제자매인 것을.

학창 시절 어느 겨울 방학 때 러시아 문학 전집을 통독하며 러시아인들의 그 폭넓은 정신세계와 종교적 깊이에 이끌려 심취된 적이 있었다. 일상의 자잘한 얽매임과 의무에서 벗어나 가끔 좀더 본질적이고 근원적인 가치에 눈을 돌리고 싶다. 전통의 디딤돌로서 내가 처한 위치와 의의를 깨달아 보다 성스럽고 벅찬 어떤 의미를 생각해 보고, 먼 과거와 미래에 대한 인식을 깊이 하고 싶다. 간편한 작업복 차림에 배낭을 메고, 땀을 흘리며 줄줄이 이어 선 성지 순례의 모습을 꿈꾸며 나는 그날 밤 늦도록 잠을 이루지 못했다.

(1980)

별장別莊

내가 근무하고 있는 이 학교엔 스물한 개의 교실이 3층으로 늘어서 있다. 그리고 그 위의 4층 옥상에는 열 평 남짓한 방이 덤으로 하나 지어져 있다. 미술실로 쓰였던 것이 어쩌다 창고 비슷하게 이용이 되어 온갖 잡다한 물건들을 보관하는 장소로 되어 있었다. 게다가 암실로 썼던지 창문마다 판자로 막아 놓아 대낮에도 캄캄했다.

어느 날, 나는 이 방을 정리하고 소제해서 사용하고 싶은 욕심을 냈다. 내가 맡고 있는 걸스카우트의 집회 장소로 쓰기 위해서였다. 그러나 그런 사무적인 이유에서라기보다 하루에 한 시간이라도 혼자 조용히 있을 수 있는 장소가 있었으면 하는, 자신의 내적 요구 때문이었다.

한 사나흘 후덥지근한 더위를 무릅쓰고 폐품 처리며 갖가지 도구들을 정돈하고 대청소를 했다. 온몸이 땀에 젖으며 황토 냄새가 코를 찌르는 골방 같은 바닥을 닦고 또 닦았다. 주위의 사람들은 '집념이 대단하다' '억척이다'는 등의 말을 하며 깨끗이 정돈된 모습을 보고 놀라워했다.

못 쓰는 방으로 버려져 있던 곳을 멋진 특별실로 부활시켜 놓았으니……. 삼 면이 넓은 창으로 되어 있어 시야가 환하고 시원하기가 이를 데 없었다. 거기다 고물이긴 하나 큰 테이블을 창 앞에 가져다 놓고 몇 권의 책도 꽂아 두었다. 흰 벽면에는 친구가 보내 준 서예품과 시화 한 점, 바다가 보이는 그림 한 폭, 그리고 자신의 표정을 비춰 볼 수 있는 거울 하나를 걸었다.

나는 이 방을 꾸미면서 신부가 새살림을 시작하는 기분이 이럴까 싶었다. 독립된 생활에서 얻는 자유가 얼마나 뿌듯한가를 실감했다.

수업이 없는 시간, 또는 피곤하여 혼자 쉬고 싶은 하오에 나는 마음놓고 4층 계단을 올라간다.

평소 학생들의 내왕을 금하기 위해 잠겨 있는 출입문을 열고 들어가면 그 넓은 옥상이 갑자기 온통 내 소유가 되어 버린다.(나 혼자 쓸 수 있는 영토) 방도 좋지만 이 건물의 꼭대기에서 내려다보는 시골 풍경도 너무 좋다.

푸른 숲으로 덮인 동편 마을의 집들, 서북쪽의 호수와 야산의 작은 나무들, 넓은 들의 벼이랑과 논둑에서 놀고 있는 아이들의 모습은 어린 날의 기억을 되살려 준다. 시원한 바람이 머리카락을 날리면 나는 어느새 지극한 낭만주의자가 되어 철모르는 소년 마냥 가슴이 부푼다. 때로는 목청껏 노래를 부르며 세상에 더 부러울 것이 없는 충족감에 잠길 때도 있다.

그리고 나의 방문을 열고 안온한 분위기에 감싸이듯 의자에 깊숙이 기대앉는다. 조용히 자신의 모습을 반추해 보며 끝없는 생각의 나래를 편다.

그 무더위를 무릅쓰고 내 방을 마련한 수고의 내력을, 그리고 지금 더할 수 없는 충만에 넘쳐 있는 이 기쁨을 아무도 모르리라는 생각을 하며 친구에게 편지를 쓰기도 했다.

"비록 초라하긴 하지만 지상의 어떤 화려한 궁전보다 더 좋은 나의 별실을 가지게 되었다"고.

내게는 소녀 시절부터 가졌던 소망이 하나 있었다. 훗날 여건이 허락된다면 조그마한 별장을 하나 가지고 싶다는.

소설에 나오는 거창한 것이 아니더라도 어디 조용한 해변이나 산촌에 아담한 집을 지어 두고 가끔 가서 휴가를 즐기고 휴양도 하고 혼자서 하고 싶은 일도 하고…….

나에게 그것은 참 화려한 꿈인지도 모른다. 그러나 언제인가는 (나의 모든 노력이 헛되게 끝나 버리지 않는다면) 이루어질 수 있다는 생각을 해 본다.

크리스마스 카드에 나오는 예쁜 서구식 집도 좋지만 초가삼간 오두막인들 어떠랴. 형식에 매이지 않는 성격이라 겉모양은 아무래도 무방하다. 다만 실내 장식은 내 취향에 맞게 하고 싶다. 항시 차를 끓일 수 있도록 되어 있고, 벽지의 색깔이며 실내 온도의 조절, 그림과 시와 음악의 배치 등등의 구상이 없지 않다.

그러나 아직 그 꿈의 실현은 요원하다. 하지만 언제인가 가져질 내 시간과 자유에의 기대는 다른 무엇과도 바꿀 수 없는 소중한 재산이기도 하다.

(1981)

추양 단상秋陽斷想

바바리코트의 깃을 세우고 논둑 옆 들길로 올라섰다. 한여름보다 더욱 맑고 밝게 빛나는 가을볕을 받으며 습관처럼 호주머니 깊숙이 손을 넣는다.

마른 땅 위에 쏟아지는 햇살에 끌려 고개를 들고 태양을 향해 본다. 눈이 부셔서 도저히 바라볼 수 없음을 알면서도 몇 번이나 다시 쳐다본다.

가을이 오고, 예의 그 찬란한 가을볕이 느껴지면 나는 생각난 듯 잿빛의 코트를 걸쳐 입고 들녘으로 나서는 것이다.

십여 년 전, 대학 시절의 기억이다. 어떤 정치적인 이유로 가을이 다 가도록 학교는 휴업 상태였다. 집에서 지겹도록 놀며 지내다가 어느날 오후 텅 빈 교정에 들어섰다. 인적이 없는 캠퍼스엔 이상한 정적이 감돌고 있었다. 나는 문리대 교수 연구실 쪽으로 올라갔다. 거의 다 문이 잠겨 있었다. 조금은 맥빠진 기분이 되어 복도를 쭉 걸어나가는데 마지막 방의 문이 열려 있는 게 보였다. 시인인 K교수의 연구실이었다. 반가운 마음에 열린 문 안으로 고개를 기웃거려 보았다. K교수는 없고 L선배가 책상에 앉아 무엇인가를 열심히 쓰고 있었다. 옆에 사람이 가도 모르고 깊이 몰두해 있는 자세였다.

나는 잠깐 서서 지켜보다가 조심스럽게 말을 꺼냈다.

"독서삼매경이네요."

그제서야 고개를 들고 반가워하며 앉으라고 권했다. 그는 T.S 엘리어트의 작품을 번역하고 있었다.

"영문 원서를 마음대로 읽으셔요?"

"회화는 자신이 없지만 독해는 어느 정도……."

대학 3학년이고, 한 해 선배일 뿐인 그가 두꺼운 원서를 들고 있는 모습은 꽤 충격적이었다.

그날, 이런저런 휴교령 이야기며 시간이 많으니까 긴장이 되지 않아 아무것도 해지지 않는다는 등의 푸념을 털어놓았다. 그랬더니, 자기도 마찬가지라면서 무위와 권태를 극복하고자 지금 좀 벅찬 일을 시작했다고 하였다. 우리 모두 성공하는 길은 딜레마를 이기고 일어서는 일뿐이라고…….

그날, 그와 함께 걸어 나오던 본관 앞 광장에는 더할 수 없이 청량한 가을볕이 가득 넘쳐 흐르고 있었다. 우리는 발을 멈추고 서서 한참 동안 태양을 바라보았다.

“이 가을볕이 여름보다 훨씬 맑고 강렬하게 비치지?”

나는 그때 처음으로 가을볕의 그러함을 깨달았다. 여름의 폭양보다도 가을의 청명한 볕이 얼마나 더 따사롭게 빛나는지를…….

추양秋陽을 받고 있으면 지금도 그때 L 선배와의 만남이 생각나고, 그 무렵 대학 생활의 기억들이 그리움 속에 떠오른다.

가장 민감했던 청년 시절, 우리는 곧잘 지루한 강의 시간을 빠지고 교외로 나가기를 좋아했다. 회색 코트를 걸치고(지성과 낭만의 표상인 듯) 들길을 무리지어 걸으며 자연을 즐기고 미래의 설계에 가슴이 설레었다. 때로는 헷세나 릴케, 살로메의 생애를 얘기하며 자신의 운명을 점쳐 보기도 했었다.

이제 생의 전반기를 거의 보내고 다시 한 번 가을을 맞았다. 문득 ‘생의 한가운데’를 생각하며 지난날 꿈이 부풀던 들녘, 그 가을볕 속에 한나절을 망연히 서 있다.

생각해 보면, 조금은 아쉽고 조금은 안타깝기도 한 세월인 것 같다. 무한의 신비에 찬 세상은 너무도 아름답고, 욕망은 끝없이 타오르지만 마음대로 향유하지 못하게 되기 마련이다. 마치 가을볕처럼 짧게 반짝이다가 끝나버리는 것이 생명인지도 모른다.

그러나 추운 겨울이 가까웠음을 알기 때문에 가을볕이 그만큼 더 따사롭게 느껴지듯, 삶의 존재 가치는 죽음에의 위협에서 오히려 더 증대되는 것은 아닐까.

가을볕을 찬미하며 시를 쓰던 L선배는 그 뒤 신학을 다시 전공하여 지금 어느 시골의 조그만 성당을 맡아 일하고 있다고 한다. 그는 인간의 유한한 사랑과 생명을 무한으로 펼 수 있는 방법, 곧 영생의 길을 선택한 것이리라.

언제나 따사롭고 선한 가을볕 같은 표정으로 그와 같은 사랑을 주변에 전파 시키고 있을 L선배, 아니 L신부의 성당에도 지금쯤이 맑고 찬란한 가을볕은 충만해 있을 것이다.

(1981)

가을

잠결에 심한 한기를 느끼고 일어나 창문을 닫으려 하다가 그만 깜짝 놀라 우뚝 서버렸다. 달빛이 창밖을 환하게 비추고 있었다. 너무나 오랫만에 느껴 보는 감격이었다.

남향으로 난 넓은 창문턱을 짚고 밖을 내다보았다. 하늘 한가운데 덩그렇게 떠 있는 달.

얼마나 많은 세월을 잊고 있었던 사실인가! 잃어버린 사랑에의 기억이 되살아나듯 가슴 벅찬 감동이 새어 나왔다.

정원 가장자리에선 귀뚜라미의 합창이 한창이고, 음력 칠월 보름을 갓 넘긴 달이 반쯤 구름에 가려지고 있었다. 눈 아래 보이는 마을은 죽은 듯 고요한 이런 달밤에 그대로 잠이 올 것 같지 않았다. 찬물에 세수를 하고 들어와 보니, 시계가 새로 한 시 반을 가리키고 있었다.

불현듯 어떤 생각이 떠올랐다.

본래 잠이 많은 나는 새벽잠을 깨는 일이 거의 없는 편이다. 그런데 유독 가을이 오려 할 때쯤 자주 밤잠을 설친 적이 있다는 생각이 들었다.

뚜렷한 기억은 중학교 시절부터였다.

그때, 여름방학이 끝날 무렵이면 왠지 한밤에 잠이 깨여졌다. 그런 날 밤, 활짝 열린 시골의 재래식 문 안으로 깊숙이 스며든 달빛을 덮고 누워, 중천의 달을 쳐다보곤 했다.

대구에 있는 중학교에 다니기 위해, 생전 처음 고향을 떠나 백 리 밖 객지 생활을 하던 때 일이다. 아직 교통수단이 좋지 못하던 시절이라 백 리 길도 너무 먼 것 같이 생각되었다.

여름방학 동안 집에서 잘 지내다가, 개학이 되기 전에 다시 나가려니 어린 마음에 자꾸 허전해지고 서글퍼서였을까. 결벽증이 심한 성격에 숙제를 다하지 못한 걱정 때문이었을까.

과수원 안에 있었던 그 시절의 허술하던 시골집이 지금도 눈에 선하고, 대낮같이 환한 달빛이 무서워 문 밖에도 못 나갔던 기억이 새롭기만 하다. 집 뒤에 줄지어 서 있던 옥수수 밭이며 갈밭을 서걱이던 스산한 바람 소리는 꼭 어디선가 귀신이라도 나올 것만 같았다.

"엄마, 밤중에 자꾸 잠이 깨이곤 해."

"왜 그러니, 무슨 걱정이라도 있니?"

어머니도 멀리 쌀이며 반찬 보따리를 짊어지고 떠날 딸애가 못내 애처로우셨을까.

근 이십 년 전 일이 되었다. 그 뒤부터 귀뚜라미 울음이 청각을 어지럽힐 때쯤이면 무언지 모를 허전함이 가슴속에 자리잡는 것이었다.

이제 나는 사춘기의 감상에 젖을 나이는 지난 지 오래이다.

그러나 매번 가을이 되면 마음의 갈피를 잡지 못하고 지향 없는 심정이 될 때가 있다.

몇 달 동안 잠궈 두었던 일기장을 꺼내 든다. 서랍장 위 먼지 묻은 몇 권의 책을 뒤적이며 아직도 영 철들지 않은 소녀 같은 자신의 모습을 되돌아본다.

스스로의 힘으로 제어할 수 없는 어떤 광기狂氣 같은 것을 저 의식의 밑바닥으로 가라앉히며 조용히 생각의 나래를 펴보게 된다.

한여름보다 더욱 강렬하게 빛나는 가을볕, 그 위로 자신의 긴 그림자를 이끌고 헤르만 해세의 방랑길을 떠나보고 싶다.

그토록 애착하던 모든 것들을 버리고, 이승을 하직하는 연습 삼아 허적허적 지평선 위를 걸어간다. 가다가 지치면 말라가는 풀내음새를 맡으며 들녘 끝 언덕배기에 누워 흰 뭉게구름을 바라보리라.

때로는 라이너 마리아 릴케의 시 '가을날'를 외며, 참으로 산다는 것이 무엇인지 깊은 사념에 젖어 시간의 흐름을 망각하고 싶다.

노랗게 물든 단풍잎 은행잎들이 비 오듯 쏟아지는, 고목 우거진 숲 아래 탁자를 내어놓고 앉아 '푸른 화원' 같은 소설이라도 쓰고 싶다.

잠 못 이루는 밤이면, 지금은 멀리 떠나가 버린 벗의 안부를 묻는 긴 편지를 쓰며, '구노'의 '아베마리아' 같은 우리들의 인연을 생각하고 지난날을 그리워할 것이다.

앞으로 내 생에 있어서 얼마만큼 더 이 가을날을 누릴 수 있을지 알 수 없다. 그러나 내가 소유할 수 있는 그날까지, 좀 더 절실하게 살고 생각하며, 고뇌에 잠기고, 희비애환에 흔들리는 삶에 충실하고 싶다.

(1982)

바다

언제부터인지, 여름이면 바다에 한 번 다녀오고 싶다는 생각을 한다. 다른 계절에도 바다 생각은 자주 하지만 그렇게 절실하지는 않다.

여름엔 물속에 뛰어들어 한나절 파도를 타고 수영을 해야 속이 후련해지는 것 같다.

바다를 맨 처음 본 것은 아마 중학교 시절 수학여행 때였으리라. 그 전까지는 주로 마을 옆을 흐르던 금호강 상류나 고작 대구 동촌의 강물을 본 정도였다.

그때 중학교 2학년 나이에 처음 보게 된 남해의 다도해, 충무, 오동도의 맑은 물 등은 굉장히 인상 깊었다. 아직도 기억에 남는 것이 오동도 입구의 팻말에 적혀 있던 말이다.

'여기 물이 너무 맑아서 빠져 죽으려는 사람은 꼭 하루만 기다리십시오.'

아마 이런 내용이었던 것 같다. 우리가 호기심 어린 눈으로 읽고 있으려니 누군가가, 여기서 자살하는 사람이 너무 많아 이런 팻말을 붙여 놓았다고 했다.

그래도 하루만 참고 나면 그 자살 충동이 사라져 버리게 되는 것일까. 시퍼렇게 깊고 맑은 물을 들여다보며 바다와 죽음에 대해 생각해 보았었다. 그 영향인지 지금도 바다를 보면 죽음을 떠올리는 버릇이 있다. 그 다음 고등학교 때도 역시 남해로 여행을 가게 되어 바다와는 인연이 많은 편이다.

그러나 무엇보다도 잊을 수 없는 것은 여고를 졸업한 뒤 시골에 있던 그 해의 여름에 있었던 일이다.

가정 형편과 부모님의 완고하신 성격으로 대학 진학을 포기하고 과수원과 농사일을 거들고 있을 때였다. 하향할 때의 각오(심훈의 상록수처럼 일해 보겠다던)와는 달리 시골 생활에서 더 견딜 수 없는 권태를 느끼게 되었다. 이유 없는 반항과 가치관의 혼돈 속에서 헤어나지 못했다.

그 여름 어느 날, 우리 집보다 오 리쯤 더 시골에 있는 두 살 위인 사촌언니가 놀러왔을 때였다. 아버지께서 웬일인지 갑자기,

"너희 둘 오늘 포항 가서 해수욕하고 오너라."

하시며 차비를 주시는 게 아닌가. 모처럼 바람을 쏘이고 기분 전환이라도 하고 오도록 선심을 쓰신 것이리라.

그때 생전 처음 해수욕을 해 보았다. 돈이 모자라 점심도 못 사 먹고 집에서 가지고 온 사과만 열 개도 넘게 먹으며 배고픈 줄 모르고 즐거웠었다.

끝없이 출렁거리는 바다의 물결, 망망한 수평선을 바라보며 가슴에 맺힌 울분을 터트려 보았다. 여고 동기생들이 거의 모두 진학하였는데 혼자 낙오된 느낌, 그 때로선 사무칠 나위 없는 슬픔을 되새기며…….

그날, 그래도 사촌언니와의 담담한 얘기 속에 조금은 후련함을 느꼈다. 뭔가 가라앉혀지는, 일종의 생에 대한 체념이 자리잡는 것이었다. 한량없는 바다의 푸근한 가슴 탓이었을까.

그 뒤 마음이 울적하거나 고달플 때면 바다에 가고 싶다는 생각을 한다.

끊임없이 유동하던 미혼 시절에 아름다운 꿈을 수놓던 곳도 또한 바닷가였다. 바다에의 추억은 수없이 부서져 내리는 하얀 물방울마냥 언제까지나 가슴 밑바닥에 남아 있을 것이다.

옷을 훌훌 벗어던지고 홀가분한 마음으로 바다에 서면, 영원 무한의 자연 앞에 인간이란 얼마나 미미한 존재인가를 절감한다.

그 지긋지긋하던 직장이며, 잡다한 세속적인 모든 감회가 파도 위에 부서져 날아가 버리고 통쾌함을 맛보기도 하며…….

가난한 어촌의 낯선 길을 더듬어 깨끗하고 친절한 여관방에 짐을 푼다. 아무런 존재 구속이 없는 자유로운 기분으로 해 질 무렵의 해변을 거닐며, 못 부르는 노래라도 흥얼거리면 낭만은 온통 내 것인 양 가슴이 부풀고 마냥 설레이게 마련이다.

바다는 말이 없다. 그러나 인간으로 하여금 끝없는 상념에 사로잡히게 한다.

유치환 선생님의 '파도야 어쩌란 말이냐, 님은 뭍같이……'의 싯귀가 생각나고, 그 쉼 없는 파도 소리에 묻혀 갈 인간의 역사가 너무 허망할 뿐이라는 생각이 든다.

바다 앞에 서면, 내 자신의 실존의 한계를 깨닫고 끝없는 삶에의 회의를 느낀다. 한없는 욕망이 물거품처럼 사라지고 그냥 한 개 바위나 수목처럼 즉자존재卽自存在가 되고 싶어진다.

언제인가, 내 생에 주어진 얼마만큼의 책임을 완수한 뒤엔 어느 조용한 해변을 찾아 만년을 보내고 싶다. 그것은 내 작은 소망이기도 하다.

(1982)

나목裸木

지난해의 어느 겨울날, 시댁 친척집을 방문했을 때였다. 우연히 마루에서 창밖을 내다봤을 때, 한 그루의 앙상한 나무가 잿빛 몸뚱이를 드러내놓고 찬바람에 떨고 서 있는 것이 보였다.

텅 빈 공간 속에서 그것은 너무나 인상적이었다. 눈이라도 내릴 것처럼 찌푸린 겨울날의 어느 오후, 꼭 한 그루밖에 없는 그 나무의 가녀린 흔들림은 이상하게도 가슴에 깊은 감동을 안겨 주었다. 그것은 일종의 허무감을 동반한 담담함이었다.

나는 겨울이 되면 으레 빈자리의 나무들을 유심히 바라보곤 했다. 버스를 타고 지나가다가 그런 나무들이 줄지어 선 가로수 길이나 숲을 보면 한 번쯤 내려서 걷고 싶은 충동을 느끼기도 한다. 어떤 집을 방문했을 때, 마당에 몇 그루의 수목이 마른잎을 달고 있을 때, 나는 일단 그 집에 호감을 가지게 된다. 그것은 나이 지긋하고 사려 깊은 노인분을 대했을 때 가지는 관심이나 친근감과 비슷한 것일지도 모른다.

지난봄에, 그리 넓지 않은 정원의 가장자리에 몇 그루의 나무를 심어 놓았다. 그것이 봄부터 가을까지 무성하던 잎이며 꽃이랑 열매를 모두 벗어버린 어느날, 문득 새로운 눈으로 지켜보게 되었다. 때로는 자질구레한 일상의 번거로움에 시달린다고 생각될 때, 커튼을 젖히고 밖을 내다본다. 거기 묵묵히 자리하고 있는, 잿빛으로 여윈 나무들이 있다. 무엇에 집착하고 있는가, 인간 또한 한 그루의 나무의 신세에 불과한 것을……. 나무는 말없는 나의 스승이었다.

'나타니엘이여, 우리는 비를 받아들이자'라는 등의 어휘를 즐겨 쓰던 어떤 선배님이 있었다. 일곱 살 때 이성에 대한 애정을 느낀 적이 있다고 하던 그는 지금 법의를 걸치고 수도 생활을 하고 있다고 한다. 그의 현황을 전해 들었을 때, 불현듯 떠오르는 것이 있었다. 그것은 어느 해 연말이 다가오던 토요일 오후, 그를 마지막 봤을 때의 일이었다. 버스 속에서 우연히 만났는데 그의 옆모습은 짙은 우수를 띄고 있었다. 가라앉은 듯한 목소리로 '연말이 되니 심정이 담담해지네' 하며 차창을 스치는 가로수의 마른 잎들을 응시했다. 그때의 그의 검은 눈망울은 '의사 지바고' 영화의 어느 장면을 연상하게 했다. 창문에 비치는 나뭇잎의 작은 흔들림을 유심히 바라보던 유년 시절 지바고의 영롱한 눈동자와 그의 눈빛은 너무나 닮아 있었던 것이다. 뭔가 미지의 신비에 차 있는, 생의 진리를 꿰뚫어 보는 듯한 예지를 발견할 수 있었던 그 눈빛은 어쩐지 나목의 그것과 흡사한 데가 있는 것처럼 생각되었다.

그렇게도 다감하고 깊은 영혼을 소유한 그의 감수성은 끝내 일체의 자아를 버리고 한 그루 나무처럼 가장 가난한 몸짓으로 종교에 귀의하고야 말았는지…….

찬바람 부는 겨울 저녁에 아무것도 가진 것 없이 저 혼자 쓸쓸하게 떨고 서 있는 나무들을 바라보며 그 선배님의 가냘픈 체격과 마른 잎새들의 표정을 닮은 그의 마지막 눈빛을 다시금 기억하곤 한다.

그리고 불가사의한 생의 문제를 떠올리게 된다. 부단히 안겨 오는 생에의 외경이나 갈증이 한결 풀리는 듯한 후련함을 느낀다. 어쩌면 그보다 오히려 더욱 담담해지는 체념을 생각하게 되는지도 모른다.

인간의 잡다한 애증의 일들이 하잘것없이 느껴지고 모든 것은 생각할 탓이라는 생각을 해 보기도 한다. 최후의 순간에 우리는 모든 것을 버리고 모든 감정을 떨치고, 한 그루 나목처럼 빈 손으로 훌훌 일어서야 하기 때문이다.

봄에 태어나는 한 잎 나뭇잎이 겨울이면 땅 속에 묻히는 끝없는 윤회 전생의 원리를 생각하며 아무것도 영원히 소유할 수 없는 인간의 종말을, 그 미래완료의 시간들을 예감한다.

(1983)

단상斷想

몇 년 전에, 교외의 한적한 곳으로 이사를 했다. 무슨 뚜렷한 의도가 있어서가 아니라 어쩌다 보니 시 중심지에서 꽤 멀리 떨어진, 낮게 경사진 언덕의 중턱이었다.

문만 열면, 바로 담 밖으로 확 트여진 바깥 풍경이 눈에 가득 차 온다. 맞은편 언덕의 교회탑이며 인가가 드문 눈 아래 마을, AID 아파트로 넘어가는 곧고 하얀 언덕길, 그 옆의 교수촌의 담담한 분위기……. 현관문을 열고 밖에 나가려 할 때마다 나는 잠시 주위를 둘러 보며 서 있는 버릇이 있다. 여기저기 자리잡고 있는 원주민들의 촌가며 텅 빈 언덕을 달리는 세찬 바람소리는 폐부 깊숙이 어떤 후련함을 안겨 주고, 그럴 때마다 나는 'E·브론테'의 소설 '폭풍의 언덕'을 생각한다. 황량하고 비정한 사랑과 영혼의 강인함과 작가에밀리 브론테에 대한 연민의 정, 그리고 그 소설을 읽던 여학교 시절의 불안정했던 정신세계를…….

시골에서 성장한 나는 어른이 되고 나서 가끔 시골을 그리워할 때가 있다. 그러나 시골에 살던 그때는 도시에 대한 선망으로 몸부림했던 기억이 난다. 모든 꿈과 낭만이, 이상의 생활이 번화한 도회에서만 이루어질 수 있을 것처럼 생각했던.

그때의 우리집은 살림이 한창 일어서고 있었다. 사철 내내 농사와 과원의 일로 너무나 바쁘고 분주했기 때문에 하루 세 시간만이라도 내 시간이 주어진다면 더 소원이 없을 것으로 생각했을 정도였다. 수없이 되풀이되던 잡다한 업무들과 그때 받았던 많은 억압 때문에 내가 원한 것은 도시가 아니라 그것들로부터의 탈출이며 의식의 자유였을 것이다.

그 시절의 현실에 대한 강한 저항과 그에 비례한 절실한 소망은 한 번씩 뒷마당으로 달려가 먼 산야를 바라보는 습성을 지니게 했다. 낮은 담벼락 너머 빈 들을 건너 불어오는 세찬 바람결은 언제나 한 가닥의 꿈을 안겨 주었고, 빈 골방에 엎드려 '폭풍의 언덕' 같은 소설이라도 쓰고 싶은 욕망을 가지게 했을 것이다.

아버지께선 '네 이상은 너무나 높은데 현실은……' 하시며 끝내는 도회에 나가 학업을 계속하도록 허락하시게 되었다. 그러나 지나치게 이상만을 추구하다가 건강을 다쳐 폐결핵을 앓으며 누워 있다는 어느 여류 시인의 예를 드시며 나의 장래를 조금은 걱정하시기도 했다.

그 후, 10년이 넘는 세월을 나는 아버지의 염려와는 달리 평범하게 살며 자의와 타의 사이를 오가며 영육을 이끌어 가고 있다.

그토록 선망하던 도회의 생활에서도 염오를 느끼고 이제 도시도 시골도 아닌 이 바람부는 언덕 위에서 피로한 눈을 쉬고, 폭풍의 언덕에 산다는 내 나름의 낭만 같은 사고의 여유를 가진다. 그리고 나의 주위를 머무는 모든 것들을 사랑하며 살아갈 것이다. 분망한 생활의 와중에서 잃어버린 자아를 되찾고 그동안 적조했던 친구며 스승에게도 긴 편지를 쓰고, 문명에 젖어 철없이 번민했던 지난날의 사소한 일들이며 불편한 언어들을 '이제는 돌아와 거울 앞에 선 내 누님같이' 받아들여야 하리라.

생이 아무리 많은 가능성을 내포하고 있다 해도 이미 우리에게 주어져 있는 길을 열심히 살 수밖에 없는 법이다. 누군가의 책머리에서 '인간人間의 행복은 본연의 자기를 찾아 완성하는 것이다'라는 글귀를 본 적이 있다. 끝에 0이 있는 숫자와 다른 어떤 숫자를 곱해도 끝자리에는 꼭 0이 나오듯이, 아무리 환경의 영향을 받고 그 희로애락에 좌우되어 변하더라도 결국은 남게 되는 자기 자신, 곧 0이 있으면 인간은 좀 덜 비참하게 삶을 향유할 수 있게 될 것이다.

밤바람이 창문을 흔들며 지나간다. '위더링 하이츠'에서처럼 훨훨 타는 벽난로는 없지만, 스팀이 들어오는 푸근한 실내에서 창밖으로 무자비한 바람 소리를 듣는다. 내년쯤, 집 뒤의 언덕받이에 소나무라도 몇 그루 심으면 솔바람 소리가 한결 운치를 돋우게 되리라.

에밀리가 쓸쓸하게 살았을 목사관의 이층 방처럼 이제 이층 다락방을 나의 서재로 아담하게 꾸미고, 내가 원하는 시간에 언제나 혼자 책과 노트를 마주할 수 있는 나의 성을 마련하고 싶다.

(1983)

스케이트

어린 시절, 겨울이면 동구밖 못가에서 스케이트 타는 소년들을 무척 부러워했다. 그 때는 여자가 스케이트를 타는 것은 보지 못했고, 으레 타서는 안 되는 것으로 생각했다.

그 뒤, 많은 세월이 흘러 나는 어른이 되었고, 두 아들의 어머니이다. 간혹 TV 화면에서 스키나 피겨스케이팅 세계 선수권 대회를 보면서 참 신나는 운동이라는 생각을 했다. 언젠가 버스를 타고 S못 옆을 지날 때, 흰 눈이 쌓인 산 밑에서 많은 사람들이 재미있게 스케이트를 타는 것이 보여서 한참 내다본 기억이 난다.

아이들이 초등학교에 들어간 후 몇 번의 겨울이 지나가면서 문득 스케이트를 타게 해 주고 싶다는 생각을 했다. 그러나 어떻게 가르쳐야 될지를 몰라 주저하다가 넘겨 버리곤 했다.

지난해 겨울이 시작될 무렵, 친구 한 사람을 만났을 때였다. 다른 얘기 끝에 하는 말이, 곧 스케이트를 배우려고 하는데, 자기가 먼저 배워서 아들에게 가르쳐 주고 싶다는 것이었다. 귀가 솔깃했다. 나도 내 아들들에게 가르쳐 주기 위해서라는 전제 아래 설레이는 마음으로 스케이트장에 갔다. 사실은 자신이 스스로 타고 싶은 욕심도 많았음은 물론이다.

스케이트장엔 많은 청소년들이 있었으나, 어른들은 별로 없었다. 새삼스럽게 연령의 무게를 느끼지 않을 수 없었다. 이미 중년의 문턱에 서 있는 자신의 나이를…….

어린 학생들 틈에서 스케이트를 배우기가 선뜻 내키지 않았다. 그러나 지금 배우지 않으면 아마 평생토록 타 보지 못하리라는 생각에, 늦었지만 용기를 내었다.

부끄러움을 무릅쓰고 두 주일간 애써 연습했다. 처음엔 너무나 어렵고 잘 안 되었으나, 며칠이 지나 조금씩 미끄러져 달릴 수 있게 되자 신바람이 났다.

한 번은 정신없이 타다가 언뜻 보니 손등에 피가 흥건했다. 웬일인가 하고 피를 닦아내니 엄지손가락의 살점이 폭 패여 나가고 없었다. 조금 전에 넘어졌을 때 얼음에 부딪혀 다친 모양이었다. 혼자 미소를 지으며 아픔이 느껴지지 않는 손가락에 붕대를 감고 다시 타기 시작했다.

200m 트랙을 몇 바퀴 계속 달리고 나면 온몸이 후끈하고 기분이 상쾌해진다. 실내를 울리는 경쾌하고 감미로운 음악을 들으며

운동 그 자체에만 몰두하고 있으면 세상만사를 잊어버리게 된다. 복잡한 현대 생활에서 오는 온갖 스트레스도 말끔히 해소되는 후련함을 맛볼 수 있다. 김장을 담그느라 무리를 했는지 허리가 무겁고 아팠었는데 거짓말처럼 나아버렸다. 또한 초겨울의 추위에 모두들 감기가 걸려 움츠리고 있었지만, 나는 겨울바람이 가을바람처럼 선선하기만 했다.

그러나 해야 할 일이 밀리는 바쁜 생활 속에서, 스케이트를 타기 위해 하루에 두어 시간을 할애하기도 어려웠다. 시간 낭비 같기도 하고, 사치스런 유희 같아서 망설여질 때도 많았다. 이제까지 나는 인생을 즐기기 위해서 산다는 생각을 해 본 적이 없었다. 생은 언제나 의무와 책임으로 느껴졌고, 단순히 오락을 위해 시간을 허비할 수 있는 여유를 가지지 못했다. 하지만 여러 가지 이유로 스케이트 타기를 내 평생의 운동으로 삼으려 한다.

아이들에게 어머니가 직접 가르쳐 주어서, 겨울이면 강이나 못으로 함께 스케이트를 메고 나서고 싶다. 어린 시절 부러웠던 일을 어른이 되어서 실현해 보는 것이다. 또한 자신의 심신의 건강을 유지하고, 분망한 생활 가운데서 마음의 여유를 가지기 위해서이다. 벌써 생의 후반부에 접어든 탓인지, 이제는 좀 편하고 즐겁게 살아가고 싶다.

다른 운동과 달리, 스케이트(수영, 체조, 산책, 등산 등도 마찬가지지만)는 타인에게 신경을 쓰지 않고 마음 내킬 때 언제든 혼자서도 할 수 있으므로 편리하다. 신체를 단련하면서 정신도 함께 휴식하고 정리할 수 있는 장점이 있다.

여기 P동 실내 스케이트장엔 많은 사람들이 열심히 스케이트를 즐기고 있다. 그 속엔 나이 지긋하신 분들도 섞여 있다. 오랜 운동 경력으로 수련된 그분들은 대개 실제 연령보다 10년은 더 젊게 보인다. 간편한 운동복에 스케이트 모자를 쓴 모습들은 얼마나 건전하고 멋있게 보이는가.

내 친구도 스케이트에 톡톡히 재미를 붙였는지 내년엔 꼭 대관령으로 스키를 배우러 가자고 한다. 퀴리 부인이 자기 아이들에게 여행과 운동을 많이 시켰다는 얘기가 떠오른다. 나도 아이들과 함께 언제나 소년 같은 마음으로 많은 여행이랑 운동의 기회를 가지고 싶다.

(1984)

죽음

소녀 때 어떤 병을 앓은 적이 있었다. 그 병은 외형적으로는 아무 이상이 없어 보이고, 자신도 병의 무게를 정확히 알지 못했다. 다만 약간의 통증이 느껴져 병원에 가면, 약과 주사를 오랫동안 계속하라고 했다. 한의사이신 아버지께선 병원에도 다니고 한약도 먹어야 한다고 하시며, 무리한 일을 못하게 하셨다. 그런데 나는 밤늦도록 책을 볼 때가 많았다. 아버지께선 자주 꾸중을 하셨는데 한번은,

"요즈음 약이 좋으니까 괜찮지만 옛날에는 그 병에 걸리면, 도랑 뛰다가도 푹 엎어져 죽은 사람이 많았다."

하시며 몹시 나무라셨다. 그런데 이상하게 '도랑 뛰다가도 죽는다.'는 말씀이 머리에 남는 것이었다. 지금 자신은 멀쩡한 것 같은

데, 어느 순간 갑자기 죽어 버릴 수도 있다는 생각이 자꾸만 맴도는 것이 아닌가. 그것은 연상작용聯想作用이 심한 성격 탓도 있고, 한창 예민한 사춘기의 나이 탓이기도 했을 것이다.

그 이후 편도선이 부어 목만 뜨끔거려도 죽음의 그림자가 내게 덮치려는가 싶은 과대망상에 젖곤 했다. 평소에 신경을 곤두세우고 힘겹게 뛰어다니다가 문득 목이 부어 침을 삼키기 어려움을 느끼면 그때부터는 '죽음'을 생각하게 된다. 언제 부닥칠지 모르는 죽음의 병이 내게 다가오는 신호로 여겨지는 것이다. 그러면 억척같이 욕심내고 애쓰던 일들을 선선히 내놓고 그러한 욕망의 바다에서 일단 물러서는 것이다. 모든 것을 체념하고, 욕심의 한계를 줄이고 자신의 덧없는 현존을 직시하게 된다.

수필 동인인 K씨의 느닷없는 죽음(연탄가스로 인한)을 전해 들었을 때, 도저히 믿을 수가 없었다. 그것도 사흘 전 모임에서 많은 얘기를 나누었던 터라 더욱 그러했다.

그러나 이미 장례식에 참석하고 왔다는 분의 얘기를 듣고 그것이 사실임을 인정하지 않을 수가 없었다.

40년 가까이 살아오면서 사람들의 죽음을 숱하게 보아 왔다. 그럴 때마다 허무와 슬픔의 강물이 가슴속을 적시곤 했다. 이번 K씨의 죽음도 많은 충격을 안겨 주었다. 그분이 아직 삼십 대 초반의 어린 나이이고, 감성이 풍부한 문학도였다는 점에서도 그렇지만, 불과 며칠 전에 나눈 대화의 내용이며 활기차던 모습이 너무나 선명하게 떠오르기 때문이었다.

정말 죽음이 내 옆에 있다는 실감이 났다. 며칠 동안 일이 손에 잡히지 않았다. 멍하니 뒷산을 쳐다보며 산속 흙 밑에 누워 있을 K씨의 모습을 상상하였다. 그리고 언젠가는 내 자신도 거기 누워 있으리라는 생각을 자꾸만 떠올리는 것이었다.

나는 사람들을 볼 때 가끔씩 그 사람을 시체로 변화시켜서 상상해 보는 때가 있다. 그러면 그에 대한 모든 애착이며 증오 같은 것이 빛을 잃게 마련이다. 또한 자신의 기대나 욕망이 채워지지 못하여 불만에 차 있을 때는 이미 죽은 사람들의 얼굴을 생각해 본다. 가깝게는 K씨의 모습이며, 아끼던 사촌 동생과 친구, 그리고 조부모님, 삼촌 등 수없이 많은 사람들이 떠오른다. 그리고 그들의 생시의 갖가지 기억과 지금 산속의 실체를 연관 지으면 생사의 허망한 수레바퀴를 생각하게 된다. 그리고 죽음 앞에서 인간은 얼마나 가련한 존재인가를 느끼지 않을 수 없다.

불교에서는 삼세가 윤회한다고 한다. 현세의 이 육신은 다만 영혼이 걸치고 사는 옷에 불과하며 죽음은 그 옷을 벗고 새옷으로 갈아입는 것일 뿐이라고 한다. 그러니까 영혼은 불멸인데 그 외형만 연기 -인과의 법칙으로 수없이 생사를 통해 윤회하게 된다는 말이다. 현생의 우리의 죽음은 그것으로써 영원히 종결지어지는 것이 아니고, 죽음 이후에도 자기의 업보를 따라 다른 모습으로(다른 옷을 걸치고) 환생하게 될지도 모른다.

죽음을 생각하면 두렵기도 하지만 그보다 슬프고 원통한 생각이 든다. 그것은 아마 많은 소망을 다 이루지 못하고 가게 되어서 그럴 것이다. 하지만, 내생來生이 존재한다면 현생에 못다 한 일을 내생에, 그래도 못다 하면 몇 생을 거듭하면서라도 이룰 수 있다고 믿고 싶다.

소녀 시절에 뇌리에 박힌 아버지의 말씀 -도랑 뛰다가도 죽을 수 있다는 가혹한 선언은 어쩌면 내 인생에 많은 도움을 주었는지도 모른다. 이제까지 죽음의 위기를 느끼는 병을 앓아 보지 않았어도 항시 그의 그림자는 내 곁에 서성거리게 되고, 나의 삶은 좀 더 본질에 가까운 것으로 채워질 수 있었다.

내 죽음의 순간은 언제일까. K씨처럼 돌연하게 죽음을 맞이하고 싶지는 않다. 적어도 3년의 유예기간을 두고 죽을 채비를 하고 싶다. 그러나 일개 중생의 몸으로 어찌 죽을 날짜를 알아낼 수 있으랴. 다만, 생사의 경계는 호흡에 있다고 한 말대로 언제나 그때가 생의 마지막 순간이라고 생각하고, 항시 죽을 수 있는 준비와 각오를 해놓아야 되겠다.

(1984)

완행열차

영주에 계시는 시백부님의 장례를 마치고 내려오는 길이었다. 김천에 들르기 위해 혼자 일행과 헤어져 완행열차를 탔다. 영주에서 김천까지 가는 기차는 경북선 완행밖에 없기 때문이다.

오랜만에 그것도 혼자서 타고 보니 기분이 이상했다. 결혼 후 십여 년 동안 혼자 여행을 한 적은 별로 없었기 때문이다. 김천까지 서너 시간 차창에 흔들릴 것을 생각하니 자못 가슴이 설레이기도 했다.

지정된 좌석표도 없는 싸구려 열차답게 차 안은 꽉 찬 승객들로 붐비었다. 대개가 허름한 차림에 순박한 사람들이었다. 섣달인데도 날씨는 포근한 봄날 같고 창밖으로 지나가는 마을들은 평화롭고 아늑하기만 했다. 웬만한 달리기 선수면 따라올 수 있을 정도로 천천히 가는 열차를 타고 야릇한 감회에 젖어 창밖을 응시해 본다.

학생 때 고향에 내왕하며 가끔 완행열차를 타 본 적이 있었으나 그 후론 별로 기억이 없을 뿐더러 이렇게 장거리 여행을 해 본 적도 없었다.

나는 웬지 마음이 편안해졌다. 별로 깨끗하지 못한 의자며 옆에 앉은 소박한 사람들의 모습이 친근하게 느껴졌다. 그것은 어렸을 때 가난한 시골 농가에서 자란 탓일 것이다. 완행열차에 무거운 짐보따리를 들고 앉아 있는 사람들이 어쩌면 고향 사람들 같고, 전생의 형제들이었던 것 같기도 하다. 그것은 또한 지금 긴 치마에 외투만 걸쳐 입고 장례식을 마치고 돌아오는 나의 피곤한 모습과도 어울리는 풍경이었다.

나는 지나온 세월을 돌이켜보며 또한 남은 날들이 얼마쯤일까 짚어 본다. 아직도 풀리지 않는 인생에의 회의와 갈등을 저만치 묻어 두고 이미 주어진 운명인 것처럼 모든 현실적 여건에서 탈피하지 못하고 그날그날을 쉼없이 살아가는 자신의 모습을 바라본다. 그동안 정신없이 사느라 미처 몰랐던 너와 나와의 관계를, 우리 모두와의 실제적인 촌수를 생각하기도 한다. 그리고 언제인가는 끝나 버릴 인연임을, 그것이 모두 덧없는 일임을 생각하지 않을 수 없다. 마치 한 편의 연극이 상연되다가 끝나면 그만이듯 우리의 삶도 하나의 희곡을 연출하고 있는 것만 같다.

며칠 전 타계하신 시백부님은 그분 자신의 배역을 다 마치고 무대 뒤로 퇴장하신 것이리라. 연극배우가 한 연극에서의 퇴장이 영원한 퇴장이 아니듯 어쩌면 그분은 또 다른 배역을 맡아 가지고 돌아오실지도 모른다.

혼자 기차를 타고 가며 나는 많은 생각들을 떠올려 보았다. 살아오면서 때로는 흔들리고 괴로웠던 기억들이 지금 다시 생각하니 별것 아니게 여겨지기도 한다. 그리고 뭔가 좀 피곤하다는 생각이 든다. 푹 쉬고 싶은 마음이라면 너무 이른 것일까. 아직 한창 나이인 중년인데……. 그러나 연극이 꼭 5막이어야 끝나는 것이 아니듯 지금이 내 생의 중년인지 말년인지 아무도 모른다. 나는 조금 조급한 생각이 들었다. 인생에 대하여 아무것도 정리되어 있지 않은 상태이기 때문이다.

다시 창밖을 내다보았다. 저녁 그늘이 묻어오고 있었다. 옹기종기 모여 있는 마을의 지붕 너머 연기가 피어오른다. 지금쯤 저녁밥을 짓고 있으리라. 어떤 집 뒤안에선 장작을 패는 청년이 보인다. 그리고 골목 어귀로 걸어가고 있는 할머니의 모습이 푸근하다.

내가 생의 종국을 생각하며 조바심에 차 있을 때 기차는 어느덧 김천역 가까이 다가가고 있었다. 완행이라 언제 도착할까 생각했던 것이 벌써 다 왔구나 싶었다. 어떻게 보면, 우리의 인생도 완행열차와 흡사한 것 같다. 처음엔 육십 평생이 멀고 아득한 것 같지만 살다보면 또 언제 그렇게 빨리 지나가 버렸는가 싶기 때문이다.

완행열차가 일정한 목적지를 향해 천천히 그러나 꾸준히 달려가듯 우리 인생도 자기의 목표를 향해 끊임없이 노력을 계속할 수밖에 없다. 대기만성의 교훈을 생각하며 순리대로 최선을 다하는 것이 자연의 이법이리라. 가다가 지치면 보이는 역사마다 한참씩 쉬어 가듯 우리도 그렇게 살아가면 되는 것은 아닐까.

(1985)

생애 최고의 날

늦가을의 따사로운 햇볕이 가로수의 낙엽 위에 조용히 내려 쌓이고 있었다. 그이의 후배이며 지금은 동료 직원이 된 B씨의 결혼식에 가는 길이었다. B씨는 서른이 넘도록 배우자를 고르다가 이제 그 중대한 선택을 한 것이다. 몇 주일 전 어느 모임에서 얘기를 나눈 적이 있었지만 오늘 결혼식장에서 그들의 모습이 어떠할 것인가가 꽤 궁금했다.

B씨는 대학 시절부터 우리 집에 놀러오곤 했다. 어떨 때는 친구들과 여럿이 와서 밤늦도록 술을 마시며 얘기를 나누다가 자고 간 적도 있었다. 그렇게 학생 때부터 알게 된 탓인지 그 후 군에 다녀와서 직장을 가지게 되었어도 내게는 언제나 학생 때의 풋풋하던 이미지가 살아 있었다. 그것은 그분의 순수하고 소박한 면과 친동

생처럼 어렵지 않게 느껴지는 성격 때문이기도 할 것이다.

그이가 아끼는 후배이기도 했지만 나로서도 친근하게 느껴져서 그분의 결혼이 늦어짐을 걱정하곤 했다. 기회가 있을 때마다

"언제 국수를 먹게 되느냐?"

고 묻기도 하고, 한 번은 중매를 해서 성사시키려고 애를 쓴 적도 있었다.

국문학을 전공한 내가 무색하도록 '황지荒地에서'라는 글을 써서 보여주기도 하던 B씨의 결혼식에 참석하러 가며 나는 자못 감회가 깊었다.

신부 대기실에 앉아 있는 신부의 모습을 봤을 때 나도 모르게 아! 하고 감탄사가 흘러나왔다. 연분홍빛이 은은히 비치는 우아한 한복 차림의 신부는 그날 따라 너무나 아름답고 청순한 느낌을 자아내게 했다. 그리고 B씨의 서글서글하게 웃는 모습을 보며 과연 오랫동안 생각하여 맞이하는 신부가 다르구나 싶었다. 예식이 진행되는 동안 신랑의 더할 수 없이 만족하고 행복한 표정이며 신부의 화사한 모습은 어느 영화의 한 장면을 보는 듯했다. 내면으로부터 우러나오는 감정의 일치, 풍부한 포용력으로 이어진 그들의 모습은 그대로 천상의 사람들 같았다.

피로연을 마치고 신혼여행을 떠날 때 나는 신랑신부와 악수를 나누며,

"오늘이 생애 최고의 날입니다. 멋있게 보내십시오."

라는 말을 했다. 플라타너스 낙엽이 뒹구는 가도에서 많은 환송객

들로 둘러싸인 그들에게 나는 어쩐지 그 한마디를 해 주고 싶었던 것이다.

예식이 끝난 뒤 그이는 친구들과의 모임이 있어서 다른 곳으로 가고 혼자 집으로 돌아오며 나는 왠지 무엇을 잃어버린 듯한 허전함을 어쩔 수가 없었다. 그리고 내가 무심코 말한 '생애 최고의 날'이라는 어휘가 자꾸만 떠오르는 것이었다.

매일 반복되는 일상의 권태로움과 때때로 밀려오는 삶의 공허를 매만지며 새삼스럽게 세월의 무상함을 생각하지 않을 수 없었다.

나에게는 가장 아름답고 행복한 시절 -충분히 사랑받고 환희에 넘치던 날들은 이미 지나가고 없는 것인가. 거울 속에서 윤기를 잃어 가는 자신의 얼굴을 보며 한참 동안 생각에 잠겨 있었다. 결혼한 지 십여 년이 지난 지금 앨범을 뒤적이며 그때의 기억을 되살린다 해도 그때와 동일한 감정이 될 수는 없다. 잃어버린 시간의 물결 위에 퇴색되고 희미해진 옛 그림자만이 어렴풋이 남아서 남의 일처럼 떠오를 뿐이다.

우리에게 생애 최고의 날은 언제일까. B씨처럼, 좋은 이성을 만나 축복받는 결혼을 하는 날도 그에 속할 수 있다. 그러나 결혼만이 인생 최고의 경사라고 볼 수는 없을 것이다. 그것은 사람마다 그의 인생관에 따라 다르기 마련이다.

나는 지나온 일월을 되돌아보았다. 희미한 기억 속에 갖가지 일들이 기쁨과 보람으로 혹은 고뇌와 서러움으로 채색되어 떠오른다. 순진했던 유년기를 거쳐 사랑을 느끼기 시작하고, 학구에 몰두하기도 하고, 최초로 직장을 얻어 부임하게 되고, 어느 날 그이와 결혼하여 아들을 낳고……. 그러한 속에 끊임없이 이어지는 인간사가 물거품처럼 떠올랐다가 사라지곤 한다. 그 중에서 과연 어느 것이 최고의 기쁨이 될까.

지금 다시 생각해 보니, 인간의 정이라든지 희로애락의 감정은 고정불변의 것이 아니었다. 낮이 있으면 밤이 있게 되고 산이 높으면 골이 깊게 마련이듯 행복과 불행은 언제나 동반하여 있었다. 그것은 손바닥과 손등처럼 양면을 이루고 있어서 피할 수 없는 진리일 것이다.

생애 최고의 날 -그것은 나에게 있어서 이미 지나간 어느 날이기보다 앞으로 다가올 어느 날이 되어야 하리라. 사랑에 초연하고 명리를 버릴 수 있고 모든 집착을 떠나 일체의 감정을 초월하여 생사에 연연하지 않는 무애자재의 경지에 도달할 수 있다면, 그리하여 바람이 불어도 흔들리지 않고 돌을 던져도 아프지 않게 되는 그날이 내 생애 최고의 날이 될 수 있지 않을까. 그것은 또한 '생애 최고의 날'이나, '생애 최악의 날'이라고 하는 그런 경계를 떠난 어떤 경지가 되어야 할 것이다.

그러나 몇 해 전부터 길들여 온 온갖 세속적인 망상과 욕심은 쉽게 나를 놓아 주지 않을 것이다.

현생에 무명無明으로 얽힌 인연의 발길은 바쁘고, 번뇌의 강은 깊기만 한데, 다만 '이생에서 나를 제도하지 않으면 또 어느 생을 기다려 제도할 것인가'라고 한 어느 분의 말이 저 멀리서 들려올 뿐이다.

(1985)

눈[目]

“요즘은 밤에 책 안 읽지요?”

안과의사의 말이었다. 몇 년 전부터 조금씩 아프던 눈이 근래에 와서 부쩍 심해졌다. 주치의는 늘 같은 말로 처방을 내린다.

“눈을 쓰지 마십시오…….”

그의 일방적인 막연한 선고는 언제나 담담한 느낌을 자아내곤 했다. 시신경이 약하여 신체의 다른 부분보다 병이 잘 나게 되어 있다고 한다. 어쩌면 살아오면서 눈을 많이 혹사했기 때문일 것이다.

그런데 지난해 가을 어느 날이었다. 그때도 눈이 몹시 피로하여 병원에 들렀었다. 의례적으로 진찰을 끝낸 의사는 웬일인지 정색을 하더니 심각하게 몇 마디를 내뱉는 것이었다.

“이대로 계속 눈을 쓰다가는 큰일이 납니다. 직장을 그만두도록 하는 게 좋겠고, 절대 안정을 취하도록 하십시오."

그의 단호한 말은 꽤 무겁게 들려왔다. 만약 조심하지 않으면 시력이 점점 약화되어 봉사가 될지도 모르며, 지금은 수시로 오는 통증이 쉼없이 계속되어 견딜 수 없게 될 것이라고 했다.

병원을 나왔을 때 거리에는 가을 하오의 태양이 따사롭게 내려쌓이고 있었다. 가로수의 마른 낙엽을 밟으며 한참 동안 많은 생각들에 젖어 있었다.

지금까지 걸어온 길을 되돌아보고, 앞으로의 삶의 계획을 수정해야 했다. 직장을 그만두어야 할까 하는 생각은 쉽게 결정을 내릴 수가 없었다. 다만, 직장에 대한 나의 태도를 좀 바꾸어야겠다는 생각이 들었다. 책을 계속 보아야 하는 직업이어서 눈을 안 쓸 도리는 없으나, 되도록이면 적게 보아도 되도록 내년 봄에는 전근을 가야겠다는 생각이 떠올랐다. 좀 시골로 가더라도 한가한 곳으로 옮겨 휴식을 취하면 될 것 같았다. 십오 년 동안 정들여 온 직장을 포기하기는 꽤 어려운 일이기 때문이다.

그러나 그 의사의 말을 믿는다면 무서운 결과를 만나게 될 것 같아서 담담한 느낌에 사로잡혔다. 그러나 직장을 그만두는 것만이 완전한 해결이 될 것 같지는 않았다. 책을 안 보는 것 이외에도 가능하면 모든 생각을 접고 휴양을 하면 될 것이다. 눈에 어떤 질병이 있어서 아픈 것이 아니고, 그 원인이 신경을 많이 쓰거나 과로, 수면 부족 등이므로 그 원인을 제거해 주는 수밖에 다른 치료법이 없다고 한다.

나는 꽤 의기소침해져서 한동안 실의에 빠져 있었다. 약간은 자신에 대한 원망이 느껴지고, 그동안 살아온 자세가 후회스럽기도 했다. 생활에 절제가 없고, 너무 계속하여 일하거나 지나치게 놀거나 했기 때문에 병이 올 수밖에 없는 일이었다.

한창 나이에 건강 때문에 욕심을 줄여야 한다니 원통한 일이 아닐 수 없었다. 구만리 장천을 날으던 푸른 꿈이며, 그토록 하고 싶었던 숱한 일들을 어떻게 체념할 수 있다는 말인가.

그러나 자신의 건강을 생각해서 커다란 인생항로의 전환을 꾀하지 않을 수 없었다. 책 읽기, 영화 구경, 여행 등 보는 것을 무척이나 좋아하는 성격을 바꾸어야 했다. 보는 것에서 듣는 것으로 취향을 전환하고, 눈을 최대한 아껴서 무리하지 않도록 단속해야 하는데, 그것이 참 가혹한 형벌처럼 생각되기도 했다.

요즘 나는 차를 타고 갈 때나, 꼭 눈을 떠야 할 필요가 없을 때는 감고 있을 때가 많다. 눈을 감는다는 것은 어떤 면에서 보면 죽음을 의미한다. 나는 눈을 감고, 언젠가 다가올 이승의 모든 것들과의 이별을 생각하곤 한다. 결국 헤어져야 할 현실에서 조금씩 그 이별을 위한 준비를 시도해 보는 것이다. 그러나 아직은 깊이 자리잡고 있는 삶에의 애착 때문에 좀 더 오래 건강하고픈 생각으로 안타까이 기도할 때도 있다.

눈이 심하게 아플 때는 며칠씩 병원에 다니며 주사를 맞고, 한약을 먹기도 하며, 의식적으로 조리를 하면 많이 좋아지게 된다. 그런데 워낙 건망증이 심한 탓인지, 조금 낫다 싶으면 언제 눈이 아팠더냐는 듯이 잊어버리고 또 무리를 하게 마련이다.

눈의 통증은 어쩌면 나의 끝없이 솟아오르는 욕망의 불을 끄기 위한 한 방편으로 오는 신호인지도 모른다. 자신도 모르게 과도한 신경을 쓰고, 소심하게 걱정이 많은 성격 때문에 줄곧 마음을 쉴 겨를이 없다. 그러니 눈을 통해서 신체적 고통을 주어야만 정신이 쉴 여가를 얻게 되는 것이다.

언젠가 한 친구로부터, 나를 처음 봤을 적에 눈이 아름답다고 생각했다는 얘기를 들었었다. 그때 속으로 기뻐하고 긍지를 가졌던 그 눈이 어쩌면 봉사가 될지도 모른다는 진단은 퍽 충격적인 사실이 아닐 수 없다. 이제부터는 되도록 적게 생각하고, 적게 보아야 한다. 그리고 밖을 보는 것보다 눈을 감고 자신의 내부를 들여다보며 지난날을 반성하고 참회해야 할 것이다. 그리고 남은 날들을 어떻게 무엇을 위하여 살아야 하며, 어떤 것은 보고 어떤 것은 보지 말아야 할지를 선택해야 한다.

나에게서 때때로 눈이 아픈 것은 어쩌면 한 인간으로서 자신의 한계를 알고, 바르게 살게 하기 위한 은혜요, 계시일지도 모른다.

(1986)

나와 수필

대학을 졸업할 무렵, 은사이신 K시인과 나눈 대화의 한 부분이 가끔 떠오를 때가 있다.

그때 인생에 관한 여러 가지 이야기를 나누면서, 나는 장차 결혼도 하고 직장도 가지겠으며 글도 써 보고 싶다고 했다. 그랬더니, 그분은 왜 그렇게 삼중고三重苦를 겪으려 드느냐고 못마땅한 표정을 지으셨다. 그분의 지론持論으로는 여성은 곱고 편하고 행복하게 꽃처럼 사는 것으로 족하지 않으냐는 것이었다.

그후 10여 년의 세월을 나는 삼중고를 안고 살아온 편이다. 그중 가정이 최우선이었고, 다음이 직장, 그리고 시간이 남으면 학문과 문학에의 욕구를 채우려 애썼다.

K시인의 얘기처럼 한 가지나 두 가지 일에 전념했더라면, 지금

쯤 그 방면의 전문가가 되어 있을지도 모른다. 그런데 나는 능력도 없으면서 세 가지를 다 하려고 피곤하게 뛰어다녔다. 생활을 단순하게 정리하지 못하고 욕구 충족을 위해 끝없이 서성거렸다. 그래서 매사에 자신이 없고 서투르기만 하다. 특히 지금의 생활 중추에서 가장 먼 거리에 있는 수필에 대해선 더욱 그럴 수밖에 없다.

바쁜 현실에 쫓기고 뒤엉키다 보면 책 한 장 읽기도, 일기 한 줄 쓸 여가도 얻기 어렵다. 그래서 때로는 수필을 포기해 버릴까 하고 망설일 때도 있었지만, 아직 미련을 버리지 못하고 있다.

수필이 내 인생에 있어서 정신적인 안정감과 자아실현의 욕구를 채워 주는 일로 상당한 위안이 되기 때문이다.

내가 국문학을 전공하게 된 것은 선비였던 조부님의 영향인지, 문학 청년으로 요절하신 넷째 삼촌의 감화인지, 또는 자신의 감상적인 성격 탓인지는 알 수 없다. 하여튼 중학교 때부터 문예부를 들락거리곤 했다. 그런데 문학에 관심과 취미가 있는 정도였지 한 번도 만사를 제쳐놓고 몰두해 본 기억은 없다. 그것은 재능에 대한 자신이 없었고, 끈질기게 노력을 하지 못하는 성격 탓일 것이다. 문학은 내 생활의 한 이상으로서 존재할 뿐, 더 중요한 것은 언제나 눈앞의 현실이었다. 현실에의 욕심 또한 끝없는 것이어서 쉽게 시간이 주어지지 않는다.

이제 곧 불혹의 나이를 내다보게 되었다. 지금까지 무명無明에 젖어 동서남북으로 헤매던 감정들을 차분히 가라앉히고 생활을 정리해야 할 것 같다. 앞으로 더 새로운 욕심을 펼치지는 말아야 한다. 문자 그대로 불혹의 생활을 해야 한다.

그동안 지칠 줄 모르고 타오르던 현실적 욕망은 지금쯤 날개를 접듯이 접어 두어야 한다. 명리를 추구하던 그 허망한 날개짓을 버리고, 종교와 철학을 바탕으로 한 수필쓰기에 힘써야 하겠다.

나에게서 수필은 생의 초점을 명확히 해 주고, 부단한 자기반성의 자료가 된다. 가장 확실하고 자신 있는 자기의 표현이라고 할까. 수필은 자신을 있는 그대로 노출시키는 작업이다. 어떠한 가면도 위선도 허용될 수 없다. 정신 상태가 떳떳하지 못하고 자유롭지 못할 때 수필은 쓸 수가 없다.

미망에 사로잡혀 흔들리고 불안하거나, 마음이 편치 못하거나, 바람에 흔들리는 갈대처럼 되어서는 안 된다. 현실적 그물에서 한 걸음 물러나 분명한 자아의 확립과 신념 -개성의 자각으로 수필은 써질 수 있다.

내가 쓰고자 애쓰는 수필은 작품으로서의 소망이기보다 인생을 정리하고 반추하는 정신적인 노력일 뿐이다. 좋은 글을 써서 남에게 인정을 받는 일도 좋겠지만, 그보다 아무 욕심없이 담백한 마음으로 글을 써 보고 싶다.

부단히 안겨 오는 온갖 희비 애환이며 끊임없는 변환 속에 펼쳐지는 자연의 모습을 그려 보고 싶다. 마음이 통하는 친구와 다정하게 모든 것을 털어놓고 거리낌 없이 얘기하듯 그동안 살아온 일들을 형상화하고 싶다. 그리고 표현의 기교보다 내용에 성실하고 소박한 꿈이 담겨 있는 글을 쓰고 싶다.

한 가지를 크게 얻으려면 다른 것을 버려야 하는데, 많은 방면에 욕심을 벌려 놓아서 아무것도 옳게 이룰 수가 없다. K시인의 말대로 삼중고를 선택한 것이 잘못일 것이다.

그러나 오늘도 나는 그 삼중고를 삼중락三重樂으로 생각하며, 퇴근길에 시장에 들러 오이랑 파, 시금치를 사 들고 집으로 향한다.

그리고 내일 새벽에는 꼭 일찍 일어나 원고를 써야겠다는 생각을 해 보는 것이다.

(1986)

2
봄은 가고

빼꾸기가 애절하게 울어 주는 봄은 가도
이제 더욱 풍요한 낭만을 안겨 줄 여름이며,
낙엽 지는 가을과 하얀 겨울의 행복을
또 어찌 과소평가할 수 있으랴.

20년 후의 만남

모교의 개교 60주년 기념 동창회 명부 작성 관계로 연락을 하던 것이 계기가 되어 전국에 흩어져 있던 고교 동기생들이 한자리에 모이게 되었다. 시월의 마지막 일요일 정오. 대전의 금성 농장에는 백 명 가량의 연락을 받은 친구들이 달려왔다. 주로 서울과 대구, 부산 등지에서 관광버스를 타고 와 농장 입구에서 만난 우리들은 한참 동안 서로 인사를 나누며 반가움과 기쁨에 들떠 있었다. 어떤 친구들은 마치 이산가족이 재회하는 것처럼 얼싸안고 눈물을 글썽이기도 했다.

여고를 졸업한 지 꼭 20년 만이었다. 오 헨리의 단편소설 '20년 뒤'의 줄거리가 생각났다. 결코 짧지 않은 세월을 바람처럼 흘려보내고 이제 불혹의 나이를 내다보며 옛친구들과 다시 만난 것이다.

그동안 각 지역별로 동기회를 가져 오기는 했으나 대개 자신의 삶에 급급하여 많이 모이지는 못했었다. 그런데 이제 결혼한 지 십여 년이 되어 생활에 여유가 생긴 탓인지 동기회에 열성을 보이는 친구들이 늘기 시작했다. 그 옛날 명문고교로서 날리던 모교에의 긍지가 아쉽기도 하고, 그동안 자녀 양육이며 남편 뒷바라지, 시집살이 등으로 잊고 있었던 동무들의 안부가 궁금하기도 했을 것이다.

나도 평소에는 바쁘다는 핑계로 동기회에 잘 나가지 않았는데 이번에 전국을 통한 대규모 모임을 갖는다기에 꼭 가 보고 싶었다. 고등학교 때 졸업 앨범을 가방에 넣고 갔다. 이십 년 전의 얼굴과 비교해 보지 않으면 기억이 어려울 친구들이 많을 것 같아서였다.

아침 일찍 대전을 향해 달리며 조금은 가슴이 설레기도 했다. 오늘 어떤 친구들과 만나게 될 것인지 궁금했다. 그리고 그 시절의 일들이 아득한 기억 속에서 떠올랐다.

가정 형편이 어렵기도 했지만 아버지의 봉건적인 사상으로 고등학교 입학도 못할 뻔했던 일이며, 2학년 봄에 40일 가까운 장기 결석(농사일을 돕기 위해)으로 학업에 자신을 잃고 소설책만 보며, 내성적이고 부끄러움이 많은 무명의 존재로 보낸 여고 시절이 회상되었다. 그때 부러워한 적이 있는 공부 잘하고 유복했던 친구들이 지금은 어디서 무엇이 되어 있는지 알고 싶었다. 그러나 무엇보다도 궁금한 것은 3학년 때 친했던 S의 안부였다. 어쩌면 내가 여고를 졸업하면서 대학입시에 응시도 해 보지 않고 포기한 것은 순전히 S의 영향이었을지도 모른다. 대학 진학에 대한 아버지의 간곡한

만류가 있었기는 하지만, 만약 합격했다면 진학이 완전히 불가능하지도 않았을 것이다. 그런데 S는 자신이 응시하지 않아서인지 내게도 응시할 필요가 없다고 권유하며 같이 행동하자고 했다. 마음이 약했던 나는 K대학의 입학원서를 사다 놓고는 기입도 않고 내버렸었다.

결국 그 친구는 졸업 후 내가 푼푼이 모아 만든 목돈을 빌려 가고는 다시 연락이 없었다. 그간 많은 세월이 흐르면서 가끔씩 그 친구 생각이 나는 것은 돌려받지 못한 돈 때문이기도 하겠지만 그보다 그때 누구보다도 고독했던 나에게 깊은 관심을 가져 주고 위로가 되어 준 인정 탓일 것이다.

행여 오늘 S를 만날 수 있을까 기대해 보았다. 그러나 그는 보이지 않았다. 다만 동기생 주소록을 훑어보다가 그의 주소를 발견하고는 나의 수첩에 옮겨 적었다. 언제쯤 한가한 날에 그에게 한 번 연락을 해 보고 싶어서였다. 결코 지난날을 원망하기 위해서가 아니라, 오히려 그때의 호의에 감사하고 무엇이든 이제는 내 쪽에서 도움을 주고 싶기도 하다.

젊을 때 고생은 사서도 한다고 했듯이 대학 진학을 포기하고 1년 동안 시골에서 벅찬 농사일을 했던 경험은 오래도록 내 인생의 밑거름이 되어 왔다고 본다. 그해 가을부터 낮엔 일하고 밤으로 다시 공부를 시작하여 원하는 대학을 졸업한 후 교편을 잡으며 야간 대학원까지 나온 것도 그 덕분이었을 것이다.

자신의 의지가 아니었으면 고등학교도 졸업을 했을까말까 했는데, 지금은 그 고등학생들을 가르치는 입장에 있다. 나는 자신의 20년간의 변모를 생각해 보며 거기 모인 친구들의 모습을 살펴보았다.

그때 문예부장을 하며 소설을 잘 써서 인기를 끌던 T는 건축가와 결혼하여 부동산 투자로 꽤 부자가 되었다고 한다. 그리고 박사학위를 가진 대학교수, 국회의원 부인 등 각계에서 맹활약을 하는 친구들도 많았다. 대부분이 고등학교 때의 이미지와 정비례했으나 그렇지 않은 친구들도 있었다. 인생의 과정을 좌우하는 것은 본인의 능력과 환경과 행운의 상호작용이어서일까.

늦가을의 따사로운 햇볕을 받으며 단풍잎이 지고 있는 것이 보였다. 어떤 친구가 '메기의 추억'이라는 노래를 진지하게 부르고 있었다. 나는 과일나무랑 잡목숲으로 우거진 농장의 가을 풍경을 지켜보며 잠시 생각에 잠겼다.

눈가에 아직은 고운 잔주름을 지으며 즐겁게 웃고 노래하며 자신만만하게 떠들고 있는 이 친구들과 다시 20년 후에 만나게 된다면 그때는 어떻게 변해 있을까 싶었다. 그리고 그때쯤은 모두들 자기 얼굴에 책임을 지는 것은 물론 자기 인생에도 책임을 져야 할 나이라는 생각이 들었다.

(1986)

원각사의 밤

계곡을 흐르는 물소리가 꼭 여름날 소낙비 소리 같았다. 잠결에 몇 번이나 '지금 밖에는 비가 몹시 내리고 있나 보다' 하고 생각했다. 그리고 방문을 열고 비 오는 모습을 보려고 내다보곤 했다. 그런데 번번이 '아, 비가 오는 것이 아니고 물소리였구나' 하고, 문을 닫고 다시 그 빗소리 같은 물소리를 들으며 누워 있었다.

어찌어찌한 인연으로 칠월 하순 열흘 동안을 산사山寺에서 묵게 되었다. 직장에서 반공 통일 연수를 받으러 서울에 오게 된 것이다. 비합숙이어서 숙소를 어디에 정할까 하고 생각하던 중, 용하게도 절에 있고 싶다는 생각을 했다. 서울 시내에 가까운 친척이 없어서가 아니라, 가족들과 떨어져 혼자 있게 되는 이런 기회에 모처럼 세속을 떠난 생활을 해 보고 싶었던 것이다.

아침부터 저녁때까지 장충동의 자유 센터에서 강습을 받고는 의정부행 시외버스를 타고 사십 분쯤 가서 내린다. 하루 종일 도심지의 번잡함 속에서 시달리다가, 저녁 무렵 도봉산 밑 망월사역에 내려 산중턱 '원각사'까지 십오 분 정도 걸으면, 깊은 숲속의 바람이 한여름의 더위를 잊게 해 주었다.

대웅전 옆 부전승의 바로 옆방인 나의 방은 아침에 어질러 놓고 간 그대로 빈방이 나를 기다리고 있다. 저녁 그늘이 내릴 때쯤, 방의 자물쇠를 열고 들어가면, 아무런 장식도 없는 텅 빈 공간이 그렇게 따뜻하게 느껴질 수가 없다. 스토브에 펄펄 끓는 커피 냄새는 없지만, 언젠가 읽은 이양하 씨의 수필 '조그만 기쁨'에 나오는 와우산의 눈 내리던 날 얘기가 떠오르곤 한다. 나도 어쩐지 '라라라 트랄 라라라…….' 하고 콧노래가 나올 정도로 상쾌한 기분이 된다. 그도 그럴 것이, 아무도 나를, 나의 생활, 자유, 행동을 간섭할 사람이 없을 뿐더러, 제약할 사람은 더군다나 없기 때문이다. 어떻게 보면, 완전한 자유나 기쁨, 행복은 혼자 있을 때 가능할 것 같다.

산속의 어둠은 더 빨리 오는 것 같았다. 주위가 조용해지면 계곡의 물소리는 더욱 크게 들린다. 내가 처음 여기에 와 보고 마음이 끌린 것은, 절도 깨끗하고 좋았지만 절의 서남쪽을 휘감아 흐르는 물소리가 인상 깊어서였다. 거기 매미의 울음소리며, 계곡 옆으로 서 있는 멋들어진 기암절벽과 푸른 숲으로 우거진 산의 모습에 매료되었던 것이다.

저녁 식사를 한 후, 물가의 돌다리 위에 앉아 흐르는 물을 지켜보노라면 만감이 교차되고, 생사의 번뇌가 물소리, 바람 소리에 섞여 끝없이 흘러가는 것이었다.

저녁 예불도 끝나고 주위가 완전히 어두워지면 법당 앞에 놓인 두 개의 석등에 불이 켜지고 풍경 소리만 가끔씩 울리곤 한다. '성불사의 밤'이란 옛 노래의 가사가 생각났다. '주승은 잠이 들고 객이 홀로 듣는 그윽한 풍경 소리……' 오늘 나는 이 절의 객이 되어 밤늦도록 잠을 못 이루는가.

바로 벽 하나를 사이에 두고 거처하는 젊은 부전승의 방에도 밤이 이슥하도록 불이 켜져 있었다. 열흘이 되도록 나는 그 스님과 한 마디의 얘기도 나누지 않았다. 첫날 간단한 목례를 했을 뿐, 새벽 예불 때 그가 치는 목탁 소리, 염불 소리를 듣고 잠이 깨고, 몇 번은 미명의 새벽에 합장을 하고 그의 염불 소리를 따라 도량을 돌기도 했지만, 아무 말도 끝까지 하지 않았다. 다른 사람과도 얘기하는 것을 본 적이 없는 그 스님의 철저한 혼자의 삶이 나의 마음에 깊은 회의를 일으켜 주었다. 어떻게 저 처절한 고독의 시간이며 그 많은 밤과 낮을 감당해 나갈까 하는 생각들이었다.

삶의 방법엔 실로 여러 가지가 있다. 승속 간의 그 많은 유형의 삶 중에, 지금 내가 취한 길은 정말 나에게 최선의 것일까 하는 생각을 해 보았다.

20여 년 전에 잠시 출가 수도의 꿈을 꾸어 보던 기억이 났다. 그때 만약 그것을 감행했다면 지금쯤 어느 절의 주지쯤은 하고 있을까. 아니면…….

모든 방의 불이 꺼지고 사위四圍가 고요해지면, 석등에 흔들리는 불빛을 따라 석탑을 돌며 오랫동안 서성거리곤 했다.

'나는 어디서 왔으며 지금은 어디로 가고 있는가?'

원각사에서 열흘 밤을 지내며, 나는 지금까지 자기의 생을 정리하고 뭔가 새로운 출발을 시도해 보고 싶었다. 그러나 별다른 묘책이 떠오르지는 않았다. 이제까지 살아온 방법 그대로 그렇게 꾸준히 사는 수밖에 없는, 평범 속의 진리를 재발견했을 뿐이다. 다만 오랜만에 가족과 생활 환경을 멀리 떠나 '혼자 서 있음'으로 하여, 새삼 '나'의 존재를 성찰해 볼 수 있는 계기가 되었다.

그토록 자신을 괴롭히던 오욕칠정, 그중에서도 명예욕과 애욕의 질긴 뿌리를 뽑아내지 못하여 고심하던 일들이 숙제로 남아 있었다. 그것은 쉽게 해결될 문제가 아니었다. 오랜 기도와 종교 생활을 통해 지극한 노력이 없으면 안 될 것이다.

그런데 이상하게도 법당에 앉아 독경 소리를 듣고 있으면, 모든 번뇌, 망상, 명리, 집착 등이 꿈결처럼 사라져 버리는 것이었다. 나는 그 독경의 내용을 알지 못한다. 다만 어렴풋이 '적멸위락'과 같은, '사랑하지도 미워하지도 않는' '무분별지'와 같은 생각을 떠올리게 된다.

앞일을 예언하기는 어렵지만, 가능하다면 지금 벌여 놓은 책무를 어지간히 마치고, 한 오십을 넘기게 되면 자주 산사를 찾아서, 이 원각사에도 다시 와서 며칠씩, 몇 달씩 묵으며 마음이 편안해지는 공부를 해 보고 싶다.

(1987)

연날리기

이제 열흘만 있으면 결혼 14주년이 된다. 그동안 숱한 일들이며 많은 변화가 있었지만, 돌아보면 하루같이 느껴진다.

대학 시절, 안면이 있던 그이와 졸업 후에 다시 만나 결혼을 하게 되고, 아이들을 낳아 키우면서 십여 년이 흘러갔다. 결혼 이후 지금까지 자신이 현모양처라고 자부해 본 적은 없었다. 그러나 나름대로의 노력은 해 왔다는 생각이 든다.

가끔, 인간의 삶을 연날리기에 비유해 볼 때가 있다. 연이 하늘 높이 마음껏 날 수 있게 하려면 얼레를 잡은 사람이 힘이 있고 기술이 좋아야 한다. 사람도 세상을 멋있게 살아가려면 그를 조종해 주는 사람을 잘 만나야 된다. 곧 그의 연이 잘 날 수 있게 인연의 줄 -연줄을 묶어 날려 주는, 얼레를 쥔 사람을 잘 만나야 하는 법이다. 그 대표적인 것이 부부의 만남이요, 부모와 자식 사이의 만남일 것이다.

결혼 생활을 통해서 절실히 인식되는 것이 부부 관계의 중요성이었다. 그 부부 사이의 책임은 부부에게 똑같이 주어져 있지만, 가부장적 전통 사회에선 아내에게 더 많은 노력이 요구되는 듯하다.

남편이 항상 긍지를 가지고 살아갈 수 있도록, 그의 가계, 성격, 행동 등을 인정해 주고 좋은 점을 발견하여 자랑함으로써, 스스로 행복한 자아 개념을 가지도록 노력해야 한다. 남편의 연이 신나게 잘 날고 있어야만 그 옆에 있는 아내의 연도 덩달아 신이 날 것이기 때문이다.

우리 아이들은 우리 부부가 만들어 날리는 연으로 볼 수 있다. 그 애들이 튼튼하고 즐겁게 멀리 날 수 있도록 최대한 도와주는 것이 부모의 책임이다.

지금 초등학교 고학년인 두 아이들을 키우면서 제일 안쓰럽게 생각하는 것은 모유를 많이 먹이지 못했다는 점이다. 직장을 가지고 있는 탓으로 생후 1개월 간 젖을 먹이고, 그 다음은 아침저녁으로만 먹일 수 있었다. 아이를 위해서 일 년쯤 휴직을 하든지, 아니면 직장 옆으로 이사를 해서 낮에도 쉬는 시간을 이용하여 젖을 먹였더라면 하는 생각이 든다. 우유가 아무리 양분이 있다 해도 모성의 따뜻함이나 포근함과는 비교가 되지 않을 것이다.

엄마의 교직 생활로 아이들에게 충분한 뒷바라지를 못하고 있다는 미안함을 늘 가지고 있다. 그래서 공휴일이나 방학 때는 시간을 같이 보내려고 애쓰곤 한다. 아이들이 어렸을 적에는 유아교육 개론, 유태인의 가정 교육, 위인의 어머니 등을 읽기도 하고 육아 일기를 쓰기도 했다. 자연스럽게 대화를 많이 하려고 노력하고, 탁구, 스케이트, 수영 등을 함께 즐긴다. 산 경험을 넓혀 주기 위해 여행을 많이 하고, 친척집에 데리고 다니기를 좋아한다.

아이들에게 어머니로서의 엄격한 권위를 가지기보다 누나나 친구 같은 위치에 서고 싶어한다. 아직 어리지만 그들의 의견을 존중해 주고, 공부나 모든 일을 자율적으로 하도록 맡겨 두는 편이다. 장점을 찾아내어 칭찬해 주고, 단점은 되도록 묵인하거나 기분이 좋아 보일 때 충고해 주도록 노력한다. 칭찬을 들으며 성장한 사람은 세상을 긍정적으로 살게 된다는 말을 믿기 때문이다.

남편과 아이들은 나의 인생에 있어서 가장 소중한 사람들이다. 그들이 건강하고 행복하게, 성공적으로 살게 하려면 먼저 자신이 그렇게 살아야 한다. 뿌리가 튼튼해야 그 잎이 싱싱하게 자랄 수 있듯이…….

내가 선택한 남편의 연과 나의 연, 그리고 두 아이들의 연이 바람을 헤치고 늠름하게 기쁨에 넘치는 모습으로 날 수 있도록, 얼레를 잡은 손에 더욱 힘을 주어야겠다.

(1987)

봄바람

어느 날 저녁 무렵이었다. 마을 어귀를 돌아섰을 때, 마침 한 줄기 바람이 골목 저편에서 불어오는 것이었다. 나는 문득 그 자리에 멈추어 서서 한참 동안이나 그 바람의 감촉을 느끼고 있었다. 그것은 분명 봄바람이었다. 어저께까지 불던 차가운 겨울바람이 아니었다.

나는 돌아서서 그 바람이 지나가는 골목 저 끝까지 물끄러미 바라보고 서 있었다. 그리고 갑자기 상쾌하고 홀가분해지는 기분을 느꼈다.

눈을 들어 하늘을 쳐다보고, 아담하게 줄지어 앉아 있는 마을의 집들을 응시했다. 저녁 그늘이 내리는 조용한 골목길에 서서 나는 왠지 어떤 소설 속의 주인공이 된 듯 야릇한 흥분을 느꼈다. 일상의 내가 아닌, 뭔가 새롭고 천진난만한 내가 되는 것이었다.

이제 봄이구나 하는 생각이 들자 가슴이 설레이기도 하고, 한편으로는 두려운 느낌이 들기도 했다.

여고 시절에 어떤 병을 앓은 적이 있었다. 그런데 공교롭게도 세 번이나 봄에 그 병이 재발하여 많은 약을 먹으며 고생을 한 기억이 났다. 혼인 후에 다시 그 병을 앓지는 않았지만 봄이면 한 번씩 몸살을 치르기 마련이었다. 몇 년 전까지만 해도 일 년에 하루쯤 직장에 결근을 했는데, 지나고 보니 이상하게도 그것이 늘 봄이었다.

봄이 되어 매화가 망울지고 목련이 소복한 여인처럼 피어나면 그 사이로 불어오는 봄바람을 마시며 나는 시름시름 앓기 시작한다. 그것은 몸이 나른하여 짜여진 일상이 힘에 겨워서이기도 하겠지만 더욱 큰 이유는 정신적인 흔들림 때문이었다.

'복사꽃이 피면 가슴이 아프다'던 어느 시인의 심정이 되기도 하고 '루·살로메'가 느끼던 봄바람 생각이 나기도 하는 것이다.

따사롭게 내리쪼이는 봄볕을 받으며 잔디밭에 앉아 있으면 뭇 생명들이 신기하게 살아 움직이는 소리가 들린다. 죽은 듯하던 나무에 움이 돋고 꽃들이 저마다 자기 옷을 걸치고 화사하게 얼굴을 내미는 것이 보인다.

그런데 이 벅찬 생성의 계절에 나는 왜 자꾸만 기운이 빠지고 일이 손에 잡히지 않는지 알 수 없는 노릇이다. 저 풀꽃이나 산짐승들처럼 자기 모습으로 피어나 마음껏 살지 못하고 항시 윤리와 규범에 얽매여 기를 못 펴는 감수성 때문일까. 제행무상을 생각해서일까. 아니면, 무상을 옳게 깨닫지 못해서일까.

새삼스럽게 삶의 의미를 회의하게 되고, 자기 하나의 무게를 감당하지 못해 휘청거리곤 한다. 그런 날엔 '루'처럼 짐 보따리를 싸들고 혼자 멀고 긴 여행길에 오르고 싶다. 그러나 그녀만큼 재능도, 용기도, 미모도, 돈도 가지지 못한 나로서는 가까운 해변이나 조용한 절간에라도 다녀오고 싶어진다. 멀리 있는 친구에게 전화를 하거나 느닷없이 찾아가 만나보고 싶기도 하다. 때로는 영화 구경을 가거나 음악감상실이나 찻집에 앉아 한 잔의 차를 마시며 봄바람을 잠재우기 위해 애쓰기도 하는 것이다.

이제 또 봄이 오고 있다. 적지 않은 연륜을 살아왔음에도 아직 사춘기 적 감상에 젖어 가라앉지 않는 마음, 이 마음을 다스릴 길은 없는지 궁금하다.

이제껏 숱한 봄을 보내며 봄바람을 이기려고 노력했지만, 그것은 늘 순간적인 진정제를 찾은 것뿐이었다. 그 때문에 해마다 봄이 오면 지병이 재발하듯 가슴에 진한 통증을 느끼기 마련이었다.

그런데 올해는 미리 어떤 정신적인 방황에 대한 예감이 드는 것이었다. 그래서 굳은 결심을 하고 봄바람에 흔들리는 마음의 뿌리를 찾아 깊이 묻어 두는 작업을 하기로 했다.

되도록 사람을 만나지 말고, 나돌아다니는 일마저 자제한 채, 내 방에 깊이 침잠하여 스스로를 다스리는 훈련을 해야겠다. 그렇게 하는 것이 마음의 동요를 막는 첫 길일 것이다.

지금까지 남의 책을 읽거나 남의 이야기를 듣기에만 급급했는데 이제는 그 수행에 힘써야 할 때가 되었다. 좋다는 얘기만 듣고 한 번도 옳게 읽지 않은 금강경을 이 봄에는 꼭 읽어 보아야겠다.

이 봄에, 아니 이 생에 있어서 가장 중요한 일은 아집을 버리고 무아의 경지를 찾아 마음이 평안해지는 것이라는 생각이 든다.

꽃잎이나 벌나비들처럼 봄바람과 더불어 흔쾌히 즐길지언정 부질없이 심란해 하거나 몸을 상하게 해서, 가벼운 바람결에 뿌리까지 흔들리는 어리석음을 범하지는 말아야 할 것이다.

아침저녁 금강경을 소리내어 읽으며 내 마음을, 이 봄바람을 다스리는 법을 터득하고 싶다. 그리하여 또 봄이 오고 다시 봄바람이 불어와도 미망에 흔들리지 않는 진정한 기쁨과 만족을 누리며 살고 싶다.

(1988)

기한부 출가

가야산 해인사 뒤 계곡을 따라 한참 올라갔다. 인적이 끊어진 깊은 숲속에 서서 사방을 둘러보았다. 작은 다람쥐가 한가로이 뛰어다니고 뭇 산새들의 울음이 매미 소리에 섞여 들려왔다. 어쩐지 매미의 울음도 시중에서와는 다르게 들리는 듯했다.

하늘엔 흰 뭉게구름이 정처 없이 떠돌고 가까이 들리는 물소리는 한 속인의 마음을 흔들고 있었다.

'나는 지금 어떻게 살고 있으며, 어디서 와서 어디로 가고 있는가' 끝없는 의문을 안은 채 멀리 허공을 응시해 본다.

해마다 여름 방학이 되면 며칠씩 집을 떠나 산사에 와 머물기를 좋아했다. 이번엔 해인사로 오게 되었다. 일반인 수련 대회가 있어서 참석하고 싶었고, 종정 스님이 계신다는 백련암에도 가 보고 싶어서였다.

긴 법의를 걸친 스님들을 많이 볼 수 있었다. 선뜻 근접할 수 없는 엄숙하고 담담한 분위기를 느끼게 했다. 나는 속으로 저분들은 어찌하여 출가수행을 하게 되었을까 하고 생각해 보았다. 그리고면 지난날의 기억이 떠오르는 것이다.

여학교를 졸업한 이듬해 여름 어느 날 불확실하나마 출가의 뜻을 품고 불국사에 간 적이 있었다. 그런데 불국사는 비구들의 도량이므로 비구니가 되려면 수덕사로 일엽 스님을 찾아가 보라고 하는 것이었다.

막상 수덕사로 가려니 어떻게 가야 할지도 모르겠거니와 그만한 용기가 나지 않았다. 며칠 망설이다가 그때 유명했던 B관상가를 찾아갔었다.

"출가하여 중이 되면 어떻겠느냐."고 물었더니, 처음엔 아주 좋겠다는 투로 얘기했다. 적어도 큰 절의 주지쯤은 할 수 있으며, 훌륭한 도인이 되겠다는 것이었다. 나는 흐뭇한 심정으로 듣고 있었다. 그런데 그분의 뒷말이 이상했다.

"그러나 아들을 한 다섯쯤 낳게 될 것이다."라고 하지 않는가. 나는 놀라서 반문했다. 그런 법이 어디 있느냐고 그랬더니, 아무리 출가 승려가 되더라도 자기 팔자에 있는 아들은 낳게 된다는 것이었다. 그러면서, 세속에 그냥 있으라고 했다. 앞으로 잘살게 될 것이며 속가에서도 얼마든지 불도를 닦을 수가 있다고 했다. 공연히 총각 하나 낭패시키지 말고 결혼하여 잘 살아라고 당부하는 것이 아닌가.

그때 만약 관상가가 그 뒷말을 하지 않고 그대로 수덕사에 가도록 종용했더라면 어떻게 되었을까 하고 지금도 가끔 생각해 볼 때가 있다.

세상살이에 자신이 없어서 철없이 출가를 꿈꾸어 봤던 것이 어언 이십 년이 지났다. 그 관상가의 말대로 나는 지금 아들들을 낳아 놓고 사바세계, 감인세계堪忍世界의 들녘을 걸어가고 있다.

여학교를 졸업한 후 시골에서 농사일을 하며 대학 진학이 거의 가망 없었는데도, B관상가의 "앞으로 매사가 잘 되어질 것이다."란 예언이 적중하여 1년 후 대학에 들어갈 수 있게 되었다. 그리고 대학 시절에 교회나 성당에도 얼마쯤씩 다녀 보았지만 결국엔 절에 나가기로 결정이 되었었다. 그것은 어릴 때부터 절에 관한 얘기를 많이 듣고 자란 영향이기도 했고, 자신의 성격이 불교에 더 맞았기 때문이었다.

대학 졸업 후 직장 생활과 결혼 등의 바쁜 생활로 불교에 대한 공부를 할 겨를이 없었다. 그런데 이제 생활에 약간의 여유를 가지게 되어서인지 그동안 미루어 왔던 종교적 관심을 채워 보고 싶어진다.

나는 이 여름 며칠 동안을 해인사 승려들과 꼭 같이 생활해 보기로 했다. 9시 넘어 취침하여 새벽 3시에 일어나는 훈련은 신기하게도 별 부담 없이 이루어졌다. 은은하게 새벽잠을 깨우는 스님의 청량한 도량석 목탁 소리, 가슴을 두드리는 듯한 북소리는 먼 저승에서 울려오는 듯 신비로움을 안겨 주었다.

오랜 세월 험난한 고행과 철저한 수도 과정으로 연마된 스님들의 법문을 들으며 우매하게 세파에 얽혀 애증의 회오리바람을 이겨내지 못하던 자신의 몰골을 반성해 보았다.

20여 년 전에 출가하여 정진했더라면 지금쯤 안심의 경지에 가 있으며 욕심의 뿌리를 뽑아낼 수 있었을까. 그리고 어찌어찌한 인연으로 아들을 다섯이나 낳게 되었을까.

그러나 운명은 나로 하여금 평범한 아낙네의 길을 걷도록 했고 범속한 행복을 추구하도록 만들어 주었다. 다만 물물이 떠오르는 삶에의 회의와 인간적인 망상이 스스로를 괴롭힐 때가 있었다. 그 회의와 망상의 그늘을 벗기 위하여 나는 이따금 세속을 떠나고 싶어질 때가 있다.

수많은 밧줄로 얽혀 있는 삶의 현장에서 한번 놓여나 보는 것, 그리하여 저 먼 곳에서 자신의 현실을 직시해 보고 내가 무엇을 하며 어떻게 살고 있는지를 관조해 보고 싶다. 그리고 잠시나마 자기의 삶을 잊고 무아의 경지에 잠겨 보는 소중한 체험을 하고 싶다.

기한부 출가…….

영원한 출가의 기회를 놓쳐 버린 나에게 며칠씩이나마 기한부로 출가의 홀가분함을 맛볼 수 있는 시간이 주어지는 것은 얼마나 다행한 일인지 모른다.

세속에서 더욱 자신 있고 떳떳하게, 아름답게 살기 위하여 시도해 보는 기한부 출가에의 꿈은 항시 내게 소박한 기쁨을 안겨 주고 있다.

(1989)

봄은 가고

뒷산 어디쯤에선가 두견새 우는 소리가 들려왔다. 나는 하던 일을 멈추고 소리 나는 쪽을 향해 귀를 기울여 본다. 깊은 수림 속으로 몇 번 더 들리다가 사라져 버리곤 하는 그 울음은 이해 봄 유난히도 애틋하게 들리는 듯하다.

지난 몇 년 동안, 아직 미련에 차 있는 학문에의 꿈을 안고 노력을 계속해 왔던 일이 있었다. 친척되는 분의 배려로 T여자 전문대학에 채용될 희망을 가지고 있었던 것이다.

그리하여 아기도 낳지 않고 기저귀부터 준비하는 격으로 관계 분야의 공부며 강의 준비까지도 했다. 그러는 중에 무리하게 책을 본 탓인지 갑자기 시신경이 약해져 눈언저리에 통증을 느끼는 현상까지 일어났었다.

그토록 기대하고 애쓰던 것이 어쩌다가 운이 없었던지 두 번의 실의를 안게 되었고, 이 봄엔 완전히 체념해야 하는 기로에 서게 되었다. 학력이 부족한 것 같아 학위 과정에 들어가고자 준비해 보기도 했지만, 너무 오래 접어 두었던 어학 공부를 새로 하기도 힘이 들었다.

주위의 지인들은 이제 나이도 있고 아이들이며 가정 살림을 위하여 자신의 욕심을 버리는 것이 좋겠다고 했다. 나도 그렇게 생각되었다.

그래서 '무한한 욕망은 끝없는 결핍에의 약속이다.'는 말을 생각하며 그러한 욕심을 모두 버리기로 작정했다. 그런데 그렇게 생각했을 때 이상하게도 더욱 걷잡을 수 없는 허탈감에 빠지게 되는 것이었다.

속은 모두 내버리고 껍데기만 남아 생존하고 있는 느낌이었다. 그리하여 지난 몇 달 동안을 '속아서 사는 인생'이라느니, '아아 꿈은 사라지고'와 같은 유행가 가락을 떠올리기도 하며 아무것도 옳게 할 수 없는 실의와 무기력 속에서 헤어나지 못했다.

깊은 학문에의 욕구나 종교 철학에의 관심, 예술 세계에의 몰두, 이런 것에 대한 내심의 갈증을 묻어 버리기엔 뭔가 아쉬운 정을 금할 수가 없었다. 그러나 또 한편으론 현재 자신의 처지가 머리를 들고 일어났다.

그러던 어느 날 평소 존경하던 N선생님을 만났을 때였다.

"욕심이 너무 많아 걱정입니다." 하고 말했더니, 칠순을 바라보

는 그분은 환히 웃으며,

"사람은 욕심이 있어야 삽니다. 그래야 성공할 수도 있지요……."
하고 한마디로 대답해 버리는 것이 아닌가. 나는 처음에는 눈이 둥그렇게 되어 쳐다보았다. 분명히 욕심을 버려야 한다고 설득할 줄 알았는데 뜻밖의 말씀이었기 때문이다.

그러나 다음 순간, 곧 그 뜻을 이해할 수 있게 되었다. 그것은 지금 내가 얽매여 있는 '욕심을 갖고 싶다. 그러나 버려야 한다.'는 감정의 구속을 떨쳐 버리고 확 트여 걸림이 없는 경지를 엿보게 하는 것이었다.

욕심을 가진다거나 버려야 한다는 등의 경계에 막혀 많은 시간을 허비한 일이 무모하게 생각되었다. 그리고 숱한 짐으로 느껴지던 현실적인 내 임무들이 하등의 장애로도 여겨지지 않았다.

뻐꾸기가 우는 동산에 혼자 올라가 보았다. 초록으로 뭉쳐진 숲속의 오솔길에 한 소년이 하모니카를 불고 있었다. 나도 그 옆에 앉아 먼 하늘을 바라보았다. 그때 마침 산등성이 저쪽에서부터 시원한 봄바람이 한차례 불어왔다.

나는 잔잔한 희열을 느끼며 저 속에서부터 우러나오는 벅찬 의욕을 감지할 수 있었다. 이제 그 긴 정신의 혼돈은 지나가고야 말았다. 참으로 무엇인가를 할 수 있을 것 같았다.

진정 내 생의 봄은 가버린 지 오래다. 그러나 의식 속에서 나는 항상 봄을 생각하고 있었다. 아직도 처녀 같은 꿈을 가지고 과분한 욕망에 들떠 있었다. 그런데 요즘은 자꾸만 무대 뒤로 밀려난 배우처럼 한풀 꺾이는 좌절감을 느낄 때가 많아졌다. 어쩔 수 없는 생로병사의 윤회 속에 자신의 덧없는 현존을 인식하지 않을 수 없었기 때문이리라.

봄은 가고…….

뻐꾸기가 애절하게 울어 주는 봄은 가도 이제 더욱 풍요한 낭만을 안겨 줄 여름이며, 낙엽 지는 가을과 하얀 겨울의 행복을 또 어찌 과소평가할 수 있으랴.

N선생님의 소년 같은 천진한 모습과 그의 말 속에 담긴 한 줄기 빛을 생각해 본다. 이제 허망한 욕심을 가지는 괴로움도 그것을 버리고자 애쓰는 고통도 없이 조용히 정진한다면 언젠가는 위位없는 본래의 나를 만나게 될 것이다.

(1989)

다시 송광사에서

양 손에 짐보따리를 들고 한참 산길을 걸어 올라가 일주문에 들어섰을 때 나도 모르게 웃고 있는 자신을 발견했다. 이제까지 나를 감싸고 있던 구차하고 언짢던 감정이 스르르 사라져 버리고 웬지 후련해지는 것이었다.

6년 전 처음으로 송광사를 다녀간 후 이번이 두 번째였다. 그때도 지금도 수련회에 참석하기 위해서였다. 그러나 다섯 시간이 넘도록 차를 여러 번 갈아타고 오며 생각나는 것은 슈바이처나 간디와 같은 위인을 만나러 가는 심정이었다. 수련회 자체도 중요하지만 거기 있는 몇 분의 존경하는 스님들을 만나뵐 수 있고, 직접 강의를 들을 수 있다는 것은 축복받은 체험이기 때문이다.

6년 전에 B스님을 처음 만났을 때의 기억은 지금도 잊혀지지 않고 있다. 새벽 예불과 좌선을 마친 후 아침이었을 것이다. '수류화개실' 옆을 지나가는데 맞은편에서 어떤 스님이 빗자루를 들고 오는 것이 보였다. 무심코 합장하고 지나쳤다. 그런데 막상 비켜서서 지나가는 순간 갑자기 이상한 느낌에 사로잡혔다. 방금 지나쳐 온 스님의 눈빛이며 분위기가 여느 사람 같지 않은 뭔가 신비하고 강열한 빛을 발하고 있었던 것이다. 저쪽으로 돌아가는 스님의 뒷모습을 한참 동안 지켜보던 나는 아! 하고 속으로 감탄하고 있었다. 그분이 바로 저서에서 몇 번 사진으로 본 적이 있는 B스님이었던 것이다.

그때 힘겹게 고된 수련회를 마치고 돌아온 뒤 그 직접적인 효과는 반년쯤 지속되었다. 그 후 매년 여름이면 다시 가고 싶었으나 여의치 못했다.

간이 이불이랑 5일간 생활할 옷가지며 필기도구 등이 든 보따리를 어깨에 메고 먼 길을 떠나와 입산할 때의 심경은 가히 출가의 그것이었다. 언젠가는 떠나게 되고 헤어져야 할 인연들과 미리 조금씩 이별의 연습을 해 보는 것처럼…….

종무소에 들어가 시계며 돈지갑을 모두 맡겼다. 무소유가 되기 위해서였다. 수련 대회장인 사자루로 갔을 때 이미 수련회는 시작되고 있었다.

내 자리는 마침 계곡 쪽 창가로 뒷자리였다. 지난 며칠 간의 장마로 계곡의 물은 무섭게 불어 있었다. 소낙비 내리듯 쏟아지는 물소리를 들으니 6년 전의 일들이 불현듯 떠올랐다. 그때 가슴 설레이며 듣던 계곡의 물소리와 조계산 수림을 다시 바라보며 5일간의 출가 생활은 시작되었다.

성스러운 침묵의 약속으로 묵언을 해야 했다. 처음엔 자꾸만 말을 꺼내다가 지적을 당하기도 했지만 차츰 길들여졌다. 묵언이 그렇게 마음 편하고 자연스러운지를 처음으로 체험해 보았다. 평소 얼마나 많은 말로 피곤하게 살아왔는가를 되새겨 보며 앞으로 가끔 묵언을 실천해야겠다는 생각이 들었다.

'찌그러지고 우그러지고 이 세상에서 가장 형편없는 것보다 더 형편없을지라도 나는 나이고 싶다.'는 글을 쓴 적이 있는 D스님의 잡아함경雜阿含經 강의며, B스님의 진리의 말씀 등을 들으며 조금씩 막혔던 통로가 열리고 마음이 가벼워지기 시작했다.

출가란 거듭 태어나는 것, 그래서 두고 온 세속의 일들은 전생사로 인정하고 송두리째 잊어버려야 한다고 했다. 그러나 좌선 자세로 앉아 위파사나 참선 수행을 하려고 하면 1분도 못 가서 그 전생을 떠올리곤 하는 것이었다. 단 몇 분도 무심의 경지에 가지 못하고 매달려 있는 집착의 구덩이 그곳에서 탈피할 수가 없었다. 다만, 철야 정진 때 다리가 아픈 것을 끝까지 참아 보기도 하며 자학하듯 고행의 연습을 해 보았다. 자정이 넘으면서 무기無記, 혼침의 상태를 오락가락했으나 새벽에 1080배 참회 발원기도를 할 때는 몸이 가벼워지고 하루 종일이라도 절을 할 수 있을 것 같았다. 지금까지 알게 모르게 지어 온 무명업장을 남김없이 소멸하고 이제 다시는 어리석은 죄업을 짓지 않으리라 맹세했다. 본래 무일물인 것을…….

마지막 날 수계식 때는 '애증의 얽매임에서 벗어날 수 있는 불명佛名을 지어 주십시오.' 했더니, '무염화無染華'란 이름이 내려졌다. 율주 보성 스님의 지엄한 수계 법문을 들으며 물들지 않는 경지를 곰곰이 생각해 보았다.

꽉 짜여진 일정 속에서도 약간의 자유 시간에는 보조 국사와 효봉 스님의 자취가 어린 송광사 경내를 산책하며 긴 세월의 여운을 느껴 볼 수 있었다. 대웅전에서 간절하게 예불을 드리던 많은 승려들과 아직 어린 학인들의 뒷모습은 삶의 너무나 다른 형태를 생각하게 했고, 어떤 숭고한 이념에 헌신하고 있는 것 같아 머리가 숙여졌다. 은은히 울려 퍼지는 종소리와 함께 '지심귀명례……' 하고 새벽 예불을 올릴 때는 그 청아하고 절절한 음률에 눈물이 핑 돌고 무언지 모를 깊은 감회가 북받쳐 오르기도 했다.

수련회를 마친 후 산길을 걸어 화엄전이며 불일암에도 올라가 보고 불이문不二門을 밀고 들어가 방장 스님과 6적(六賊 : 눈, 귀, 코, 혀, 몸, 생각)에 대해 한참 얘기를 나누었다. 6적에게 자신을 잃어버리지 말고 6적을 죽여 버리거나 부릴 수 있어야 한다고 했다. 그 6적 때문에 고민이 많았던 나는 6적 부린다는 것이 무슨 뜻이냐고 되물었더니 '재미있는 이야기 하나 해 줄까' 하며 역대 고승들의 일화를 들려 주었다. 어쩌면 천치 바보같이 보일 수 있는 행적들을 들으며 한바탕 크게 웃고 나니 칠순이 가까운 방장 스님이 유년 시절 절친했던 친구처럼 천진하게 느껴지고 마음이 그렇게 편할 수가 없었다. 시간 가는 줄 모르고 얘기를 듣다가 차 시간이 급하여 아쉬운 작별을 하고 하산을 서둘렀다.

산을 내려오며, 내 생에 다시 나의 기한부 출가 본사인 이 송광사에서 살고 싶다는 생각을 해 보았다.

(1990)

이사

지난해 겨울이 끝날 때쯤이었다. 신문을 보고 있던 남편이 느닷없이 광고란을 가리키면서 '여기 M빌라 모델하우스 공개하거든 한번 가 보라'는 것이었다. 내가 의아해서 쳐다보니 '가 보고 괜찮으면 이사를 갈 수도 있지……' 하는 것이 아닌가. 나는 세상에 이럴 수가 있나 싶은 심정으로 한참 동안 어안이벙벙했다.

그 전까지 이사갈 생각은 전혀 하지 않고 살아왔기 때문이다. 지금 살고 있는 주택에 대해 불만이 없는 것은 아니었지만 여러 면에서 이사를 가는 것보다 그냥 사는 것이 낫다는 결론을 고수해 왔었다.

대가족이고 몇십 년씩 된 옛살림이 많아 아파트 생활은 부적합하다고 여겼다. 그리고 또 한 이유는 지금 살고 있는 동네가 시골 마을처럼 인심이 좋고 대부분이 대가족 제도여서 푸근한 어른들의 보살핌으로 아이들 키우기에 도움이 되었기 때문이다.

그런데 남편의 마음이 바뀐 것은 생활의 편리를 도모하려는 것과, 이제는 아이들이 유년기를 벗어났으니 이사를 해도 무방하리라는 생각에서였다고 한다.

막상 이사를 가게 될지도 모른다는 생각을 하니 그날 밤은 잠이 오지 않았다. 남편은 은근히 나를 위해 결정한 일처럼 생색을 내었지만 무작정 좋기만 한 것은 아니었다.

십 년쯤 살던 집을 재작년에 다시 증축하여 한 십 년쯤 더 살 작정으로 구석구석 알뜰히 손보아 둔 실내 장치며 정이 든 마당과 골목길, 이웃 사람들이 아쉽게 떠올랐다.

결혼 후 4년 만에 아이들 두 살, 세 살 때 새로 집을 지어 이사를 온 후 삼십 대의 나이를 온통 이 집에서 보내었다. 아직 철부지였던 시절에 아이를 연년생으로 낳아 키우면서 시원치 못한 건강으로 애를 먹기도 하고, 많은 시행착오를 경험하며 진지하게 살아온 이 집에 대한 애착으로, 내심 이사가는 데 대한 동의를 망설이고 있었다.

그러던 어느 날 관음사에서 B스님의 특강을 듣게 되었다. 그 내용 중에 '과거나 현재의 삶에 안주하지 말고 항상 새로 시작하라, 다시 출발하라.'는 말이 있었다. 그 말을 듣는 순간 문득 이사를 가는 것이 옳다는 결단이 서는 것이었다.

너무 오래 한 곳에 묵는 것보다 부단히 각성하고 거듭 태어나는 기분으로 삶에 변화를 추구하기 위해서는 환경을 바꾸어 보는 것이 필요하다는 생각이 들었다. 그동안 케케묵은 살림이며 수많은 상념들을 깨끗이 정돈하고 가장 가벼운 차림으로 이사를 가고 싶었다.

M빌라는 시설은 좋았으나 가격이 너무 비싸서 아쉽게 포기할 수밖에 없었다. 그러나 한번 마음을 낸 일이라 그 방면에 관심을 가지고 신문 광고며 복덕방 등에 들러 알아보곤 했다. 그리하여 지난 초봄에 짓기 시작하여 가을에 입주 예정인 J맨션으로 이사를 가려고 결정했다.

J맨션은 동쪽에 깊은 산을 끼고 있어서 경치도 좋고 등산을 쉽게 할 수 있게 되어 있다. 아이들 학교며 어른들 직장도 가까워 여러 면에서 좋은 조건이었다.

이제 한 보름만 있으면 이사를 가게 된다. 그동안 봄부터 가을까지 이사에 대한 생각에 잠겨 있을 때가 많았다. 화려한 고층 아파트로 간다는 생각을 하면 우선 기분이 좋아진다. 그런 반면에 내 촌스럽고 어설픈 감각으로 아파트 생활에 적응이 잘 될까 하는 불안이 앞서기도 하는 것이다.

요즘엔 시간이 나면 하나씩 살림살이를 정리하면서 이사갈 준비를 하고 있다. 아파트로 가려면 지금 가지고 있는 물건들을 반 이상 줄여야 한다. 별로 값비싼 물건들은 아니지만 오랫동안 가지고 있던 것들이라 버리거나 남에게 주면서 갈등을 느낄 때가 많았다. 하지만 커다란 용단으로 과감하게 처분하기로 했다. 구석구석에 쌓아 놓고 서랍마다 가득 넣어 놓은 물건들을 모조리 재정리하여 꼭 필요한 최소한의 분량만 가져가기로 했다.

내가 이 세상에 나서 이사를 다닌 것이 몇 번째인지 모른다. 지금은 언제 어디어디에서 살았었는지 기억조차 희미해졌다. 그리고 내가 줄곧 한 곳에서만 머물러 살지 않았듯이 정신적인 이사도 수없이 해 왔다는 생각이 든다.

지난날 가장 소중하게 생각하고 의지했던 사람이 지금은 뇌리에서 사라져 버리고 또 새로운 사람이 중요해지는가 하면, 삶의 의미나 가치관도 끊임없이 바뀌어 왔다. 물이 흐르듯, 세월이 한 순간도 쉬지 않고 지나가듯이 끝내 변하지 않는 것은 없다는 제행무상의 원리를 생각해 본다. 그러면 때때로 내 자신이 다른 모습으로 다른 정신 상태로 변화해 가고 있음에 회의를 느끼지 않아도 될 것이다.

나의 소유물들을 최대한으로 줄이는 것처럼 내가 가지고 있는 식견, 사고, 정서까지도 가장 단순하게 줄여야겠다. 그리하여 마침내 언젠가는 아무것도 가지지 않고 아무것에도 의존하지 않는 절대 자유의 몸이 되어야 한다. 그래서 죽음을 맞는 순간 -저승으로 마지막 이사를 갈 때에는 버리기 아까워 애통해 할 아무것도 없이 홀가분해야 할 것이다.

이삿짐을 꾸리며, 이미 지나간 삶이나 지금의 삶과 미래의 삶, 그 어느 것에도 사로잡히지 않는 마음으로 집착을 끊는 연습을 해야겠다.

(1990)

낭만의 거리

토요일 오후 택시를 타고 원호청 네거리에 있는 발달상담학회로 가는 길이었다. 지금까지 남의 도움을 받으며 공부해 오다가 이번 학기에 처음으로 남을 도우는 상담자의 역할을 맡았던 것이다. 이제 내 문제를 떠나 남의 문제에 관심을 가질 수 있게 되었다고 생각하니 한결 여유가 느껴지고 푸근해지는 듯했다.

차창 밖으로 부슬비가 축축히 젖어 내리고 있었다. 의자에 편안히 기대 앉아 플라타너스 가로수 잎사귀로 떨어지는 물줄기를 바라보노라니 불현듯 어떤 기억이 떠오르며 로맨틱한 감상에 젖어 들었다.

몇 달 전 난생처음으로 떠난 동남아 여행 중 동양의 베니스로 불리는 방콕의 거리를 거닐었던 일이 새삼스럽게 아련한 그리움으로 번져 왔다. 수성교를 지나 방천 시장 근처를 달리며 내다본 풍경이며 가로수가 무성하게 서 있는 모습은 썸챙, 라뭇, 코코낫 등의 과일나무가 있는 태국의 어느 거리인 듯 이국적인 인상을 주었다.

삼 년 전이었다. 동료 교사 몇 사람이 의논하여 여행을 목적으로 한 계를 모으기로 했다. 한 달에 얼마씩 적립을 하여 그 돈으로 외국 여행을 떠나자는 것이었다. 나는 처음에 그 모임에 가입하는 일을 놓고 약간의 갈등을 겪었다. 아직 내 형편에 외국 여행은 이르다는 생각도 들었고, 이런저런 이유 때문에 선뜻 내키지 않았던 것이다.

그런데 상황이야 어떻든 가장 유혹적인 말은 '여행'이었다. 며칠 동안 고민하였으나 의식의 밑바닥에는 여행에의 욕구가 뿌리깊이 박혀 있어서 도저히 포기할 수가 없었다. 아직 어린 아이들이며 살림살이 걱정 같은 것은 밀쳐 두고 기회만 닿으면 훨훨 떠나고 싶은 것이 아마 역마살이 붙은 모양이다. 어떤 친구는 그런 나를 보고 끊임없이 기한부 출가를 한다고도 했지만.

비행기를 타고 하늘 높이 떠올랐을 때 이게 생시인가 꿈인가 싶었다. 창밖을 내다보니 끝없는 하늘을 날고 있었고, 저 밑으로 아득한 구름 바다……. 부드러운 목화솜을 펼쳐 놓은 것 같기도 하고, 수천 마리의 양떼들이 몰려가고 있는 것 같기도 한 모습은 한없는 경이로움을 안겨 주었다.

6일 동안 이국의 땅과 하늘, 낯선 사람들을 바라보며 삶이 무엇인가를 생각해 보았다. 그저 즐겁게 사는 것. 정말 내 눈에 비친 태국 사람들은 대체로 편안해 보였다. 비록 통나무집에서 가난하게 살아도 만족하고, 단순하게 생활하며 여유가 있는 듯했다. 핏발 서는 생존 경쟁의 어려움도, 입시 지옥도 없이 주어지는 환경에 순응하며 자연 그대로 사는 것뿐.

어쩌면 그때의 내 심정이 그러했는지도 모른다. 여행을 떠나면서 아무 욕심도 계획도 없었다. 어떤 분이 내가 여행을 한다는 얘기를 듣고 "좋은 수필이 몇 편 나오겠군." 하고 기대해 주었지만 전혀 글에 대한 의욕을 가지지 않았다. 단지 잡다한 일상의 번거로움이며 집착의 수렁에서 빠져나와, 바람을 좀 쏘이며 즐기다가 오고 싶을 뿐. 그런 면에서 보면, 나도 쾌락주의자의 하나임에 틀림없는가 보다.

마침 동행한 동료 여선생들도 나와 공감이어서 우리들은 떠날 때부터 계속 웃기만 했다. 평소 위장이 부실하여 상비약을 한 보따리 사갔지만 별로 필요가 없었다. 위병은 기분에 좌우된다는 말이 맞는 것 같았다. 아무런 긴장할 일도 욕심낼 일도 없이 마음이 편했고 마냥 유쾌했기 때문이다. 일행 중 한 분의 남편이 여행사에 근무하고 있었기 때문에 우리는 가는 곳마다 최고급으로 특별대우를 받을 수 있었다. 우리 일행만을 위해 서울에서부터 호위를 맡은 미남 총각은 서비스가 그만이었다. 언제 그런 대접을 받아 보았던가 싶게 헌신적인 배려를 받으며 온갖 음식에 좋은 호텔을 누비며 모처럼 한껏 호강을 해 보았다.

그런데 마지막으로 홍콩에 들렀을 때였다. 거기 안내인이 그 전날부터 몇 번이나 '낭만의 거리'를 보여주겠다고 하면서 뜸을 들이는 것이었다. 나는 그 말을 들으며 마음속으로 여러 번 되뇌어 보았다. 낭만의 거리, 얼마나 가슴이 설레이는 말인가. 어떤 현실적인 책무도, 딱딱한 규범도 없이 서로가 서로를 위하고 좋아하는 아름다움이 느껴지는 말. 내가 그토록 여행을 좋아하는 것도 그러한 낭만 때문일 것이다.

그런데 막상 호기심을 가지고 따라가 본 '낭만의 거리'는 바닷물에 접해 있는 평범한 산책로일 뿐이었다. 높이 줄지어 서 있는 가로등 행렬을 보니 밤이면 분위기가 꽤 낭만적일 것 같기는 했지만. 그보다는 그 전날 다녀온 마카오의 산모퉁이 고목으로 된 가로수가 서 있는 해변 도로가 더 멋있게 느껴졌다. 영화 '모정慕情'을 찍은 곳이기도 하고, 그 거리를 같이 걸어야만 결혼할 수 있다는 곳.

그러나 어쩌면, '낭만의 거리'는 홍콩이나 마카오에만 있는 것이 아니라 욕심을 버리고 내 문제, 내 살림살이를 잊어버리고 떠나는 여행길은 어디나 다 '낭만의 거리'가 될 수 있지는 않을까.

(1991)

아버지 생전에

시댁에 경사가 있어 친정 부모님을 초대하였더니 아버지는 몸이 불편하여서 못 오시고 어머니만 오시게 되었다. 그날 정성껏 음식을 장만해 놓고 많은 손님들을 영접하는 들뜬 분위기 속에 문득 아버지 생각이 나서 눈시울이 뜨거워졌다. 싱크대 쪽으로 돌아서서 그릇을 씻는 척하며 한참 동안 진정하느라 애를 써야만 했다.

지척에 살면서도 자주 찾아뵙지 못하고 이따금 생각이 나면 전화를 드리는 것이 고작이었다. "요즘 건강은 어떠십니까?" 하고 의례적으로 물으면 "매양 그렇구나. 더 나아지지도 않고 크게 나쁘지도 않으니……." 하곤 하셨다. 그러면 나는 "크게 나쁘지 않으시거든 점점 좋아지고 있다고 생각하십시오. 그러면 정말로 점점 더 좋아집니다." 하면서 대수롭지 않게 여기고 전화를 놓곤 했다.

그런데 얼마 전부터 어지러워 걸음을 잘 못 걷고 건망증이 심하며 그 외도 몇 가지 좋지 않은 증세가 보이신다는 얘기를 들었을 때 마음이 무거워졌다. 며칠을 벼르다가 달려갔더니 아버지는 원장실 큰 의자에 우두커니 앉아 계셨다. 왼쪽 눈두덩이에 시커먼 멍이 들어 있었다. 아침에 자리에서 일어서다가 어지러워 넘어지는 바람에 장롱에 부딪쳤다는 것이다. 통증은 없다고 하셨지만 뵙기가 민망했다.

"아버지, 이제 한의원 그만두고 쉬시면 어떻겠어요?"

수없이 간청해 오던 얘기를 또다시 아니할 수 없었다. 이제 칠순도 넘었으니 정년퇴직을 할 연세도 되지 않았느냐고 제의를 하면 늘 수긍은 하면서도 용기가 나지 않으시는 모양이었다.

외가에서 얻어 온 암탉 한 마리를 밑천으로 고학하여 자수성가한 아버지의 칠십 평생은 그야말로 파란만장하셨다. 경제적으로 무능한 선비이셨던 할아버지 밑에서 육남매 맏이로 태어나 동생들 교육이며 혼사 등 형이면서 부모 역할까지 도맡아 하셨고 우리 팔남매 키우느라 한시도 편할 날이 없으셨다.

"내 평생에 고치기 어려운 성격은 욕심이 많은 것과 성질이 급한 것이다."

참회하듯 조용히 말씀하시는 것을 들으면서 '저도 그래요. 아버지 닮아 그런 모양이지요.' 하고 속으로 맞장구를 쳤다.

일제 말엽의 그 어려운 환경에서 시래기죽을 끓여 먹으며 모질게도 인고해 온 세월. 그때 욕심이 없고, 성격이 급하지 않았으면 어찌 오늘의 성공이 있었을까. 학교 교육이라곤 겨우 일본인들의 간이학교 1년을 수료하신 것뿐이지만 Y읍의 영생병원에 조무원으로 일하면서 독학하여 의사 시험에 합격하셨던 것이다. 그러나 불행히 신체검사에서 색맹임이 드러나 자격증을 얻지는 못하셨지만. 그후 할아버지로부터 배운 한학을 토대로 한의사 자격증은 쉽게 가질 수 있으셨다. 그 시절부터 한의원을 하셨으면 그렇게 고생은 하지 않으셨을 텐데, 농사와 과원을 경영하며 살림을 이루느라 몇 배의 고초를 겪으셨다.

남이 쉴 때 쉬지 않고 평생을 일만으로 살아오신 아버지. 그래서 성장기에는 아버지를 원망하기도 했다. 스파르타식 교육으로 정서적인 배려보다 일만 너무 시키셨고 오직 명리만을 추구하도록 하셨으니…….

고등학교 2학년 봄 어느 날, 느닷없이 학교로 찾아와서 책보를 싸라고 하셨다. 능금나무의 씨를 추어야 하는데 일손이 부족하니 시골에 가서 한 일주일쯤 일을 해 놓고 와서 학교에 다녀도 되지 않느냐고 하시며.

봉건적 사고방식으로 딸은 중학교 정도만 보내려고 하셨는데 사생결단으로 저항하면서 대학원까지 졸업하고야 말았으니 그 아버지에 그 딸인 셈이다. 그래서 철이 나면서 미안한 마음이 들어 한번씩 얘기를 드리면 "그때 네가 고집을 세우길 잘했지. 안 그랬으면 내 힘으론 너 학교 못 시켰다." 하며 오히려 대견하게 여기셨다.

어린 시절부터 "저게 아들이었으면 좋았을 걸." 하며 능력을 인정해 주시던 아버지께 지금껏 아무런 보답을 못 드렸다는 생각이 든다.

이제 가실 날이 멀지 않은 듯 느껴지는 아버지 생전에 어떻게 해 드려야 할지…….

불철주야 피눈물 나는 노력으로 많은 것을 성취해 온 업적 때문에 지금도 버려지지 않는 집착의 고통, 거기서 해탈할 수 있으시면 얼마나 좋을까.

"나에게서 욕심을 버린다는 일은 걸어서 하늘로 올라가는 것보다 더 어렵다."고 솔직하게 말씀하시는 그 욕심의 뿌리를 완전히 뽑아내고 초탈하여 사생死生에 자유자재하실 수 있기를 바라는 것은 너무 큰 나의 욕심일까.

이번 휴가에는 아버지와 함께 양산의 흥룡사엘 다녀오기로 했다. 명산대찰을 찾아 고승들의 법담 듣기를 좋아하면서도 생활에 매이고 거동이 불편하여 마음대로 못 다니시는데, 내가 직접 모시고 가겠다고 하니 아이처럼 좋아하셨다. 원래 성품이 자상하고 감성이 풍부하신데도 워낙 생활이 벅차서 한 번도 한가롭게 여유를 즐기지 못하셨던 것이다.

햇빛이 나면 오색 무지개가 서는 산 속의 폭포 아래 앉아 자애로운 관음보살상을 바라보면 도회의 공해며 인간만사가 다 잊혀지고 마음속에 극락정토가 이루어질 것이다.

(1991)

죽어도 좋아

언젠가 수필동인회 모임에 갔을 때였다. 저녁 회식 후 몇 명의 뜻이 맞는 젊은 친구들이 맥주집에 들르게 되었다. 그때 마침 입회한 지 얼마 안 되는 K씨가 앞자리에 앉았다. 그분은 유심히 나를 바라보더니 '죽어도 좋아'란 영화를 보았느냐고 물었다. 그 제목은 들은 것 같으나 영화를 본 기억은 없었다. 그분의 말이 나의 웃으면서 얘기하는 모습이 그 영화의 여주인공 메리나 메리쿠리와 많이 닮았다는 것이었다. 그리고 술이 몇 잔 되었을 때 "메리나!" 하고 큰 소리로 불러서 깜짝 놀라곤 했다.

장난기 심한 K씨의 무례함에도 불구하고 기분이 나쁘지는 않았다. 배우와 닮았다는 말에 내 얼굴을 생각해 보았다. 원래 통통하던 볼은 살이 빠지고 눈가와 이마에 주름살이 늘어 생기를 잃은 모습이 떠올랐다. 그런데 그 때는 밤이었고 어슴프레한 주막집의 불빛 탓으로 전체의 윤곽만 보일 뿐 건조한 피부 같은 건 알 수가 없는 듯했다. 어떤 조명 아래에서는 모든 여인이 다 미인으로 보일 수 있다는 말이 생각났다. 그리고 그날 낮에 한복을 입을 일이 있어서 올림머리를 했던 것이 더 운치 있게 보였을 것이었다. 나는 머리를 올리는 것이 훨씬 좋게 보인다는 얘기를 여러 번 들은 적이 있었다.

'죽어도 좋아'란 제목도 좋고 하여 그 줄거리를 물어 보았다. 오래전 -60년대 초에 상영된 것이어서 자세한 것은 모르지만 마지막 장면이 이렇다고 한다.

이룰 수 없는 불륜의 사랑에 빠진 남녀가 브레이크 고장난 차의 액셀러레이터만 밟으며 끝없이 질주하는 것이었다. 그 비탈길의 저 끝으로 낭떠러지가 보이고 푸른 바다가 이어져 있었다고 하니 그들의 생사는 알 길이 없을 뿐이다. 그런데 운전석 옆에 앉은 여자, 메리나는 그 남자와 같이 죽을 생각은 없었다고 한다.

몇 년 전부터 발달상담학회가 주관하는 자기 성장 프로그램으로 집단상담이란 것이 있다. 한 사람의 지도자와 열 명 남짓한 집단원이 상담을 하는 것이다. 자기에 대한 이해와 수용, 개방, 주장 등의 훈련을 위해 공감하기, 자기 노출, 피드백 주고받기 등 십여 차례의 과정을 거쳐 마지막으로 밤샘을 하는 단계가 있다. 여러 가지 자신의 내면을 응시해 볼 수 있는 심리적 절차를 밟아 새벽이 가까워 올 때쯤 맨 마지막 프로그램으로 진행되는 것이 죽음의 음미였다. 참된 삶의 의미를 알기 위해 죽음을 실감해 보는 경험.

무슨 사고를 당해 지금부터 12시간 후에 죽게 된다면 그동안 무엇을 할 것인가 발표해 보기도 하고, 누군가에게 유서를 쓰고, 실제로 한 사람씩 하얀 시트를 덮고 누워 유언장을 낭독하기도 한다. 그리고 불을 끄고 캄캄한 속에 비장하게 울려퍼지는 장송교향곡을 들으며 지금 자기가 죽어 상여 나가고 있다는 생각을 해 보는 것이다.

그럴 때 대부분이 울게 마련이지만 유독 나는 눈물이 많은 편에 속했다. 평소에 무심하고 인정이 없는 내가 왜 그다지도 삶에 연연하는지 모를 일이었다. 아이들이며 남편에게 알뜰하게 잘 하지도 않으면서 "내가 먼저 떠나게 되었다……."는 마지막 인사를 상상하자니 가슴이 쓰라리도록 아팠다. 그것은 긴 이별이었고, 세월 속에 잊혀지는 쓸쓸함이 엄습해 왔다.

대체로 종교인들이 그런 장면에서 담담한 태도를 보였다. 종교는 생사의 갈림길에서도 초연한 자세를 갖게 하는 힘이 있는가 보다.

살아오면서 이따금 순간적으로 "죽어도 좋다"라는 심정이 될 때가 있었다. 기쁨이 절정에 다다르도록 좋았을 때는 "이제 죽어도 여한이 없겠다"싶었고, 극도로 피곤하고 비참한 심경에 빠졌을 때는 죽는 일이 어렵게 생각되지 않았다. 내 성격에 극단적인 면이 있어서 간혹 죽음을 꿈꾸어 본 적도 있었지만 그러나 그것은 삶에 대한 애착의 강한 표현일지도 모른다.

더러 "죽지 못해 산다"는 사람도 있지만, 참으로 "죽어도 좋다"는 마음을 가지고 사는 이가 많지는 않을 것이다. 10년쯤 전, 송광사 뒤의 천재암인가 제일 높은 곳에 있는 암자에 갔을 때였다. 거기 사는 노스님과 얘기하면서 "만일 뜻밖의 사고로 갑자기 죽게 된다면 그 죽음을 어떻게 생각하겠느냐."고 짐짓 물어본 적이 있었다. 그때 그 분은 아무렇지도 않게 "목표 조기 달성했다고 생각하지……." 하고 넘겨 버렸다.

아는 사람이 죽게 되면 문상을 간다. 거기서 나는 그 사람의 생전의 일들을 회고하며 생사의 덧없음을 확인하곤 하는 것이다. 그것은 나에게 끈덕지게 붙어 있는 삶에의 애착을 떼어내는 작업이기도 하다.

어느 소설에 나오는 "사랑의 감정은 죽음의 공포보다 강하다"는 말을 무척 좋아하면서도 아직 그런 감정을 깊이 느껴 보지 못했다. '죽어도 좋아'란 영화의 여주인공은 그 남자와의 사랑 때문에 죽을 생각까지는 하지 않았다고 한다. 만약에 내가 그런 상황에 처했다 해도 그녀와 같았으리라는 생각을 해 보니, 그런 점에서도 닮은 것 같다.

영혼, 생명의 실상은 영원불변인데, 육신만이 인연 따라 생멸을 거듭하고 있을 뿐이라는 진리가 퍽 어렵게 느껴진다. 인간의 현상적인 삶이란 한 조각 구름이 일어났다 사라지는 것과 같다면 이승에서의 삶도 죽음도 별것이 아니지 않는가. 그런데도 여전히 '죽어도 좋다'라는 생각은 들지 않으니…….

옛 영화 '죽어도 좋아'가 다시 한 번 상영된다면 보고 싶은 생각이 든다. 메리나 메리쿠리는 단순한 여배우가 아니라 그리스 어느 도시의 시장으로 출마한 적도 있는 정치가라니 더욱 관심이 가는 것이다.

(1991)

노처녀

어느 토요일이었다. 오후에 예식장에 갈 일도 있고 하여 새로 산 값비싼 원피스를 입고 출근했다. 4교시에 수업이 있어서 교실에 들어갔더니 한 학생이,

"선생님, 노처녀 같아요."

하는 것이었다. 평소 같으면 별생각 없이 넘겨 버릴 농담이었지만 그날은 웬지 마음에 남는 것이 있었다.

며칠 전의 일이 떠올랐다. 출근길에 바쁘게 걷고 있는데 어떤 신사가 오더니 종이를 한 장 건네주고 가벼렸다. 엉겁결에 받아 쥐고 읽어 보니 무슨 결혼상담소 소개장이었다. 그냥 버리려고 하다가 같은 직장의 처녀들 생각이 났다. 누구에게 줄까 망설이다가 그중 가장 나이가 많은 이에게 주기로 했다. 마침 그녀가 자리에 없어서

그의 책상 위에 얹어 놓고 복도로 나오는데 처녀들 서너 명이 얘기를 하고 있는 것이 보였다. 나는 그 옆으로 가서 결혼상담소를 소개해 줄 요량으로 아침에 받은 명함 얘기를 꺼냈다. 그랬더니 깔깔거리고 웃으며 "선생님이 노처녀로 보였던 모양이지요?" 하고 도리어 놀리는 것이었다.

결혼 20년의 경력을 가지고 있으면서 노처녀로 오해 받는 일이 별로 기분 나쁘게는 생각되지 않았다. 노처녀도 처녀이므로 처녀 같이 보인다는 것은 그만큼 젊게 보이거나 생활의 때가 덜 묻어 있는 것은 아닐까.

어느 모임에서 알게 된 한 부인은 나에게 "아이를 손으로 주물러서 만들었지 싶다." 하며 남자라곤 전혀 모를 것처럼 보인다고 했다. 그리고 간혹 처음 만나는 사람으로부터 "결혼은 했어요?" 하는 질문을 받을 때도 있어서 뭔가 다시 한 번 생각해 보게 된다.

어떻게 보면 남자에게 호감을 주지 못하여 시집도 못 간 여자로 보이는가 싶은 우려를 할 수도 있으나 그런 생각은 도무지 들지 않았다. 실제로 기혼이기도 하거니와 처녀 때 한 열 번쯤 선을 보았는데 남자 쪽에서 거부한 적은 한 번도 없었기 때문이다.

좀 쑥스러운 얘기지만 몇 년 전에 있었던 일이 떠올라 여기 적어본다. 잘 아는 분의 따님이 혼기를 넘기고 있어서 안타까웠다. 그래서 어떻게든 중매를 서려고 애쓰다가 괜찮은 총각을 만나 선을 보이게 되었다. 양가 혼주가 합석한 자리에서 처녀 총각은 매우 흡족한 듯이 보였다. 그런데 그 후 총각에게서 소식이 없는 것이었다. 처녀의 어머니는 초조해 하며 한 번 알아 봐 달라고 하였다. 나는 총각이 마음에 없는가 보다 싶었지만 그날 하도 분위기가 좋아 보였기 때문에 혹시나 하고 연락을 해 보았다.

전화 속에서 총각은 머뭇거리며 대답을 회피하였다. 그러면서 '중매하는 이 선생님 같은 분이면 결혼하고 싶습니다만…….' 이런 투의 말을 하는 것이 아닌가.

그런 일들을 상기하면 남자에게 영 매력이 없어서 시집 못 간 여자로 보이지는 않을 것 같다. 그러면 왜 내가 이따금 노처녀 같은 느낌을 가지게 되었는지…….

법명이 무염화無染華이니 생활에 물이 들지 않아서일까. 아마 무의식 속에 처녀처럼 젊게 살고 싶은 욕망이 있을지도 모른다. 긴 머리를 즐겨 하게 되고 옷가게에서도 날씬한 처녀들이나 입을 수 있는 옷에 눈이 끌린다.

수영, 스케이트 등의 운동을 즐겨 하고 시간이 나면 영화관을 기웃거린다. 이따금 혼자 있기를 원하고, 낭만적인 감상에 빠져들고, 여행을 희망하고, 예술이나 종교에의 갈증이 많은 편이다.

그러나 무엇보다도 처녀 때부터 계속해 온 직장 생활이 몸에 배어서 더 그럴 것이다. 결혼하여 십여 년을 시어머니가 살림을 맡으셨고, 그 이후론 가정부가 있게 되어 비교적 살림살이에서 자유로울 수 있었다. 남편과 아이들에 대한 생각은 어쩌면 오빠와 동생들 같은 느낌이 들 때가 있다. 그것은 학창 시절 십 년 정도를 오빠와 동생들 밥을 해 주며 자취를 한 경험이 남아서이겠지만.

아직도 중년 여성으로서의 푸근한 안정감을 가지지 못하고 끊임없이 무엇인가를 추구하고 성장하고픈 의욕이 꿈틀거린다. 다소곳이 일상에만 충실하기엔 내 의식의 세계가 너무 벅차고 젊은 듯하다.

그리하여 이따금 계약 결혼을 한 보봐르 부인이나 마음대로 사는 독신자들을 선망할 때가 있다. 하지만, 나는 기본적으로 결혼의 가치를 부정하는 사람은 아닌 모양이다. 언젠가 나와 비슷한 나이의 노처녀인 친구에게 "혼자 사니 얼마나 편하고 자유로우냐."고 했더니 그 친구가 정색을 하고 "그러면 지금 너하고 나하고 바꾸자!"고 하는 것이 아닌가. 그땐 허탈하게 웃고 말았지만 다시는 그의 앞에서 그런 말을 하지는 않는다.

별걱정 없는 가정 환경과 순탄한 직장 생활을 누리며 그런 삶에 무던히 애착을 가지기도 하지만 거기서 끝내 만족이 되지는 않는 것이다.

일찍이 입산수도를 하든지 구도의 행각을 떠나야 할 사람이 인연이 모자라 사바세계에 묶여 있어서 그럴까. 자신이 본래 완전 원만한 부처인 줄을 모르고 전도 망상을 하여 밖에서 갈망을 채우려고 헤매고 있기 때문일까.

어쩌면 내 안에서 스스로 충만한 삶을 누리지 못하고 바깥으로 무엇을 추구하고 있는 한, 나는 때때로 노처녀 같은 이미지를 가지게 될지도 모른다는 생각을 해 본다.

(1992)

비구니 절에서

일월 하순경 우연히 P양의 소식을 전해 듣고 꽤 충격을 받았다. P양은 몇 년 전 겨울 석굴암에서 만난 처녀였다. 대학 졸업 후 회사에 근무하다 건강이 좋지 못하여 휴양을 하고 있다고 했다. 문학 서적을 탐독하며 소설가가 되고 싶다던 그녀가 2년쯤 전부터 통 소식이 없었다. 풍문에 의하면 쌍계사에 가 있다느니 울진의 불영 계곡 근처 어느 절에 있다느니 했다. P양이 마지막으로 편지를 보냈던 곳은 남해의 보리암이었다. 나는 그녀가 깊어 가는 신심을 삭이며 기도에 열중하고 있는가 보다 하고 생각했다.

그런데 출가하여 입산수도하고 있다는 얘기를 들었을 때 '아, 기어이 그랬었구나.' 하는 감회와 묘하게도 반갑고 기특한 생각이 먼저 드는 것이었다.

며칠 뒤 그녀가 있는 지리산 대원사로 전화를 했다. 그렇지 않아도 겨울방학이 다 가도록 먼 길을 떠나 보지 않았기 때문에 바람도 쏘일 겸 어느 절에든 다녀오고 싶던 참이었다. 어렵게 연락을 하여 통화를 하게 된 P양의 음성은 영 생소한 느낌이 들었다. 염불을 많이 하여 목소리가 변해 버린 것이었을까. 그녀는 반가워하면서 한 번 다녀가라고 했다. 일 년 전에 출가하여 계도 다 받고 정식 스님이 되었다고 한다. 그동안 연락을 안 한 것은 이미 출가한 몸이라 세속의 반연을 잊기 위해서였다고. 내가 그러면 절에 찾아가는 것은 괜찮으냐고 물었더니 상관없다고 했다.

대구에서 진주까지는 기차가 없어 고속버스를 타야 했다. 그때 건강이 좋지 않았던지 세 시간 가까이 지독한 차멀미에 시달렸다. 진주에서 다시 지리산 중턱까지 두 시간 남짓 산골을 달려가며 머리가 아프고 어질어질했다.

그러나 대원사 밑 공터에 내려섰을 때는 맑고 서늘한 바람이 가슴을 쓸어내리고, 정신이 번쩍 드는 것 같았다. 그 전에 살던 곳을 오랫동안 잊고 있다가 다시 찾아온 것 같은 감회와 친근감이 느껴졌다.

절 마당에 올라서서 두리번거리는데 저쪽 우물가에서 청소를 하고 있던 한 스님이 나를 보더니

"아이고, 선생님 오십니껴."

하며 걸어왔다. 바로 앞에 와서 설 때까지 나는 그녀가 P양임을 알 수가 없었다. 오랫동안 보지 않았기 때문이기도 하지만 삭발하고

먹물옷 입은 그녀의 모습은 전혀 다른 이미지를 풍기고 있었다.

몇 마디 인사를 나누고 대웅전에 들어섰을 때 나는 왠지 눈물이 글썽거려짐을 어쩔 수 없었다. 그녀가 삭발하기까지 얼마나 고뇌에 잠겼을까 공감이 되기도 하고, 이십여 년 전 내 모습이 떠올라 가슴이 뭉클해지는 것이었다.

P양은 주지 스님이랑 조실 스님 등 몇 분의 스님들께 일일이 인사를 시켜 주었다. 비구니 스님들이어서 그런지 대게 피부가 맑고 고왔다. 특히 총무 스님의 방에 들어갔을 때는 그분의 해맑은 인상에 매료되어 금방 나오고 싶지 않았다. 그분도 나를 바라보더니 '처음인데도 많이 본 사람처럼 낯설지가 않다.'고 했다. 다리를 다쳐서 붕대를 감고 있으면서도 녹차를 직접 달여 주며 하룻밤 묵어 가라고 권했다.

군살이라곤 전혀 없이 가벼운 몸매와 투명할 정도로 맑은 피부, 지혜가 번뜩이는 눈빛, 그의 분위기와 어울리게 정결한 방안을 둘러보며 나는 이 스님과 친해지고 싶은 마음이 일어났다. '허공처럼 넉넉하고 바람처럼 자유롭게'라고 쓰여진 붓글씨와 너무나 푸근하게 미소 짓는 얼굴 모습이 그려진 액자는 그것을 가지고 싶게 하는 탐심을 일으킬 정도였다.

나는 느닷없이 이십오 년 전 열아홉 살 때 출가하려다 그만둔 얘기를 꺼냈다. 그때 불국사엘 갔더니 거기는 비구승의 도량이므로 비구니가 되려면 수덕사로 가라면서 안내장을 써 주었는데, 수덕사 가는 길을 몰라서 못 갔다고 했다. 그랬더니 "왜 하필이면 불국사에 갔느냐."면서 "해인사나 동화사에만 갔어도 근처에 비구니 암자가 있으니 받아 주었을 텐데." 하고 말했다. 그리고 그 불국사 스님이 교통이 나쁘기로 유명했던 수덕사를 소개한 것은 수덕사 일엽 스님과 친분이 있었을 것이라면서 아마 수덕사로 가기만 했으면 꼭 스님이 되었을 것이라고도 했다. 나는 그런 얘기를 들으며 새삼스러운 감회에 젖어들었다. 운명이었기는 하겠지만, 자칫했으면 실제로 승려가 되었을 뻔했던 사실이 실감되었다.

그리고 이 총무 스님의 나이가 나와 같다는 얘기를 들었을 때는, 만약 내가 출가했다면 지금쯤 이 스님의 모습을 하고 있을지도 모른다는 생각이 들기도 하고 만감이 교차되는 것이었다.

행자가 기거하는 방에 하룻밤 묵기로 했다. 산중의 절답지 않게 따끈한 구들목에 앉아 여독을 풀었다. P양은 자기의 소임을 하기 위해 가버리고 나는 혼자 저물어 가는 사찰 경내를 거닐어 보았다. 참 이상한 일이었다. 분명히 처음 온 곳인데 이렇게 편안하게 느껴지고 낯익을 수가 있을까. 어쩌면 전생에 여기서 살았을지도 모른다는 생각이 들어 구석구석까지 살펴보았다.

저녁과 새벽 예불 때 범종각에서 종을 치며 게를 읊는 두 스님이 너무나 인상적이었다. 게를 읊는다기보다 낭랑하고 청아한 노랫소리로 들리는 그 음률은 가슴을 절절하게 만드는 힘을 가지고 있었다. 어떤 사람이 종소리에 반해서 출가했다더니 고고하게 지리산 자락을 울리는 그 게송을 들으니 문득 출가가 부럽게 느껴지는 것이었다. 세상에 어떤 모습이 저보다 더 도도하고 멋있을 수 있을까. P양에게 그 게송의 내용이 어떤 것이냐고 물었더니 세세생생 부처님 뜻을 받들며 수도하겠다는 서원을 밝히는 등의 4절로 된 시라고 했다.

저녁 예불이 끝나고 밤이 늦도록 P양과 얘기를 나누었다. 지난날 소설가가 되고 싶었던 소망은 지금은 전혀 무의미하게 느껴진다고 했다. 인간사의 기록이 문제가 아니라, 생사의 굴레를 벗는 일이 더 중요하다는 등의 얘기를 하며 공부를 열심히 하여 인도나 티벳 쪽으로 유학을 가고 싶다고도 하는 그녀의 발심이 대단하게 보였다. 그의 앞에서 어떻게 결혼하여 아이 낳고 살기를 권유할 수가 있을까. 오히려 출가하기를 잘했다는 말이 저절로 나오는 것이었다.

대원사엔 참선을 전문으로 하는 선방이 있어서 삼십여 명의 스님들이 동안거 결재 중이라고 했다. 거기 일반 신도 몇 사람이 같이 정진하고 있다는 말을 들으니 나도 언젠가 기회가 닿으면 이 선방에 끼어 앉아 참선을 해 보고 싶다는 생각이 들었다.

(1992)

질투

지난해 여름 미국 출장을 다녀온 남편이 한 가지 제안을 했다. 남편이 재직하는 대학의 자매학교인 볼 스테이트 대학 학생 몇 명이 내년 봄 석 달 정도 있을 예정으로 한국에 오게 되는데 그중 한 명을 우리가 호스트 패밀리가 되어 초대하면 어떻겠느냐는 것이었다. 마침 고교 재학 중인 아이들에게 국제화 시대를 맞아 외국인에 대한 친근감도 길러 주고 영어 회화도 시켜 줄 수 있는 좋은 기회가 아니겠느냐고 했다. 나도 그렇게 생각되었다.

그런데 남학생과 여학생 중에 누가 좋겠느냐고 물었다. 한집에 기거할 일을 생각하니 여학생이 수월할 것 같았다. 그리고 아들만 둘이니 누나 같은 여대생이 더 좋을 것처럼 생각되었다.

마침내 3월이 왔다. 어느 날 퇴근해 온 남편은 기분 좋은 얼굴로

"오늘 미국에서 온 그 애가 인사하러 왔던데 참 귀엽게 생겼더군. 미국인 치고는 몸집도 자그마하고 이쁘던데……." 하면서 매 주말에만 우리 집에 있게 된다고 했다.

그때까지만 해도 아무 생각이 없었다. 그저 밥이며 잠자리를 어떻게 챙겨 줄까 걱정이 될 뿐이었다.

금요일 저녁, 남편과 나란히 현관에 들어서는 S양을 보는 순간 내 눈이 둥그레지고 긴장되는 것을 느꼈다. 오래전에 본 외화 '푸른 화원'에 나오는 '엘리자베스 테일러'를 닮은 그녀는 청순하면서도 요염한 모습이 매혹적이었다. 흰 피부에 크고 영롱한 눈빛이며 오똑한 콧날, 그리고 애교가 졸졸 흐르는 입매, 아름다운 목소리……. 그녀는 연극과 졸업반이고 뮤지컬 드라마의 주연급 배우로서 노래, 무용, 연기력 등이 뛰어난 처녀라고 했다.

나는 용기를 내어서 서투르기 짝 없는 영어 회화를 몇 번 시도해 보다가 한 주일이 지나가자 아예 포기해 버리고 말았다. 생활 영어에 대한 책자를 뒤적이며 힘들게 한 마디씩 던져 보는 것이 재미도 없을 뿐더러 어색하고 피곤하게 느껴졌다. 그리고 일일이 남편에게 통역해 달라면서 해 보는 대화도 별로 할 말이 없었다.

예상외로 아이들도 크게 회화의 의욕을 보이지 않고 그냥 신기하게 쳐다보며 "참 귀엽게 생겼다." 하고는 자기들 방으로 들어가 버리는 것이 아닌가.

그런데 두 주일이 끝날 때쯤이었다. 나는 이상한 감정으로 속이 상하고 있는 자신을 발견하게 도었다.

아이들을 위해 초대했던 당초의 목적은 사라지고 S양이 남편의 데이트 상대가 되어 가는 느낌이 들었다. 금요일 오후부터 일요일 저녁까지 그녀는 전적으로 남편의 책임이 되었다. 토요일에 수업이 없는 그는 아이들과 내가 출근한 후 빈 아파트에 둘이만 있기가 뭣해서 극장 구경이며 박물관 관람 등 그녀를 동반하고 다녔다. 평소에 영화 관람을 즐기지 않아서 결혼 후 몇 번밖에 같이 간 적이 없는 영화 구경을 둘이서 하고 왔다는 얘기를 들었을 때, 시간을 보내기 위해서였겠지 싶으면서도 내심 씁쓸한 심경이 됨을 어쩔 수 없었다.

남편은 성격이 자상하고 인정이 많은 편이어서 이 미국 아가씨에게 친절하게 잘해 준다고 하는 것인데, 아내인 내가 보기엔 심통이 나서 견딜 수가 없었다. 두 사람이 얘기하고 있는 분위기며 S양의 이름을 부르는 남편의 목소리가 더할 수 없이 부드럽게 느껴지지 않는가. 결혼 후 많은 해를 대가족 속에서 다른 식구들 눈치를 보느라 이름은커녕 '여보' 소리도 한 번 크게 못 들어 보고 살아온 서운함이 한꺼번에 봇물 터지듯 쏟아져 나오려고 했다.

부엌데기처럼 차려입고 설거지를 하다가 등 뒤에서 들리는 S양의 고혹적인 웃음소리에 놀라 돌아보기를 몇 번이나 했는지 모른다. 그녀는 연극이 몸에 배었는지 제스처가 능숙하고 명랑하여 깔깔거리며 웃기를 잘했다. 식탁에서 포도주와 주스 등을 마시며 오랫동안 담소하는 그들을 바라보며 무슨 얘기를 하는지, 왜 웃는지도 모르고 바보 같은 열등감과 소외감을 느끼곤 했다. 영화 '초원의 빛'에서 '나타리 우드'가 그의 옛 애인을 찾아갔을 때, 그와 결혼하여 아이를 낳고 사는 평범하고 무식한 마누라 생각이 났다. S양은 그때의 '나타리 우드'처럼 아름답고 청초한 아가씨이고…….

'그이는 S양을 딸처럼 좋아하며 귀여워하고 있을 뿐이다'고, 20년이나 연하의 처녀에게 무슨 주책없는 시샘인가 하고 생각해 보았지만 내 가슴이 느끼고 있는 것은 그렇게 단순하지를 않았다. 그리고 이제 석 달 후면 가게 될 것이니까 그때까지만 참으면 된다고 생각을 돌려보려 했으나 그것도 별 위안이 되지는 않았다. 남편이 미국에 출장이라도 갈 경우 또 만날 수 있지 않을까……. 오만 가지 생각이 다 드는 것이었다.

어느 책에, 자기 남편이 다른 여자를 쳐다보아서도 안 되고 남편의 주위 1미터 안에는 여자들이 근접하지 못하도록 감시한다고 쓰여진 얘기가 떠올랐다. 그 글을 읽으면서 얼마나 숨통이 막히는 아내인가 싶었는데 어렴풋이 그 심정이 이해가 가지 않는가.

마음이 좁아지기로 하면 바늘 하나 꽂을 틈이 없어진다더니 어떤 이론으로도 설명할 수 없는 것이 감성인가 보다.

하필이면 그녀가 재치 있고 세련된 미인이었을까. 보통의 여자였으면 내가 이렇게 마음이 쓰이지는 않았을 텐데…….

그러던 어느 날 한 친구에게 내 얘기를 털어놨더니 이상주의자인 그녀답게 충고를 해 주었다. 나는 남편을 사랑하고 있었다기보다 소유하고 있었다는 것이다. 참된 사랑은 상대방을 자기에게 맞도록 구속하는 것이 아니라 그의 실존을 있는 그대로 받아들이고 자유롭게 놓아주는 것이라고……. (1992)

입술을 깨물며

퇴근길에 남문시장에 들렀을 때였다. 입구에 들어서는데 찬송가 소리가 커다랗게 흘러나왔다. 두리번거리며 주위를 살펴보니 한 장애인이 끌고 있는 잡화상 손수레 위에서였다. 내가 그쪽을 바라보자 그는 얼굴을 비틀며 뭘 사가라는 몸짓을 했다. 나는 놀란 듯이 지갑을 열고 아무거나 한 개 집어 들었다.

시장 안으로 들어가려는데 계속하여 울려 퍼지는 성가가 내 발걸음을 머물게 하는 것이었다.

불현듯 몇 달 전 타계한 작은 시누이 생각이 나서 눈시울이 뜨거워졌다. 젊은 나이에 갑자기 떠나 버린 그녀가 간절하게 부르던 그 노래들이 애절하게 가슴을 파고드는 듯했다.

지난해 9월 말이었다. 마산에 있는 시누이가 난소에 물혹이 생겨 수술을 받기 위해 대구로 온다고 했다. 그 얘기를 듣고 놀라서 전화를 냈더니 의외로 명랑하게 "괜찮아, 요즘은 의술이 좋고 또 아는 병이니까 간단하게 될 거야. 어디 여행이라도 다녀오는 기분으로 나설까 해." 했다. 그리고 입원하면 한 열흘은 걸린다면서 아직 초등학생인 남매에 대해 "그 애들은 이번 기회에 엄마 없이도 살 수 있도록 자립심을 길러 줘야지." 하며 오히려 교육적으로 좋은 계기가 된 듯이 말하였다. 그때 나는 속으로 매사에 긍정적이어서 걱정이 없는 그녀의 성격을 부러워하기도 하였지만, 나중에 생각하니 그 말들이 마음에 걸리고 심상찮게 느껴지기도 했다.

동산 병원에 입원하여 몇 가지 검사를 받고 이틀 뒤 수술을 하기로 하였다. 그런데 자꾸만 새로운 검사를 더 받게 하고 수술 날짜가 지연되는 것이 아닌가.

처음엔 수술을 신중하게 하기 위해서 그러는가 보다 했다. 그런데 그게 어이없게도 불치의 병으로 판명되고 수술도 불가능할 정도로 악화된 상태라는 선고가 내려질 줄이야. 의사의 진단으로는 최대한 살 수 있는 기간이 6개월이라는 것이었다.

처음으로 그 사실을 들었을 때 도저히 믿어지지 않았다. 본인에게도 얘기를 해 주는 것이 좋다는 의사의 말대로 병실로 돌아와 큰 시누이가 조심스럽게 얘기하고 있을 때 나는 그 옆에서 아무 말도 할 수가 없었다. '세상에 어쩌다 이런 일이…….' 그날 병실 창밖으로 잿빛 하늘을 망연히 내다보며 나도 모르게 수없이 입술을 깨물고 있었다.

산다는 것이 아무리 덧없는 일이라 하더라도 이건 너무 기가 막히는 운명이 아닌가. 알몸으로 이 세상에 왔으니 아무것도 이의를 달 수가 없는가. 인연 따라 왔다가 인연이 다 하면 가게 되는 것인가?

어떤 논리를 내세워 정당화해 보려고 해도 참담한 심경은 어쩔 수 없었다. 교회에 다니는 큰시누이는 "질그릇이 잘못하여 깨어졌다 하더라도 그를 만든 사람을 원망할 수는 없지 않느냐."고 하기도 하며, 모든 것을 하느님께 맡기고 기도하면 신앙의 힘으로 기적을 일으킬 수 있다고 설득했다.

나중에 들은 얘기지만 작은 시누이는 통곡의 기도 속에 "제 어머니가 저에게 해 주었듯이 저도 딸아이가 시집가서 아이를 낳으면 그 뒷바라지를 해 줄 수 있을 때까지만 살게 해 달라."고 하다가, 그것은 너무 욕심이 많은 듯하다면서 "아이들이 대학에 들어가는 것만 보고 죽게 해 달라."고 기도하기도 했다고 한다.

그러나 그렇게 살고 싶어했던 염원은 간곳없이 6개월의 반도 못 채우고 이승을 떠나고 말았다. 나는 기독교인이 아니었지만 그녀를 따라 개척교회며 신유복음전도회 등으로 다니며 같이 찬송가를 부르고 목사님 앞에 꿇어앉아 예수님을 믿는다고 대답하기도 했다. 그것이 그녀에 대한 최후의 정이었을 것이다.

12월 초순, 그녀의 영안실에서 하루 종일 서성이며 뼈저리게 느낀 것은 인생의 무상함이었다. 그리고 한 가지 다짐은 나의 여생에서 가장 중요하고 시급하게 해야 할 일이 생사 문제의 해결이라는 사실이었다.

눈을 감기 한 달 전쯤 그녀는 병고에 시달리며 "이 고통을 누가 알꼬." 하기도 했지만 결코 쉽게 떠나리라는 생각은 하지 않은 것 같다. "지금 생각하니 후회되는 일이 많다. 부디 무엇이 중요한지를 잘 알아서 살아라……. 내가 죽는다고 하는 얘기는 아니고." 하며 주위 사람들에게 당부하듯이 말했다.

아마 그때는 건강의 중요성을 생각하며 한 말이었을 것이다. 그 후 나는 한참 동안 건강의 중요성도, 생사 문제의 중요성도 생각하곤 했다. 그런데 몇 달이 못 가서, 이미 그것들을 잊어버리고 살고 있는 자신을 발견하게 된다. 어리석음으로 인하여 생사를 깨달을 수 있는 기회가 여러 번 주어지는데도 모르고 지나쳐 버리곤 하는 것이다. 그토록 믿어지지 않던 시누이의 죽음도 남의 일처럼 기정 사실화되고…….

그런데 시누이가 가고 난 뒤부터 나에게 묘한 버릇이 하나 남게 되었다. 가까운 사람의 죽음이라든가 감당하기 어려운 문제를 당하게 되면 입술을 세게 깨무는 것이었다. 그것은 그 입술의 통증으로 다른 고통을 상쇄하기 위해서일까. 아니면 나의 삶에서 겪지 않으면 안 될 불가항력의 문제들을 견디어내기 위해서일까.

그 날도 나는 남문시장 입구에서 실성한 사람처럼 자꾸만 입술을 깨물며 멀리 허공을 바라보고 서 있었다. 무엇을 사러 왔는지 생각이 나지 않았고, 그런 것들이 조금도 중요하게 여겨지지 않았다.

인생은 한 조각 뜬구름이 일어났다 사라지는 것일 뿐인가?

(1993)

토굴에 앉아 보다

내가 혼자 쓰고 있는 방 -방이라기보다는 허름한 창고 같은 건물의 동편 창 앞에는 아카시아랑 이름 모를 수목들이 우거져 있다. 나는 이따금 책상을 창문에 붙여 놓고 앉아 밖을 내다보기를 좋아한다. 시간이 좀 많을 때 오랫동안 나뭇잎들을 바라보고 있으면 왠지 그들도 나를 알아보고 나의 마음까지도 헤아려줄 줄 아는 다정한 벗으로 느껴지는 것이었다. 그리고 간혹 내가 앉아 있는 허술한 공간이 어느 토굴 속 같다는 생각을 해 볼 때가 있다.

지난해 겨울이었다. 우연한 기회에 남해섬의 용문사 백련암엘 간 적이 있었다. 그때 남편은 외유 중이었고 나는 좀 삶이 따분하게 느껴지던 참이었다. 그리하여 건조한 아파트 생활을 떠나 자연 속으로 깊이 들어가 보고 싶은 바램이 일렁거렸다.

백련암엔 십여 년 전에 알게 된 이 처사란 분이 살고 계셨다. 그분은 김천에서 사셨는데 칠순이 다 되어 조용한 암자로 거처를 옮기신 모양이었다. 삭발하지 않았을 뿐이지 승려나 다름없는 생활을 하는 그분도 만나볼 겸 경치가 좋은 남해도를 찾았다.

버스에서 내려섰을 때 맨 처음 느낌이 공기가 맑구나 하는 것이었다. 이 섬에 들어오기 전까지와는 완연히 다른 공기를 마시며 여기는 세속의 먼지가 말끔히 가셔진 별천지 같다는 생각을 해 보았다.

이 처사는 먼 길을 달려온 나를 위해 산 입구까지 나와 계셨다. 언제나 변함없는 모습으로 건강한 그분을 대하자 아직도 오욕 칠정에 허덕이는 자신의 몰골이 부끄럽게 느껴졌다.

백련암은 기대했던 이상으로 깨끗하고 아담한 도량이었다. 마침 법당에서 예불을 마치고 나오는 주지 스님의 인상은 나의 마음속에 깊은 감동을 주었다. 그분은 도무지 이 세상 사람 같지를 않았다. 칠순이 넘은 연세인데도 아기의 피부처럼 뽀얀 살결이며, 바닷속같이 동요가 전혀 없는 눈빛, 한없이 가라앉은 목소리……. 그분은 보통 사람과는 다른 삶을 살아온 것 같아 신비한 느낌마저 들었다.

점심 공양을 마치고 절 주변을 둘러보았다. 마른 솔잎이 수북이 쌓인 깊은 산골, 더할 수 없는 적막이 좋아 망연히 서 있는 나에게 이 처사는 저 위로 올라가 보자고 하였다. 그 위쪽엔 염불암이란 암자가 하나 더 있었다. 염불암을 구경하면서도 나는 내내 담담한 심경에 빠져 있었다. '이렇게 고요하고 좋은 곳에서 살 수도 있는 일인데…….' 하는 생각이 들었던 것이다.

이 처사는 무슨 얘기 끝에 "이 위로 올라가면 토굴도 있다."고 하였다. 나는 토굴이란 말을 듣자 강한 호기심이 일어났다. 말로만 듣던 토굴을 직접 한 번 보고 싶었다.

한 사람이 겨우 지나다닐 수 있는 비탈길을 한참 올라가니 조그마한 움막이 하나 보였다. 바람만 세게 불어도 날아가 버릴 것처럼 허술하게 보이는 움막 가까이 가자, 어떤 사람이 봉창으로 내다보는 것이었다. 그러더니 곧 바깥으로 모습을 드러내었다. 그는 젊은 스님이었다. 이 처사가 "여기 사람이 왔습니다!"라고 크게 이야기하자 그는 겸연쩍은 듯 머뭇거렸다.

나무 막대기 하나를 걸쳐 놓은 대문을 밀치고 들어가니 정말 초라하기 이를 데 없는 방이 한 칸 있을 뿐이었다. 벽이며 지붕 등 모두 손수 만든 듯 원시적인 솜씨 그대로였다.

내가 신기하여 살펴보고 있노라니까 이 처사가 "토굴 토굴 해쌓더니, 한번 들어가 앉아 보지." 하는 것이었다. 나는 스님을 돌아보았다. 그는 원한다면 들어가 보라고 하며 쑥스러운 표정을 지었다. 나는 좀 망설이다가 용기를 내어 방으로 들어갔다.

너무 좁아서 한 사람이 앉아 있기에도 답답할 지경이었다. 나무 선반 위에 얹힌 흰 종이와 붓, 그리고 '마음'에 대한 글귀들을 훑어본 후 참선 자세로 앉아 보았다. 가슴에 뿌듯한 감동이 일어났다.

스님들이 이따금 "지난날 토굴 살 적에……." 하며 일상과 먼 세계를 얘기할 때 미지의 삶에 대한 동경 같은 것이 일곤 했었다. 한 삼 년만 일체의 반연을 끊고 혼자 토굴에서 수행하고 나면 고독이라든지 죽음 같은 이 세상의 어떤 두려움도 이겨 낼 수 있게 된다고 했다. 일찍이 효봉 스님이 결행했던 토굴 생활이 떠올랐다.

나도 그렇게 몇 년만 앉아 있으면 뭔가 될 수 있을 것 같은 느낌이 들었다. 자신과 이 우주의 근본인 자성 자리를 깨달아 견성 성불, 생사를 해탈하고 영원한 자유를 누릴 수도 있지 않을까.

어쩐지 마음이 편안하게 가라앉는 듯했다. 선방의 문고리만 잡아 봐도 지옥고는 면한다고 했는데, 토굴에 앉아 봤으니 어떤 고통을 면하게 되었을까.

삼면이 산으로 둘러싸인 남향받이 토굴 옆 통나무 의자에 앉아 우리는 멀리 남해를 바라보며 얘기를 나누었다. 2년 전부터 토굴 생활을 하고 있다는, 눈빛이 산양처럼 순한 그 스님은 어느 정도 초연한 세계를 터득한 것처럼 보였다. 현상에 집착하지 않고 자연과 더불어 자연의 일부가 되어 살아가는 생활. 혼자 있어도 결코 혼자 사는 것이 아니라고 그는 말했다. 산새며 다람쥐, 토끼들과 나뭇잎, 풀 한 포기에도 애정을 느끼며 자타일여, 물아일체의 경지를 몸소 체험하는 생활.

그때까지만 해도 나와 남에 대한 애착을 놓지 못해 마음이 편치 않았던 나에게 그러한 무소유의 생활은 삶에의 새로운 희망을 안겨 주는 듯했다.

나는 그 스님에게 "언제까지 여기 있을 거냐", "떠나더라도 토굴은 없애버리지 말고 그냥 두라"는 등 부질없는 말들을 지껄이며 허허롭게 웃어 보았다.

다시 찾아올 기약도 없으면서 마치 호화 별장이라도 하나 마련해 놓은 것처럼 마음이 흐뭇해지는 것이었다. '금생에는 어렵겠지만 다음 생에는 결단코 여기서 살아 볼 것이다' 하고.

(1994)

삼중三重의 존재

절에서의 한 행사인 동안거 결재가 시작되는 전날이었다. 갑자기 볼일이 생겨 속리산 법주사 복천선원에 가게 되었다. 평일인데도 좌석이 없어서 입석표로 기차에 올랐다. 객차와 객차 사이의 좁은 공간에 빈 상자를 구겨서 깔고 앉았다. 대구에서 영동까지는 두 시간 남짓 걸린다고 했고, 그때 나는 매우 피곤했던 것 같다.

기차가 왜관 근처를 통과할 때쯤이었다. 화장실에 들렀다 나오는 듯한 한 남자가 나를 유심히 보고 있는 것이 느껴졌다. 내가 쳐다보았더니 그는 나를 잘 알고 있었던 사람처럼 스스럼없이 "여기 앉아서 가다니……." 하며 혀를 찼다. 그리고는 막무가내로 자기 자리에 가서 앉으라는 것이었다. 내가 괜찮다고 누누이 사양해도 되지 않았다. 남자로서 여자가 이런 데 앉아 있는 것을 그냥 둘 수는 없다는 투였다. 그는 건장한 체격이었으나 회갑은 넘어 보였고, 약간의 취기가 있었다.

나는 할 수 없이 밀려서 그의 자리에 앉을 수밖에 없었다. 내가 앉자 앞자리의 군인이 그에게 또 자리를 양보했다.

나는 어쨌든 고맙다는 인사를 안 할 수가 없었다. 그는 당연한 일을 했을 뿐이라는 듯 남자의 의리를 들먹이더니 자신의 내력을 얘기하기 시작했다.

부산에서 뱃일을 하며 평생을 바다에서 살았는데 천안에 있는 딸네 집에 가는 길이라고 했다. 외손녀가 보고 싶다는 등 한참 얘기를 하다가 물끄러미 나를 바라보더니, 혼잣말처럼 왠지 내게 잘해 주고 싶다고 하는 것이었다. 그러면서 판매원이 지나가면 먹을 것을 사 주기도 하고, 선반 위의 가방을 내려 갈치(그렇게 큰 갈치 말린 것은 처음 보았다)와 오징어 등을 가지고 가라고 하며 싸 주었다. 나는 고맙기보다 너무나 민망하여 한사코 거절했으나 그는 완강하게 떠밀었다.

딸에게 주려고 가지고 가던 건어물을 조금씩 갈라서 싸주는 걸 들고 기차를 내려오며 나는 좀 어리둥절해 있었다. 아무리 한 뱃사람의 취중 객기였을 뿐이라 하더라도 그것은 기이한 체험이었기 때문이다. 나는 내가 그러한 갚을 길 없는 호의에 대하여 끝까지 거절하지 못한 것을 후회했으나 어쩔 수가 없었다. 다만, 전생에 어떤 인연이 있었던가를 생각하며 속리산으로 올라갔다.

절에 가서 그 얘기를 했더니,

"보살님이 신심을 내니까 아마 그분의 눈에 '관세음보살'로 비쳤을 것이다."라고 하는 것이었다.

이튿날, 몹시 추운 출근길이었다. 옆에서 누가 "오늘 많이 춥지요?" 했다. 나는 별생각 없이 "예, 그러네요." 하니까 "그 가방 이리 주십시오." 하는 것이었다. 나는 그때야 놀라서 쳐다보았더니 "내 나쁜 사람 아닙니다. 무거울 것 같아서요." 했다. 그는 자전거를 타고 천천히 가고 있었다. 나는 들고 있는 가방이 크게 무겁지는 않았으나 그에게 맡기지 않을 수가 없었다. 버스에서 내려 직장까지 10분 정도 걸리는 길을 걸으며 몸과 마음이 그렇게 가벼울 수가 없었다. 자전거 위의 노인은 정년 퇴직 후 꽃집에서 야근을 하며 소일하고 있다고 했다.

그 다음날 점심시간이었다. 내게 수업을 듣는 학생 세 명이 과자를 사 들고 찾아왔다. 천진한 얘기들을 나누는 중에 "선생님을 보면 마음이 편안해져요." 하는 것이었다.

나는 우연히 삼 일에 걸쳐 있었던 일들을 되돌아보았다. 평소의 나로서는 과분한 대접을 받은 것 같아 얼떨떨해지고 뭔가 생각을 하게 만들었다.

얼마 전에 들은 어떤 철학자의 강의가 떠올랐다. 인간은 삼중의 존재라고 했다. 육체적 존재이면서 정신적 존재이고 또한 영적인 존재라는 것이다. 그중에서 가장 근원적인 것이 영적인 세계를 추구하는 존재일 것이다.

그 얘기를 들으면서 나는 지금까지 주로 육체적, 물질적 차원에서 머물렀고 기껏해야 약간의 정신세계 -학문이나 예술 등을 기웃거렸을 뿐이라는 생각을 했다. 구원의 길은 영혼 -종교적인 마음의 세계에 있음을 알면서도 늘 겉돌기만 하고 살아왔다는 자책감이 일어났다. 그리고 그 무렵 어떤 일이 계기가 되어 커다란 심리적 타격을 입고 있던 터라 내심으로 절실하게 다짐한 바가 있었다.

이제부터 나의 관심이나 생활의 주된 목표는 내 영혼의 세계를 찾는 일이어야 한다는 것이었다. 물질적인 쾌락과 이 세상에서의 명예나 성공 같은 이기적 욕심이 얼마나 무상한 일인가를 깨달아야 했다. 그리고 죽어도 죽을 수 없는 결코 죽어지지 않는 영의 세계를 정화하는 일이 최상의 과제로 떠올랐다.

하지만, 그런 결심에도 불구하고 실제로 꾸준히 노력을 하지는 않았다. 오랜 세월 길들여진 무명 업장으로 수없는 시행착오를 거듭하고 있었던 것이다. 다만 마음속으로 은근히 되뇌이며 깊은 영혼의 세계를 그려 볼 뿐이었다.

그런데도 주변 사람들이 이따금 전에 없이 호의를 보여 오는 때가 있었다. 그런 일로 나는 일체의 현상은 수억 겁 년 전부터의 내 마음의 반영이라는 말과 우리 모두의 근본 자리인 영혼은 하나로 통한다는 사실을 실감해 보았다.

인간은 삼중의 존재이고, 그중에서 어느 쪽에 치중하여 사느냐 하는 것은 사람마다 다를 것이다. 나는 나의 남은 생을 우주의 근본인 한마음, 그 영적인 세계를 추구하는 데 몰두해야 할 것이라는 생각을 해 본다.

(1994)

3
내가 원해야 하는 것

내가 원하는 것, 그것은 개인적인 욕심을
끝없이 채우는 것이 아니라 놓아 버려야 하는 것이었다.
아무것도 원하지 않는 것,
그것이 내가 원해야 하는 것이다.

옥매화

지난해 봄 이 학교로 전근와서 한 달쯤 되었을 때였다. 수업을 하러 교실로 들어가려고 교사 옆 정원을 지나가는데 언뜻 눈에 띄는 꽃이 있었다. 아! 옥매화. 그것은 눈부시게 희고 작은 꽃망울을 수없이 달고 웃고 있는 듯했다.

마침 그 옆에는 회갑을 넘긴 은발의 교장선생님이 서 계셨다. 아리따운 꽃나무와 그것을 바라보고 계신 한 노신사를 번갈아 쳐다보던 나는 문득 삼십여 년 전에 돌아가신 할아버지 생각에 가슴이 뭉클해지는 것이었다.

해마다 봄이 되어 옥매화와 마주치게 되면 으레 할아버지 생각이 떠오르곤 했다. 그런데 평소에 근엄하게만 보이시던 교장선생님이 환하게 웃으며 봄볕 속 꽃나무 옆에 서 계신 모습을 보자 더욱 반가운 생각이 들었다. “선생님, 이 꽃 이름이 옥매화지요?” 하며 나는 아는 체했다. 그랬더니 그분은 “이건 산옥매이고, 옥매화는 저 앞 화단에 큰 나무가 있어요. 분홍색으로…….” 하는 것이었다.

나는 금방 가 보고 싶었으나 수업 때문에 교실로 향할 수밖에 없었다. 현관 쪽으로 몇 걸음 걷다가 다시 한 번 뒤를 돌아다보았다.

어린 시절 내 기억 속에서 할아버지는 늘 시골집 사랑채 앞에 있는 작은 정원에 예쁜 꽃나무들을 심어 놓고 바라보고 계셨다. 그 중에는 모란, 작약 등도 많았지만 대문 가까이에서 화사하게 피어나던 옥매화가 제일 기억에 남는다.

어느 봄날 오후 할아버지께서는 꽃밭 앞에 서 계셨다. 국민학생이었던 나는 밖에서 놀다가 들어오면 할아버지 곁으로 갔다. 할아버지께선 늘 흰 한복을 입고 계셨는데, 내가 먼저 물었는지 아니면 할아버지께서 그냥 일러주셨는지 기억에 없지만 “이 꽃 이름이 옥매화란 것이다. 좋지?” 하시며 오랫동안 바라보시는 것이었다. 그때 그 작은 정원에는 하도 여러 가지 꽃들이 소복이 피어 있어서 분명하게 어느 꽃을 보고 옥매화라 하셨는지 잘 몰랐다. 마냥 작고 탐스러운 꽃봉오리들이 터질 듯이 피어나던 연붉은색 꽃나무와 흰색깔의 꽃나무가 겹쳐 있었기 때문이다.

할아버지께선 조선 시대 말기 논을 서 마지기 팔아서 과거 시험을 보러 갈 준비를 하고 계셨는데, 그만 한일합방이 되는 바람에 수포로 돌아갔다고 한다. 그 뒤로도 평생을 한학에만 몰두하셨고 살림살이 같은 것은 전혀 모르는 어른이셨다. 그 덕분에 우리 집 사랑방이 동네 서당이 되었고 먼 곳에서 와서 숙식을 하며 한문을 배우는 청년도 있었다. 나도 겨울방학 같은 때 천자문, 동몽선습, 명심보감 등을 배우기도 했었다. 저녁을 먹고 나서 할아버지 앞에 한문책을 놓고 앉으면 그렇게 좋아하실 수가 없었다. 지금 생각하니 그때 왜 좀더 열심히 배워 놓지 못했는지 후회스럽다. 그러나 그 무렵 조금씩 익혀 둔 한문 실력이 훗날 많은 도움이 되었었다. 인문계 고등학교의 한문을 가르치며 논어·맹자의 구절들을 해석할 때 크게 어렵지 않았던 것도 아마 할아버지 덕분이었을 것이다.

내가 혼인하던 이듬해 할아버지 제사에 참석했더니 아버지께서 나에게 특별히 잔을 올리고 절을 하게 하시며 "할아버지가 경숙이 머리 좋다고 얼마나 좋아하셨는데……." 하시는 것이었다. 나는 생전 처음 그런 말을 들으며 할아버지에 대한 고마움이 느껴졌다.

국민학교 시절 학교에서 돌아와 넓은 마당 입구에 들어서면 동편 사랑채의 방문이 반쯤 열리며 "숙숙꿈 이리온!" 하고 손짓을 하셨다. 그러면 나는 얼른 사랑방으로 뛰어들어간다. 그럴 땐 으레 벽장 안에 감춰 둔 감이랑 밤 등을 내어서 다른 식구들 몰래 먹으라고 주시는 것이었다.

성격이 급하신 편이어서 한번 화가 나시면 온 집안이 뒤집힐 정도로 불호령이 떨어지기도 했지만, 나에게는 언제나 인자하고 푸근하신 할아버지셨다.

세상 모르고 천진하던 어린 시절, 성격이 수월하고 융통성이 있다고 할아버지께서 인정해 주셨는데 그렇게 살아오지 못해서 죄송한 생각이 든다. 중학교 시절 여름방학을 맞아 시골에 내려갔을 때 할아버지께서 돌아가시게 되었다. 한의사이신 아버지께서 임종을 알리셨는데도 한참동안 가슴이랑 손이 따뜻하셨다. 그때 나는 이미 타계하신 할아버지의 아직도 따스한 손을 만져 보며 열린 문 밖으로 뙤약볕이 내리쬐는 유월 염천을 내다보고 있었다. 식구들의 오열 속에서 끄떡도 하지 않는 하늘이며 천지만물이 그저 막막하게 보였고, 인생의 무상함이 절절하게 느껴졌다.

그러나 그 후 많은 세월이 흐르면서 삶이 무상하다는 진리를 철저하게 깨닫지 못하고 턱없이 보면 보는대로, 들으면 듣는 대로 끄달리며 생각의 감옥에서 벗어나지 못하고 있는 것이다.

그럭저럭 그러한 현상에의 집착에 시달리면서도 세월은 어김없이 흘러 다시 봄이 돌아왔다. 은발의 교장선생님은 만기가 되지 않았는데도 다른 곳으로 전근 가시고, 옥매화는 교사 앞 뜰에서 별로 보는 이가 없어도 혼신의 힘을 다해 피어나고 있다.

나는 이 봄에도 옥매화를 보며 할아버지 생각을 한다. 평생을 실의와 좌절 속에서 일제 식민지 시절을 보내고 해방이 되자 다시 과거 시험을 볼 수 있을까 싶어 기뻐하셨다는데…….

약주를 즐기셨기에 이따금 과음을 하셨지만 유달리 꽃을 좋아하셔서 친구분 집에서 이쁜 꽃을 보시면 한 포기씩 얻어다 심으시던 모습이 눈에 선하다. 할아버지의 방에는 흰 수염이 긴 손님들이 끊이지 않았지만 화단 앞에 혼자 서 계실 때의 모습은 어쩐지 고독해 보이기도 하셨다. 조선시대 생육신 중 한 분의 자손으로서 할아버지의 성품도 꽤 지조가 높으셨는가 보다.

염량, 체통 등을 내세우시며 세상을 한탄하시던 할아버지는 지금쯤 어느 곳에서 환생이라도 하셨을까.

나도 이제 중년의 나이가 되어서 할아버지 생각을 하며 혼자 옥매화 옆에 서면 유달리 허전함을 타는 듯하다. 세상사가 어이 이리도 뜻대로 되지 않는지, 아니 그 뜻을 왜 놓지 못하는지, 아직도 아만과 집착 속에 얽매여 있는 자신이 안타깝기만 하다.

해마다 봄이 되면 무심히 피었다 지는 옥매화처럼 나도 그렇게 무심히 살다 가면 되는데, 웬 분별 망상이 그렇게도 많더란 말인가.

(1995)

해운대의 달

오후 다섯 시가 넘어 부산에 도착하니 부산하게 움직이는 거리의 표정이 항도 특유의 어수선함으로 다가왔다. 승용차를 타고 서너 번씩이나 길을 잘못 들어 애를 먹으면서 약속된 장소인 해운대로 찾아가니 이미 향연을 베풀고 있는 친구들이 박수를 치면서 맞아 주었다. 토요일 하오 1시, 동대구역에서 먼저 출발한 친구들과 포항, 부산 등에 사는 친구들이 흥겨운 해후를 즐기고 있었다.

전망이 좋은 10층에서 바다를 바라보며 먹는 회맛이 좋았다. 철없던 어린 시절을 같이 보낸 친구들과 함께하는 동창들의 모임이었다.

해가 뉘엿뉘엿 넘어가는 황혼에 우리는 팔짱을 끼고 해변을 거닐어 보기도 했다. 초로의 나이였지만 아직도 가슴에 남아 있는 한 가닥의 낭만은 자꾸만 바다 저 멀리 수평선 너머로 시선이 가는 것이었다. 바닷가에 서면 가슴이 탁 트이는 후련함을 느낀다고 했더니 옆에서 걷던 친구가 쳐다보며 말했다.

"너는 세상에 부러울 것이 없어 보이는데 그래도 가슴 답답할 때가 있느냐"고. 남의 속도 모르고 말하는 그 친구에게 내가 욕심이 많아서 그렇다고 대답하면서 마음속으로는 그럴 때가 한두 번이겠느냐고 중얼거렸다.

인간의 모든 일을 절대적 가치와 상대적 가치로 나누어 볼 수 있을 것이다. 진리에 맞게 살려면 절대 가치로 매사를 평가해야 하는데, 어릴 때부터 상대 평가를 하는 습성이 있었고, 거기다 자기보다 나은 사람과 비교하며 살아왔기 때문에 현상에 만족하고 감사하기보다 불만을 가질 때가 많다는 등의 얘기를 하며 그 친구랑 친밀한 대화를 나누기도 했다.

해풍에 실려 오는 간간한 바닷내음을 맡으며 백사장을 거닐다가 노래하는 곳으로 자리를 옮겼다. 이십여 명의 친구들은 저마다 신나게 노래를 불러댔다. 나는 노래를 잘 못하는 데다 목소리도 작아서 커다란 반주의 음향에 묻혀 들리지도 않았다. 그날따라 몸의 컨디션이 좋지 않아서 그랬는지 별로 흥이 나지도 않고 하여 구석진 자리에 가서 앉아 버렸다.

"부산에 가거든 동생네 집에 들러 하룻밤 자고 오지." 하던 남편의 말이 생각났다. 형제간에 우애도 다질 겸 하루쯤 쉬고 오도록 한 그의 배려가 고마워서 그렇게 하겠다고 했지만 사실은 거기보다 더 가고 싶은 곳이 있었다.

얼마 전에 중앙통에서 우연히 만난 K여사로부터 Y스님의 소식을 듣게 된 것이다. Y스님은 그분의 사촌 동생인데 몇 년 전 태백산의 한 암자에서 만난 적이 있었다. 그때 3년 결사로 하루 열네 시간의 참선 정진을 하며 수도하던 몇 분의 스님들 중에 Y스님도 함께 있었던 것이다. 그런데 작년 겨울에는 지리산의 깊은 골짜기 길도 없는 험한 곳에 가 있어서 찾아가 볼 수도 없다고 하더니 이번 봄부터 해운대의 해운정사에 와 있다고 하는 것이었다. 해운정사는 유명한 선방이 있는 곳으로 이름이 나 있었다. 나는 그때 마음속으로 해운정사에 한 번 가 보고 싶다는 생각을 했었다.

K여사의 말에 의하면 Y스님은 뛰어난 두뇌를 가진 분이었다. 우리 나라에서 첫째로 꼽히는 명문대학을 다니다가 군복무를 마치고 복학을 기다리는 몇 달의 기간 동안 가 있었던 절에서 인연이 되어 출가하게 되었다고 한다. 그분은 그때 어떤 책 한 권을 골라서 정신력도 키워 볼 겸 다 외기로 했었다고 한다. 그런데 그 절의 노스님이 이왕 외려거든 그 책보다 능엄경을 한 번 외어 보라고 주더라는 것이다. 그래서 매일 일정 분량씩 읽어서 외게 되었는데 그것을 한꺼번에 다 외려면 빠른 속도로 쉬지 않고 외어도 열 시간은 걸린다고 했다. 그때 능엄경 사상에 심취된 것이 계기가 되어 결국 세속을 떠나게 된 모양이다. 그분은 하루 두 시간의 수면과 한 끼의 식사, 철저한 화두 참구 등 피나는 수행으로 노스님에게 인정을 받게 되었다고 한다.

가정 형편이 어려웠던 Y스님은 학창 시절 K여사의 집에서 학교를 다니기도 해서 그런지 다른 식구들과는 모든 인연을 끊고 살면서 이 누님의 집에는 몇 년에 한 번씩 들르곤 한다고 했다. L여사도 그 스님에게 정성껏 대하는 듯했다. 빵을 구워서 먼 길을 갖다 주기도 하고, 필요한 약을 부쳐 준다든지 그 스님의 공부를 위한 자상한 뒷바라지를 하고 있었다.

나는 그때 태백산 각화사에서 평소에 알고 지내던 K여사를 우연히 만났고 그분을 통해 Y스님과 두어 번 얘기를 나눈 것뿐이지만 그 스님에게서 풍기는 분위기가 너무나 고결하고, 치열한 수도의 자세가 인상적이어서 기억에 남아 있었다.

노래도 한 풀 꺾여지고 다른 곳으로 자리를 옮기는 와중에 나는 동생 집으로 가서 자겠다면서 자리를 빠져 나왔다. 해운정사에 가서 밤을 새우고 동생 집엔 그 다음날 아침에 가려고 마음먹었다.

해운정사엔 매주 토요일 밤 철야 정진이 있었다. 밤늦은 시간에도 중간에 쉬는 틈을 이용해서 동참할 수 있게 되어 있었다. 어떤 친구가 나를 보고 전생은 틀림없이 승려였을 것이라고 하던 말이 생각났다. 세속에 묻혀 살면서도 마음은 수시로 산으로 절로 향하고 있으니 어쩔 수가 없는 노릇이다.

택시에서 내려 언덕 위로 올라가니 바로 절 마당이었다. 조심스럽게 대웅전 앞으로 걸어가다가 오른쪽으로 고개를 돌렸을 때 나도 모르게 아! 하고 탄성이 흘러나왔다. '해운대의 달'이었다. 음력 열여새였지만 보름달처럼 둥그런 달이 중천에 훤하게 떠 있는 것이 아닌가. 그것은 지금까지 보던 달보다는 훨씬 더 크고 가깝게 보였고 거의 환상적인 모습이었다. 언젠가 본 영화의 한 장면이 생각났다. 보름달만 뜨면 미쳐버린다든가 하는 외국 영화의 한 장면처럼 신비한 느낌을 일으켜 주었다.

해운정사는 높은 언덕 위에 자리잡고 있어서 바다까지 확 트여진 공간 위에 덩그렇게 떠 있는 달이 너무나 강렬하게 보였다. 자정이 가까운 깊은 밤 적막 속에 가라앉은 도량에서 혼자 바라보는 밤하늘과 구름에 조금씩 가려지기도 하면서 묵묵히 빛나는 달을 만난 것은 일상을 떠난 기이한 체험이었다. 그리고 그것은 어쩌면 이 절에 살면서 세속에 전혀 연연하지 않는 한 수행자 때문에 더욱 그렇게 느껴졌는지도 모른다. 달을 향해 한참 서 있다가 대웅전 쪽으로 다가갔다. 문앞에 가지런히 놓인 신발들이 많기도 했다. 평균 백여 명이 넘는 사람들이 이곳 시민 선방에서 참선을 한다던 얘기가 실감났다. 문 가까이 가도 숨소리 하나 들리지 않는 것이 선방의 분위기를 짐작할 수 있었다. 인생의 첫 번째 목표여야 한다는 생사 문제의 해결, 그 일대사 인연을 궁구하는 일이 가슴 벅차게 느껴져 왔다.

나는 늦었지만 단 몇 시간이라도 선방의 가장자리에 앉아 보기 위하여 방선 시간을 기다리며 다시 달을 바라보았다. 달은 지구와는 동떨어진 곳에서 유유히 남쪽으로 흘러가고 있었다. 문득 자신이 인간 세상과는 먼 별천지에 와 있는 것 같은 착각이 들었다. 어쩌면 지금 법당 안의 선객들이며 Y스님과 그 도반들도 저 달처럼 지상의 온갖 반연攀緣의 줄을 벗어나 멀리멀리 승천하고 있는 것은 아닐까 하는 생각이 들었다. 그리고 언젠가 들은 Y스님의 말이 떠올랐다. 속세에서의 한평생 삶이 수행인의 한나절보다 못할 것이라고 하던.

(1996)

숙명의 세월

며칠째 잿빛으로 가라앉아 있던 하늘이 지난밤부터 눈을 내리고 있었다. 겨울이 다 가도록 눈도 비도 오지 않아 삭막했던 가슴이 푸근하게 젖어드는 듯했다.

오랫동안 잊고 있었던 마음이 순한 친구에게 전화나 편지라도 쓰고 싶은 충동이 일었다. 그러나 그것조차도 하나의 욕심이고, 인연과 업을 짓는 일이 되지 않을까 싶은 생각이 들었다. 책상 앞에 앉아 오랜만에 편안한 마음으로 생각에 잠겨 보았다. 며칠 있으면 구정이 되고 또 한 살을 더 보태게 될 것을 생각하니, 세월의 빠름을 다시 한 번 느끼지 않을 수 없었다.

얼마 전에 어떤 분과 지난날의 일들을 얘기하며 "그때 그렇게 하지 않고 이렇게 했으면 좋았을 텐데……." 하는 말을 몇 번이나 되풀이하곤 했었다. 그랬더니 그 분은 "가치관에 일관성이 없이 살았다"고 핀잔을 주며, 소신이 없음을 나무랐다. 나도 얘기를 하면서 스스로 난처한 심정을 느꼈다. 수없는 시행착오, 후회스러운 일들을 생각하며, 왜 그랬을까 하고 되짚어 보니, 어리석음과 욕심이 진하게 깔려 있음을 발견할 수 있었다.

육십쯤 되는 어떤 분은 자기가 좀 더 현명했더라면, 한 마흔 살 때부터 죽음에 대한 준비를 하였을 것이라고 말하였다. 내가 궁금하게 여겨서, 그 준비가 어떤 것이냐고 물었더니, 욕심을 버리는 것이라고 했다.

마흔 살이 훨씬 넘은 나는 아직도 그 욕심에 끌려 살고 있는 자신을 바라보지 않을 수 없었다. 그것은 어떤 불치의 병처럼 지병으로 남아 내 몸 속 깊이 잠복해 있는 것 같았다. 그리고 또 어떻게 보면 그것이 내 삶을 지탱해 온 지렛대였고, 수억 년 전부터 끝없이 생을 받게 만든 윤회의 씨앗이었다는 생각이 들었다.

전생에 대한 기억은 없지만 전생이 있었다는 사실은 믿어지고, 이번 생에 태어나서 처음 몇 년 동안의 일도 안개 속처럼 희미하게 떠오를 뿐, 생생한 기억은 초등학교를 입학하기 전후부터인 것 같다.

어린 시절 나는 성격이 어리숙하고 겁이 많은 편이었고, 미지의 삶에 대한 불안과 설레임으로 몹시도 조바심하며 살았던 것 같다. 완벽주의적인 부모님의 영향으로 늘 부족함을 느꼈고, 소심하고 자신이 없었다. 그런 면을 주위에서는 얌전하다고 하기도 하고, 소극적이라는 말을 하기도 하였다.

그런데 중학교 때부터 부모님 곁을 떠나 자취를 하면서 조금씩 개방적인 성격으로 바뀌어 갔다. 그러나 기본적인 성격의 바탕은 지금까지도 크게 변하지 않고 있다.

가정 형편이 넉넉지 못했던 탓이 크지만, 남존여비의 봉건적 사상으로 오빠와 차별 대우를 받으며 자랐기 때문에, 마음 밑바닥에 어떤 저항감이 자리잡고 있었다. 오빠의 하숙비가 많이 드니까 오빠 밥을 해주게 하기 위해서 보내는 김에 내 중학교 공부를 시켜준다고 하는 부모님의 말씀(실은 오빠의 밥을 잘해 주도록 하려고 하신 말씀일 수도 있지만)은 깊은 열등감과 패배의식을 심어 주는 것이기도 했다.

어쨌든 오빠 덕분에 중학교를 졸업한 나는 그 뒤 끈질긴 고집으로 부모님의 학업 중단에 대한 권유를 몇 번이나 이겨 내어야 했다. 그것은 언젠가 작은어머니에게서 들은 유아기 때의 내 모습을 떠올리게 한다.

두세 살 때의 일이었다. 그 때는 6·25전쟁 중이어서 정신이 없어서 그랬겠지만, 어머니는 젖을 편안하게 실컷 먹여 주지를 못했다고 한다. 그래서 젖을 빨다가는 중간에 젖꼭지를 놓고 쳐다보며 “그만 무까(먹을까)?” 하고 눈치를 보곤 했다는 것이다. 그때 마음놓고 젖을 빨아 보지 못한 아쉬움이 잠재의식 속에 남아 있어서 그런지, 그동안 살아오면서 어지간히 허기증을 느낀 것 같다.

중학교 정도만 시키려고 마음먹었던 부모님의 뜻을 꺾고 사생결단으로 최고 학부까지 졸업하고 교편을 잡은 뒤 결혼, 출산 등의 인생 여정을 거치면서 별나게도 욕심을 많이 부렸었다.

오랜 자취 생활로 자유로운 생활 습관이 몸에 밴 터라, 결혼할 때도 비교적 책임이 적은 차남을 선택하려고 애를 써 보았다. 그러나 그렇게도 기피하고 싶었던 장남과 만나게 되었고 -그것도 사람에 대한 욕심을 버리지 못한 결과이지만- 내 자유의 상당 부분을 포기하지 않을 수 없었다.

그동안 시간에 얽매이는 직장과 가정생활을 견디면서 나름대로 노력했지만 미비한 점이 많았다. 충동적이고 감수성이 강한 성격의 소유자가, 전통적인 규범의 틀에 맞추어 살아 내느라고 무던히도 힘이 들었다. 그러한 삶의 고비고비에 스스로 자신의 무게를 이겨내지 못하여 때로는 현실의 제도권 밖으로 탈출하고 싶은 욕구를 느낄 때도 있었고, 생사生死와 승속僧俗의 기로에서 서성거려 보기도 하였다.

이제 오십 년 가까운 지난 시간들을 되돌아보며 내가 왜 그렇게도 많은 것을 붙잡고 안달을 하였는지, 웬 집념이 그렇게도 강했는지 입이 벌어질 지경이다. 그러나 모든 것이 그 당시로써는 어쩔 수 없는 운명이었음을, 그리고 한바탕 꿈이었음을 지금쯤은 어렴풋이 짐작할 수 있게 되었다.

언젠가 독신으로 사는 한 선배님과 얘기하던 중 무슨 말 끝에 "남편이 뭐 자기 것인가."라고 하여 웃고 말았던 기억이 난다. 아무것도 소유한 것 없이 홀가분하게 사는 그 분 앞에서 내가 가진 많은 것들 때문에 연연하는 자신이 무색하게 느껴지기도 했지만, 생각하기에 따라서는 마찬가지로 인생의 짐이 지워져 있고 희비

애환이 서려 있음을 느낄 수 있었다.

오온개공이라는 반야심경의 말을 생각하면 내 몸과 마음도 내 마음대로 할 수 있는 내 것이 아닌데, 하물며 남편과 자식에 대한 집착이랴. 그런데 그 동안 무명 업식으로 지독하게도 붙들고 놓지 못했던 나와 남에 대한 애착이 또 하나의 업이 되어 커다란 형벌로 고문하는 듯한 느낌이 들 때도 있다.

지난겨울 건강이 좋지 않아 종합병원의 특수검사실을 들락거리며 몇 가지 검사를 받느라 고생한 적이 있었다. 많이 안 좋을 때는 삶과 죽음의 간격이 순간일 뿐임을 실감하기도 했다. 그리고 간혹 지인들의 부고를 접하기도 하며, 그런 일이 남의 일만은 아님을 생각해 본다.

평소에 정돈하는 버릇이 되어 있지 않아 흐트러진 서랍을 다시 정리하며, 어느 순간 내가 이승을 떠나게 되면 누군가가 내 옷장을 열어 보게 될 것이라는 상상을 해 보았다. 그간 고집스럽게도 억척같이 쥐고 있었던 모든 것들을 지금부터는 하나씩 놓아 버리는 연습을 해야 할 것 같다.

내가 칠팔십을 살면서 여유 있게 죽을 준비를 하게 될는지, 아니면 누구처럼 급행열차를 타게 될지는 아무도 모르는 일이다. 다만 떠나는 순간에 되도록이면 가벼운 차림이 되도록 업을 짓지 않아야 할 것이다. 그러나 그것이 나에게는 지상의 과제이면서 사실은 참 어려운 주문이기도 하다. 내 삶을 이끌어 주는 모든 힘이 거기서 나오는 듯한 착각 속에 살아왔는데, 그 인연과 업의 수렁에서 헤어나야 한다니……. 그러나 어떻게 하든, 내가 그것을 해내지 못하는 한 -자아에 대한 집착에서 벗어나지 못하는 한, 늘 혼미하여 '숙명의 세월'은 끝이 없이 세세생생 생사를 유전하게 될 것이 틀림없다.

(1996)

중도의 길

매년 정초에 부부 동반 윷놀이 모임이 있다. 올해도 그 모임에 가게 되었다. 남편과 한 편이 되어 윷가치를 쥐는 순간 이겼으면 좋겠다는 생각과 '이번에 이기면 올해에는 뭔가 일이 잘 풀릴지도 모른다'는 생각이 들었다. 돌이켜보니 해마다 처음으로 윷을 놀 때마다 그런 생각을 했던 것 같다. 나는 곧 마음을 바꾸었다. 언제나 이기려고만 애쓰고 그쪽으로만 마음이 기울어지는 양극적 사고를 버려야겠다는 것과 윷놀이에서 이기는 것과 그해의 성공과는 상관이 없으며, 행여 있다 해도 어쩔 수 없는 일이라고. 다만 즐겁게 놀면 그뿐, 결과에 구애될 필요는 없다고 생각하니 마음이 편해지고 더 신나게 놀 수 있었다.

나는 오십이 다 되어서 이제야 처음으로 윷놀이 -인생의 갖가지

승부의 세계에서 조금이라도 자유로워지고 중도의 길을 엿볼 수 있게 된 것이 내심 기뻤다. 그리고 그것은 그동안 변변치는 못했으나 불법에 접해 왔던 결과라는 생각이 드는 것이었다.

내가 불교를 알게 된 최초의 동기는 어린 시절 삼촌들에게서 들은 고승들(사명당이나 서산대사와 같은)의 일화가 감명 깊었기 때문일 것이다.

그리고 근래에는 전근이 된 직장에서 만난 한 선생님과의 교분으로 다시 불교에 가까워지게 되었다. 삼십대 중반의 미망에 사로잡힌 나이에 그분의 심신信心은 하나의 활로를 개척해 주는 듯했다. 그 이전의 피상적인 불교관에서 벗어나 생활에 밀접한 적극적인 면을 보게 된 것이다. 그분은 십년이 넘도록 매일 금강경 한 편 이상의 독송과 108배 참회기도를 하기도 하고, 단주를 늘 손에서 떼지 않고 관세음보살을 염송하는 것과 천수경을 노래하듯이 입버릇처럼 외고 다녔다.

나도 그분을 통해 유명한 스님들의 법문을 듣는다든지 수련회에 참석하기도 하고 새벽에 일어나 앉아 보기도 하였다. 그러나 그렇게 발을 디딘 불교에 대해서 아직까지도 그분처럼 철저하게 공부도 수행도 하지 못하여 마음 한 구석에 미진한 감을 가지고 있다.

지난날을 돌이켜보면 가장 불교에 충실했던 때가 가장 마음이 편안했고 원만하게 잘 살 수가 있었던 것 같다. 그런데도 왜 꾸준하게 열중하지 못하고 잡사에 쫓아다니며 '오음성고'의 고통을 자초하는지 알 수 없는 노릇이다. 수억겁 년 전부터 무수히 지어온 무명

업장이 두려워서일까, 아니면 워낙 어리석고 욕심이 많아서일까.

지금까지 탐진치 삼독심에 끌려다닌 과보로 남모르는 고뇌도 어지간히 치렀건만 아직도 정신을 못 차리는 것이 안타까울 때가 있다. 비교적 복이 많은 편이어서 큰 어려움 없이 살아왔는데 몇 년 전에 너무나 힘든 고비를 만난 적이 있었다. 세상에 더러는 있을 수 있는 일이었지만 나에게는 용납이 안 되었고 답답한 심정을 말할 수 없었다. 윷놀이에서 아무리 애를 써도 이기지 못할 때가 있는 것처럼 그것은 불가항력적인 것이었다. 그때 나는 고승들을 찾아다니며 해결책을 묻기도 했지만 무당에게 가고, 천도재 등을 지내느라 많은 시간과 돈을 허비하기도 하였다. 사람이 다급해지면 못할짓도 하게 되는가 보다. 지금 다시 생각해 보면 부끄러운 일이 아닐 수 없다. 부처님을 믿는다는 사람이 가장 기초적인 인과의 도리도 알지 못하고 현실적인 이기심을 채우기에 급급하여 요행을 바라기도 했으니…….

그러나 그러한 시련을 겪는 바람에 저 멀리 태백산 골짜기에서 은거하며 정진하는 숨은 도인들도 친견할 수 있었고, 평생 처음으로 절간 생활을 해보기도 했으니 어쩌면 감사해야 할 일인지도 모른다. '오욕을 버려라'라든지 '고통은 있어도 고통을 느끼는 나는 없다' '업의 작용은 있으나 길흉화복은 없다'와 같은 말들을 주워듣기도 하면서 나의 마음은 차츰 평정되어 갔고, 이제야 '나'와 '내 것'이라는 아집의 벽이 무너지는 소리가 조금씩 들리는 듯하다.

흘러가는 물처럼 미련 없이, 허공처럼 넉넉하고 바람처럼 걸림

없이 자유롭게 살아야 한다는 진리를 생각하면 내게 닥친 문제들은 항상 좋은 것에만 머무르고자 하는 애착의 뿌리를 뽑기 위한, 나를 공부시키기 위한 소중한 교재였음을 어렴풋이나마 짐작할 수 있게 된다. 그리고 지금 내 앞에 다가오는 모든 일들은 지난날 -먼 전생에서부터 지어 온 내 업의 반영일 뿐이니 무조건 받아들이고 감사해야 하는 절대 긍정의 철학을 익혀야겠다. 그리고 윤회의 씨앗이 되는 새로운 업을 짓지 말아야(아무것에도 집착하지 말아야) 한다. 그것은 그 어떤 알음알이에도 치우치지 않는 중도의 길일 것이다.

(1996)

나는 존재하지 않는다

마음 공부를 위한 동사섭 법회에 참석했더니 그 과정의 후반부에 초월 명상이라는 프로그램이 있었다. 초월한다는 것은 놓아 버린다는 뜻이었다. 집착하지 않는 상태에서 들 수도 있고 놓을 수도 있는 진공 묘유가 인격화되면 성자의 삶을 살 수가 있다고 했다.

명상 주제가 '놓을 수 있느냐'였다. 내가 무엇을 붙들고 있는지 생각해 보고 그것을 놓으라고 했다.

커다란 강당에 90명쯤 되는 사람들이 좌선 자세로 둘러앉았다. 몇 개의 불이 꺼지고 실내는 희미한 광선만이 비치고 있었다.

마음속에 떠오르는 모든 것들, 자기가 가지고 있다고 생각되는 모든 것을 놓아 버리는 것이 목적이었다. 어떤 사람이 질문을 했다. 놓는다는 것이 어떻게 하는 것이냐고. 놓는다는 말은 아무 조건 없이 남에게 주어 버리든지 그냥 버리는 것과 같다고 대답하는 소리가 들렸다. 조금 뒤 지도자의 보충 설명이 있었다. 놓기가 정 안 되는 사람은 지금 자기가 독배를 앞에 놓고 마셔야 할 입장에 있다고 상상해 보라고 했다. 그때 생각나는 것이 자기가 집착하여 가지고 있는 것이니 그것을 놓도록 해야 한다고 했다.

나는 강당 뒤쪽 가장자리에 앉아 눈을 감고 놓기 명상에 들어갔다. 아, 이것이구나 하는 감회가 떠올랐다. 내가 굳이 집을 떠나 이곳 논산 벌곡 산자락까지 5박 6일의 시간을 찾아온 동기가 깨달아졌던 것이다. 마음속에 남아 떠나지 않고 시시때때로 자신을 괴롭히던 그 놓지 못하던 것들을 이번 기회에 확실히 놓아 버리고 가야 한다는 생각이 들었다.

순간순간 뇌리를 점령하여 때로는 기뻐하고 때로는 슬퍼했던 일들이야 수도 없이 많았지만 그 중에서 가장 지속적으로 강하게 남아 있던 것이 불현듯 북받쳐 올라왔다. 그런 내 심정을 알기라도 한 듯 지도자는 말하는 것이었다. 그 놓는 대상이 자식일 경우에는 아마 대단히 힘이 들 것이고 눈물이 쏟아질 수도 있으니 그럴 때는 마음놓고 울어도 된다고 했다.

내 눈에서는 이미 눈물이 비 오듯 쏟아지고 있었다. 감수성이 예민하고 분위기를 잘 타는 성격이어서 그런지, 남달리 집념이 강했던 탓인지는 알 수 없으나 나는 실제로 모든 인연을 끊어야 한다는 생각을 하며 하염없이 눈물을 쏟고 있었다.

지도자는 왜 그런 초월 명상을 해야 하는지에 대해 자상한 설명을 덧붙였다. 우리가 무엇을 가지고 있다고 생각하고 거기에 집착하면 사고와 행동이 얽매여 자유롭지 못하다고 했다. 그래서 완전히 기능하는 만족한 삶을 살 수가 없다는 것이었다.

외과 의사가 자기 아내의 맹장 수술은 다른 분에게 부탁한다고 했다. 만약 자기가 직접 수술을 하다가는 실패할 확률이 높다는 것이다. 자기 부인이라는 애착 때문에 더 잘하려다가 손이 떨려서 엉뚱한 부분을 건드리게 된다고 했다.

어떤 연로한 분이 병상에서 죽음을 바라보며 마지막 마음의 정리를 할 때 가장 미련이 남는 것이 출가시키지 못한 자식이더라고 하던 말이 떠올랐다. 그리고 어느 여류 작가의 수필에서 공감되었던 부분도 생각났다. 그 분은 아들 하나를 낳고 이혼을 한 뒤 몇 번의 사랑을 하고 이별의 아픔도 겪었지만 아들과 헤어질 때만큼 가슴이 쓰라린 적은 없었다고 했다. 그것은 부모 자식 간의 인연의 정도에 따라 상황이 다르겠지만 나도 자식과 인연이 깊은 사람인 모양이었다.

아무리 마음속에서 놓아 버리려고 해도 되지 않았다. 자식을 놓는다는 것은 곧 나를 놓는 일이었다. '내 눈에 흙이 들어가기 전에는…….' 하는 말이 떠올랐다. 나는 결국 내가 죽는 수밖에 도리가 없음을 터득했다. 독배를 마시기로 했다.

그러나 막상 독배를 들고 죽어야 한다는 생각을 하니 무어라 형언할 수 없는 생애의 본능적인 애착이 서럽게 서럽게 사무쳐 올라왔다. 가슴이 답답해지고 숨이 막힐 것 같은 통증이 느껴져 왔다.

나는 내 앞에 놓여져 있는 독배를 바라보며 더는 참을 수가 없어서 오열을 터뜨리고 말았다. 그 때 한 지도자가 옆에 오더니 "지금 사유를 진행하고 있는 겁니까, 아니면……." 하고 말했다. 나는 그때서야 부끄러운 생각이 들어 평정을 되찾았다.

용기를 내어 독배를 마셨다. 어쩔 수 없었다. 마시는 길밖에. 마음속으로 독이 전신에 퍼진다고 상상했다. 그런 뒤 신체의 각 부위를 하나씩 떼어내어 뒷산으로 던졌다. 오장육부를 해체시켜 자연으로 돌려보내고 나니 내가 없어졌다는 실감이 났다.

그런데 그 순간 신기하게도 그렇게 놓아지지 않던 마음이 후련하게 사라지는 것이었다. 아! 그 시원함, 홀가분함, 편안하고 자유로움을 어떻게 표현할 수 있을까.

경봉 스님인가 어느 도인이 깨달음을 얻은 뒤 하도 좋아서 덩실덩실 춤을 추며 다녔다는 얘기가 떠올랐다. 나도 엉덩이가 둥둥 떠오르는 것 같이 신이 났고 가슴에 응어리가 있는 것처럼 답답하던 것이 어디론가 사라지고 없었다.

지금까지 애지중지하던 대상들이, 좀더 잘살아 보겠다고 뒤척이던 번뇌 망상들의 대부분이 내가 있음으로 하여 생긴 이기적 욕심이었음이 홀연히 드러났다.

나는 지금까지의 소유와 집착으로 억류되어 있던 나를 죽게 하고, 그 어떤 것으로부터도 벗어나 자유롭게 새로 태어난 환희에 회심의 미소를 짓고 있었다. '나는 존재하지 않는다.'는 말을 화두처럼 되뇌이며…….

(그런데 지금 이 글을 쓰면서 또다시 '나는 존재한다'는 의식에 사로잡혀 있는 나를 발견하고 있다. 생에의 그 어떤 집착도 놓을 수 있는 영원한 자유인의 경지는 가깝고도 멀다고 했던가?)

(1997)

나의 방

"여기는 완전히 울릉도군요."

내가 혼자 앉아 있는 작은 교실에 들어서며 윤선생은 놀라는 표정을 지었다.

공립 중고등학교에 20년을 머무르면서 가장 아쉬운 것이 혼자 쓸 수 있는 방 -연구실이 없는 것이었다. 지난날 한때 전문대학으로 옮기려고 마음먹었던 것도 연구실을 하나 가지고 싶었던 이유가 상당히 컸다고 할 수 있다.

지난봄 이 학교로 전근을 온 후 직책상 특별실을 하나 가져야만 되었다. 3월 한 달 동안 학교 건물을 몇 바퀴 돌며 마땅한 공간이 없을까 궁리하던 중 마침 동편 별관 음악실 뒤에 열 평 남짓한 교실이 하나 있는 것을 알게 되었다. 그것도 이 학교에 오래 근무해 온 문

선생이 귀띔해 주지 않았으면 좀체 발견하지 못했을 것이었다.

1층에 있는 창고 앞 작은 덧문의 자물쇠를 따고 들어가 바깥으로 난 경사가 낮은 계단을 올라가면 거기 또 하나의 창고 같은 빈 교실이 있었다. 몇 년 묵은 먼지며 스티로폼 위에 베니어판을 붙여 놓은 벽면엔 허연 회칠이 되어 있었고 매우 을씨년스러웠다. 그래도 나는 이 작은 교실 -교실이라기보다는 '방'을 발견하는 순간 가슴 뿌듯한 만족감을 느끼고 있었다.

몇 년 전까지 이 학교가 중고 병설이었을 때 타자실로 썼다느니 미술실로 썼다고 하기도 하는 이 방을 나는 깨끗이 청소하고 새 방으로 꾸며 놓았다. 벽과 천장은 흰 벽지로 도배하고 마룻바닥은 몇 번이고 닦아내었다. 그리고 책장이며 책상 등 집기들을 들여놓고 벽에는 몇 점의 서화도 걸어 두었다.

여학교 때, 친구인 원숙이의 집에 놀러 갔을 때 부잣집 외동딸이었던 그녀의 독방이 너무나 부러웠었다. 가난한 시골 농가의 8남매 중간에 태어나 조부모님, 삼촌들과의 대가족 속에서 한 방에 너댓 명씩 거처하며 개성을 존중받지 못하고 자랐기 때문이다. 그 무렵, 나는 곧잘 헛간의 가마니나 짚 무더기 속에 숨어서 책을 보거나 숙제를 하기도 했다.

적수공권으로 출발하여 살림을 이루기 시작한 부모님은 살기에 너무나 바빠서 자녀들의 정서 교육은 안중에도 없을 뿐더러 밥상머리에 내가 빠져도 찾지 않고 넘어갈 정도였다. 나중에 생각한 일이지만, 나의 출생은 그저 이 지구상에 '던져진 하나의 실존' 같은 느낌이 들었다. 그 영향인지 소녀 시절 나는 장차 커서 독신으로 살고 싶다는 생각을 해 본 적이 있었다.

하지만, 처녀가 되면서 결혼을 원했고 당연히 그래야 되는 것으로 생각했다. 결혼할 때 남편에게서 나의 직장생활을 양해 받으면서 결혼의 구속감을 조금 덜 느끼기는 했지만.

그리고 20년 가까운 세월을 맏며느리, 아내, 아이들의 엄마 노릇과 직장의 일 등으로 바쁜 나날을 보내며 그 잡다한 삶의 갈피갈피에서 이따금 고독과 자유에의 욕구를 느끼곤 했다. 그리하여 혼자 여행을 떠나 보기도 했지만 더 절실한 일은 독방이 필요한 것이었다.

집에 내 방이라고 하는 것이 없지는 않지만 그러한 요구를 채워주기에는 미흡할 뿐이다. 무시로 식구들이 들락거리게 되고 나 또한 그들과 너무나 밀착되어 있기 때문에 혼자의 시간을 가지기가 어렵게 마련이다.

초라하나마 오랫동안 원했던 내 방 -특별실을 가지게 된 것이 나에게는 커다란 행운으로 생각되었다. 굳이 이 방에서 근무해야 될 필요가 없을 때에도 많은 시간을 여기서 보내게 된다. 가끔 '거기서 혼자 뭐 하느냐?'고 물으면 '도 닦고 있어요.' 하고 웃을 때도 있지만.

어느 분이 나를 보고 한 말처럼 학구적인 면이 있어서이기도 하겠고, 성격적으로 조용한 것을 좋아하는 탓도 있을 것이다. 현실적이기보다 이상적이고 낭만주의적인 취향과 뭔가 다른 사람들과는 다른 세계를 추구해 보고 싶은 욕망에 혼자 있기를 고집하게 되는지도 모른다.

만일 나에게 경제적으로나 시간적으로 충분한 자유가 주어진다면 직장을 그만둘 수도 있지 않을까 하는 생각을 해 볼 때가 있다. 그러나 나는 비교적 직장에 만족하는 편이고, 다만 하루에 두어 시간의 내 시간을 가지고 싶어할 따름이다.

수업이 없고 한가한 때, 책을 읽거나 동료들과 잡담을 즐기다가 싫증이 나면 슬그머니 교무실을 빠져나와 내 방으로 향한다. 백목련이 서 있는 꽃밭을 지나 입구의 덧문을 열고 조금 걸어 들어가면 동북쪽으로 넓게 터진 공간으로부터 시원한 바람이 한아름 안겨 온다. 비탈진 산 위에 세워진 이 건물의 옆으로 아카시아며 오래된 잡목숲이 깊은 산을 연상하게 하며 한결 운치를 돋구어 준다. 한참씩 서서 숲을 바라보다가 천천히 계단을 밟고 올라가면 입산 수도하러 가는 심정이 될 때도 있다.

윤선생의 '울릉도 같다'는 말처럼 장소가 외진 곳이기 때문에 찾아오는 이도 별로 없어서 혼자 있기에는 안성맞춤이다. 창 너머로 멀리 전설 속의 도시처럼 아득히 보이는 대구시의 건물들을 내다보며 나는 이 방에서 독신녀처럼 고독과 자유를 즐기기도 하고, 책을 읽고 음악도 들으며 인생을 사유하고 싶다. 그동안 두서없이 사느라 잊고 있었던 삶의 아름다움이며 여유도 가져 보고, 어느 수행자처럼 자기 안에 깊이 침잠하여 절대 가치의 인간 존재를 깨달아 마음의 평정을 누려 보고 싶기도 하다. 그리하여 나의 영혼이 조금이라도 성숙되는 것을 느낄 수 있다면 그보다 더 좋은 일은 없을 것이다.

(1998)

모란꽃

사월 중순경이었다. 새로 전근이 된 직장에서 두서없이 바쁘게 오고 가던 어느 날 아침, 우연히 건물의 남쪽에 있는 꽃밭에 눈이 갔다. 거기 진홍색으로 커다랗게 피어 있는 꽃봉오리들이 웃고 있지 않은가. 나는 나도 모르게 그들 곁으로 다가가 한참 동안 바라보고 서 있었다. 그 말 없는 축복, 환희의 축제에 가슴이 떨리는 숙연함을 느꼈다.

마침 그때 저쪽에 연세가 지긋하신 분이 담배를 물고 서 있는 모습이 보였다. 그분도 이쪽을 보고 있는 것 같았다. 나는 그 곁으로 가서 '저 꽃 이름이 작약입니까 모란입니까?' 하고 물어보았다. 그분은 작약이 아니고 모란이라면서 '누군가가 모란은 꽃이 아름다워도 향기가 없다고 나무랐지만 사실은 향기도 은은하고 좋아요.'

하면서 모란을 두둔하는 투로 말했다. 그러면서 그는 안타까운 듯 한마디 덧붙였다.

“저렇게 고운 꽃이 너무 빨리 시드는 것이 흠이에요. 해마다 저 꽃이 피면 비가 많이 오더라고요. 비를 맞으니까 빨리 시들 수밖에 없긴 하지요.”

나는 ‘모란이 피기까지는 나는 아직 나의 봄을 기다리고 있을 테요.’라고 한 어느 시인의 시구를 생각하며 모란을 안고 만져 보기도 하고 노란 꽃술에 코를 대 보기도 하였다.

지난겨울 전근을 앞두고 직장을 그만둘까 어쩔까 하고 갈등하던 일이 떠올랐다. 주변 환경의 이유도 있었지만 생에 대한 회의가 문득 절실하게 떠올라왔던 것이다. 뭔가 변화를 시도해 봐야 할 것 같았다. 한 달 가까이 혼자서 엎치락뒤치락하다가 결국은 그냥 그대로 사는 수밖에 없다고 판단하고 전근을 오게 된 것이었다. 그런데 이 늦은 봄 내 어깨까지 자란 몇 그루의 탐스러운 모란을 만나자 그때 사표 안 내길 잘했구나 싶은 생각이 들었다.

건물의 북쪽에 있는 것까지 합하면 스무 그루도 넘는 모란은 내가 여기서 근무하며 삶을 누리는 이유를 충분히 느끼게 해 주었다. 같은 모란인데도 양지바른 데 있는 것은 이미 활짝 피었는데 북쪽으로 건물에 가리워진 것들은 아직도 겨우 봉오리를 맺고 있었다. 나는 아침에 출근하면 무슨 의례를 치르듯이 모란꽃밭 주변을 한 바퀴 돌며 그들의 안부를 묻곤 했다.

그러던 어느 일요일이었다. 동창생인 한 친구가 며느리를 본다고 해서 갔더니 그때의 친구들이 많이 와 있었다. 우리는 같이 점심을 먹고 차도 마시고 노래하는 곳에도 갔었다. 그리하여 기분이 좋아진 우리들은 드라이브를 하기로 했다. 화창한 날씨에 신록이 아름다운 오후였다. 좋은 차를 타고 수성못 쪽으로 달리던 중 나는 문득 그 근처에 있는 내 직장의 모란꽃 생각이 났다.

나의 청에 의해 우리는 차를 돌려 모란꽃밭을 찾았다. 비 개인 날의 맑은 기운에 한껏 도취된 우리들은 연방 감탄사를 흘리면서 모란 주위를 돌아보았다. 그런데 그때 한 친구가 '이쪽은 벌써 시들어 가네' 하고 말하는 것이었다. 나는 비가 자주 왔기 때문이라고 변명하면서도 한편으로는 서운함이 느껴졌다. 미인박명이니, 화무십일홍이니 하는 말들이 생각났다. 활짝 피었는가 싶었는데 어느새 조금씩 시들어 가는 것이 인간사의 덧없음을 보는 것 같기도 하여 가슴이 아려 왔다.

이튿날 아침 출근하자마자 모란 곁으로 달려갔다. 내 친구들에게 좀 더 싱싱한 모습을 보여 주지 않고 왜 그렇게 빨리 시들었느냐고 따지고 싶은 심정이었다. 그러나 무심히 쳐다보기만 하고 침묵하는 그들 앞에서 나도 말없이 서 있을 수밖에 없었다. 마주 쳐다보기에도 떨리는 검붉은 꽃잎들은 인간의 그 어떤 규범도 초월한 무서운 유혹 같은 것을 생각나게 하기도 했다.

요즈음 나는 때때로 보고 싶은 친구를 찾듯이 그들을 만나 보고 따뜻한 마음의 위안을 얻기도 한다. 선덕여왕인가 누군가가 향기 없는 꽃이어서 벌 나비가 오지 않는다고 했다지만 나는 화단 가운데

서서 온몸으로 젖어 오는 향내에 취해 정신이 얼얼할 때도 있다.

꽃이 한창 벙글어 보기 좋은 북쪽의 모란도, 이미 시들어 떨어지기 시작하는 남쪽의 것들도 다 좋았다. 꽃잎 하나에도 성주괴공成住壞空하는 우주의 이치가 들어 있음을 볼 수 있어서 좋고, 같은 동기생인데도 아직 젊고 고운 친구가 있는가 하면 초라하게 늙어 가는 친구도 있음을 생각나게 해서 좋았다.

모란꽃이 지면 그 꽃술 안에 씨가 영글고 뿌리는 목단피라고 하여 보약의 귀한 재료로 쓰인다고 한다.

우리 친구들은 지천명의 나이를 넘어서며 갱년기 현상이니 우울증이니 하며 이따금 꽤 심각한 정신적 스트레스를 들먹이기도 한다. 그리고 때로는 지난날 못다 한 정념을 마지막으로 불태워 보고 싶다고 말하는 친구도 있었다. 그러나 몇 번의 비를 못 이기고 시드는 모란꽃잎처럼 윤기를 잃어 가는 자신을 바라보며 새삼 삶의 무상함을 느끼기도 하는 것이다.

며칠 뒤 다시 심한 빗줄기가 진종일 내리고 있었다. 나는 우산을 쓰고 모란꽃들 옆으로 걸어 보았다. 북쪽의 싱싱하던 꽃송이마저도 후줄근하게 젖어 고개를 숙이는 것을 보며…….

한 친구가 꽃은 해마다 봄이 오면 다시 필 수 있어서 좋은데 사람은 한 번 가면 못 오는 것이 슬프다고 하였다. 진홍빛 모란꽃처럼 탐스럽고 매혹적으로 생긴 그 친구는 어쩌면 이 세상에서 남은 한이 많은 것 같기도 하였다. 외모에 어울리지 않게 수녀처럼 살며 가끔씩 이제 생을 끝내고 싶다는 생각을 하는 그 친구가 이따금 안쓰럽게 느껴질 때도 있었던 것이다. 나는 그를 위로하듯이 사람도 죽으면 환생할 수 있단다 하고 다소 힘 있는 어조로 말해 주었다.

(1998)

내가 원해야 하는 것

장마가 시작되려는지 비가 추적추적 내리고 있다. 모란꽃이 꽃은 다 져버린 채 큰 잎사귀들만 진초록빛으로 비에 젖고 있는 것이 보인다. 오늘따라 비가 오는 것이 반갑고, 나무로 된 내 책상과 작은 의자가 고맙게 생각된다. 이 사무실에서 내 몫으로 놓여진 자리 하나 있다는 사실이 이렇게 따뜻하게 느껴질 수가…….

생각해 보면 참으로 많은 몸부림과 혼돈 속에 헤매고 다녔었다. 직장도 그만두느냐 마느냐, 이렇게 살아야 할 것인지 말 것인지 그것은 끝없는 번뇌망상의 연속이었다.

몇 년 전 가을, 집안에 인력으로는 어쩔 수 없는 우환이 생겼을 때였다. 지푸라기라도 잡는 심정으로 경주에 있는 용하다는 점쟁이를 찾아갔다. 그때 잘 아는 친척 할머니와 같이 갔었는데 그분도 어려움이 있어서 동행을 했던 것이다. 경주 어느 마을 골목길에 접어들어 그분의 방에 앉았을 때 우리의 심정은 말할 수 없이 참담했었다.

그는 우리를 한 번 훑어보고 나서 주문 같은 것을 한참 동안 외고 있었다. 그러더니 먼저 할머니의 일생 겪어 온 일들을 책 읽듯이 일사천리로 읊어 나갔다. 그 중간에 한 번씩 사실 여부를 확인했는데 할머니는 뜨거운 눈물을 흘리며 '맞습니다.'는 말을 되풀이하였다. 예를 들면 출가하기 전에 부친이 타계하였는데 그 부친이 이 딸을 아들 삼아 의지하였다느니, 한평생 고생도 많았고 그때마다 이번만 넘기면 괜찮겠지 하며 살아온 것이 어언 칠십이 다 되도록 고생도 끝이 없고 한은 갈수록 태산이라는 것이었다.

나는 그때 점쟁이의 언변에도 놀랐지만 할머니의 태도를 보고 더 놀랐던 기억이 난다. 그만하면 남들이 보기에 단란한 가정을 가지고 있었기에 어려운 시대를 사느라 고생이야 했겠지만 웬 한이 그리도 많을까 싶었던 것이다. 그리고 지금 뚜렷한 기억은 없지만 내게 대해서 하는 말도 별로 틀린 말은 아니었던 듯하다. 그 점쟁이는 상대방의 입장이 되어 구구절절이 사무친 한을 풀어내는 마력을 가지고 있는 듯했다. 고해를 사는 중생들의 어리석음, 그 본능적인 탐욕과 거기서 오는 무명업장의 물결을 간파해 내는 영적 능력 같은 것.

최근에 어떤 자리에서 내가 진정으로 원하는 것이 무엇인지를 알아보는 기회를 가진 적이 있었다. 눈을 감고 곰곰이 생각해 보았다. '내가 원하는 것은? 내가 원하는 것은?'

여러 가지 일들이 머리를 스치고 지나갔지만, 현재 제일 많이 나를 괴롭히고 있는 그 문제가 해결되는 것이라는 생각이 떠올랐다.

그것만 이루어지면 나는 자유로울 수 있을 것 같았다. 그러나 그것은 무리한 요구이고 집착이었다. 내가 원하면 원할수록 더 멀리 도망가 버리는 신기루처럼 보였다. 오십 년을 무지하게도 끌어 잡고 놓지 않았던 그 애착의 덩어리가 가슴 아프게 느껴졌다. 요술 방망이라도 가진 것처럼 뜻대로 이루어지기를 원했던 바보스러움이 비로소 인지되는 것이었다.

내가 원하는 것, 그것은 개인적인 욕심을 끝없이 채우는 것이 아니라 놓아 버려야 하는 것이었다. 아무것도 원하지 않는 것, 그것이 내가 원하는 것이다라는 생각이 들었다. 그런 생각을 하는 순간 나는 디오게네스와 같은 철인이라도 된 듯 편안함을 느낄 수 있었다. 아, 자유다 하고 외치고 싶었다. 지금까지 내 삶을 지배하였던 분별심, 양극적 사고, 피해 의식 등에서의 해방.

친척 할머니가 한평생을 모진 집착으로 혼신의 힘을 다해 살아왔으나 고난의 파도는 쉬지 않고 일어나듯이 현실에 목표를 두고 사는 한 희비애환의 수레바퀴는 끝이 없이 돌아갈 것 같았다.

그날 나는 인생에 대한 모든 망혹을 버리고 자기 본연의 천성을 깨닫는 것이 내 삶의 목표라고, 내가 가장 원하는 것이라고 단정하고 초견성이라도 한 듯 마음이 홀가분해졌다. 그러나 살아가면서 또다시 눈앞에 나타나는 현상들에 흔들릴 때는 근기가 약하고 초연하지 못한 자신이 안타까워지기도 한다. 진정으로 내가 원해야 하는 것이 무엇인지를 잊어버리고 엉뚱한 것에 에너지를 소비하다니…….

(1999)

운주사 돌부처

진눈깨비가 펄펄 날리고 있었다. 첫눈이었다. 대구에서는 보기 힘든 눈을 전라도 쪽으로 달리는 차 안에서 맞게 된 것이다. 길이 미끄럽겠다는 우려보다 우선 기분이 좋았다.

겨울 방학 중간쯤, 어떤 모임에서 가지게 된 여행길에 동행하게 되었다. 무슨 수학여행단처럼 계획표가 짜여져 있었고 그 첫 관광지가 운주사였다. 눈발이 흩날리는 길을 달려 운주사 근처에 당도하자 일행 중 안내를 자처한 분이 미리 뜸을 들이는 것이었다.

"거기에 가면 세 번 실망할 것입니다. 첫 번째는 돌에 새겨진 부처님들이 너무 못생겨서 실망할 것이고……."

차의 앞좌석에서 뒤로 돌아보며 이런 말을 하는 그분의 표정이 묘하게 어필되었다. 정말로 실망할 것 같아 염려하는 투로 얘기하는데 이상하게도 강한 호기심이 일어나는 것이었다.

차에서 내려 한참을 걸어들어가며 바라보니 길가에, 언덕 위에, 산중턱에 서 있는 돌부처가 정말이지 못생겼구나 하는 생각이 들었다. 거친 돌 표면에 사람의 형상이라고 새겨 놓은 것이 거의 이목구비가 제멋대로이고 많이 일그러져 있었다. 그런데 그것이 실망으로 느껴지기보다 내밀한 친근감으로 다가왔다. 십여 명 되는 일행이 무슨 고향에라도 찾아온 것처럼 편안한 표정으로 보였다. "깊은 명상에 들어가 있다", "코가 다 잘려 나갔다"는 등의 말소리가 들리기도 했지만, 그 돌부처들은 지난 몇 백 년 동안 잊고 있었던 그리운 친구들인 양 반갑고 따뜻한 인상을 주었다.

운주사엔 먼 옛날 -고려 때 천 기의 탑과 천 구의 불상이 있었다고 한다. 그러나 지금은 백여 구의 돌부처와 이십여 기의 석탑이 불교 미술사에서 유래를 찾기 힘든 불가사의한 유적으로 남아 있으며, 운주사지 전체가 중요 사적이라 한다.

최근에 밝혀진 바로는 와불을 중심으로 탑 하나하나가 그대로 밤하늘의 별자리를 땅 위에 구현해 놓았다는 것. 한 개인의 운명은 하늘의 별들이 주관한다고 보아서였을까. 밤하늘의 뭇 별들을 상징하는 천불 천탑을 만들어 우주의 질서를 지상에 나타내었을까.

그런데 이 운주사의 탑과 불상들을 누가 만들었는지 아직도 수수께끼라 한다. 하늘의 도공들이 밤에 내려와서 새벽닭이 울기 전까지 만들었는데 와불은 만들어서 일으켜 세우기 전에 닭이 울어서 그냥 누워 있게 되었다느니, 그때 민중들은 와불이 일어나는 날 새로운 세상이 열릴 것이라고 믿고 일으켜 세우려 했다느니 하는 말들을 안내자는 자못 신비스러운 어투로 얘기하는 것이었다. 풍수지리의 비조 도선국사가 창건했다고도 하는 이 절을 둘러보며 나는 어쩐지 고려 때의 노비, 천민들이 만들었을 것이라는 말에 공감하고 있었다.

낮은 신분으로 태어나 평생을 억울하게 짓밟히며 죽도록 일만 하고 최소한의 의식주 해결도 못한 서러움이 군데군데 배어 있는 것 같았다. 어쩌면 '만적의 난' 같은 민중의 난에 가담했다가 이 골짜기로 쫓겨와 풀뿌리를 캐어 먹으며 자신들의 모습을 돌에다 새기는 작업을 통해 삶에의 회한을 삭이지는 않았을까.

항아리탑, 호떡탑, 실패탑 등 주변 골짜기 바위 위에 어떤 형식에도 구애받지 않고 자연에 있는 그대로의 돌들을 얹어 만든 탑들. 못생겼지만 순박하고 오랜 세월 마모된 얼굴에 스며 있는 인고의 흔적들이 자신의 아픔으로 와닿는 돌부처들. 그런 것들이 여기저기, 끼리끼리 모여 서 있는 커다란 야외 조각 전시장 운주 계곡을 거닐며 나는 고려 때 살았던 나의 전생을 찾아온 듯 낯익고 마음이 푸근해졌다. 금시 내린 눈은 희게 깔려 운치를 더해 주는데 이 언덕 저 골짜기를 오르내리며 마냥 신이 나는 것이었다.

나는 세 분씩 나란히 서 있는 돌부처 앞에서 한참 동안 응시해 보았다. 그분들은 부처님이라기보다 민중들의 모습이었다. 하기야 부처님과 중생의 바탕이 둘이 아니라는 의미에서 본다면 그렇게 따질 필요도 없겠으나 대웅전 안의 잘생기신 석가모니 부처님과는 대조적이었다. 그러나 이 얼마나 마음 편하고 인간적인 모습인가! 있는 그대로의 나, 분복대로 살며 인과를 받아들이고 어떤 시비 분별도 떠나 소박하게 사는 사람. 안으로 모든 질곡을 눈물로 삭이고 담담하게 자기의 업과 인연에 충실하며 종국에는 아무것도 영원하지 않음을 터득하는…….

그 무렵(지금도 이따금 그렇지만), 나는 어떤 불만족 상태에서 마음이 어두웠는데 운주사, 구름도 머물다 가는 그곳에 들러서 의외로 마음이 가벼워지는 횡재를 하게 되었던 것이다. 그때 2박 3일의 여정 내내 우리 일행들은 더할 수 없이 유쾌했었고 푸근한 마음이었다. 땅끝마을에서 보길도로 가는 배를 기다리며 기념 촬영을 할 때였다. 그 전에는 사진을 찍는다고 하면 외모에 신경이 쓰였는데 그날따라 아무렇지도 않게 카메라 앞에 서는 자신을 발견하고 놀랐던 기억이 난다.

늘 실수를 하면서도 완전주의적인 고정관념 때문에 마음이 편치 않을 때 나는 가끔 운주사 돌부처를 생각한다. 그리고 나도 하나의 지지리도 못난 돌부처가 되어 묵묵히 현실에 순응하며 사는 법을 터득하는 것이다.

(1999)

아버지의 부음

지난해 십이월 중순경이었다. 한 친구가 부친상을 당했다는 기별이 왔다. 곧장 영안실로 달려갔다. 흰 상복을 입은 그녀를 보자 불현듯 아버지 생각이 났다. 그의 아버지와 우리 아버지는 한 고향 사람으로 서로 잘 아는 터수였다. 그 친구와 둘이 각기 아버지의 이야기를 하였는데, 그 친구는 아버지가 산소 호흡기를 꽂고서라도 좀 더 오래 살아계셨으면 싶은 생각이 들더라고 말했다. 그 말을 들으면서 나는 그렇지 않다고 오래 고생하지 않고 돌아가신 것이 복이라고 말하고 있었다. 그러면서 은연중에 우리 아버지 생각을 하며 막막한 심경이 되는 것이었다.

생각해 보면 불효 막심한 노릇이 아닐 수 없지만 십년이 넘도록 여러 가지 병환에 시달리시다가 2년쯤 전부터는 의식이 거의 없는 상태에서 신고하시는 모습이 너무나 안타까워 자식으로서 못할 생각을 먹어 보곤 했다. 의사인 동생의 말로는 그런 상태에서도 십년 이상 살 수가 있다고 하니…….

몇 년 전부터 어려운 고비를 여러 번 맞으셨지만 현대 의술 덕으로 생명 연장이 가능한 것이 오히려 고통을 더하는 결과를 낳게 되었다. 나는 아버지의 병상 옆에서 탁월한 의술에 고마움보다 역겨움을 더욱 느끼곤 했다.

아버지는 칠순을 전후해서부터 건강이 좋지 않으셨다. 그러나 당신이 한의사이기도 하여서 손수 약을 지어 드시며 꿋꿋하게 지탱하셨다. 그것은 남다른 의지력이 있어서이기도 하겠고 생활력이 강하여 한의원의 문을 닫을 수가 없었기 때문이기도 하였을 것이다. 나는 그때 철없이 무슨 효녀라도 되는 것처럼 아버지를 찾아가 한의원을 그만두고 편히 쉬시도록 간청한 적이 있었다. 다른 직장이면 정년퇴직을 할 연세도 넘었으니 이제 한가롭게 여생을 보내면 어떻겠느냐고 말씀드리면 충분히 공감하면서도 끝내 결단을 내리지는 못하시는 것이었다.

그래도 거동이 가능할 때는 경치 좋은 산 속의 절 같은 데로 모시고 다니면 그렇게 좋아하실 수가 없었는데, 공직과 가정 살림에 매인 출가 외인이라 충분히 성의를 다하지 못한 것이 마음에 걸린다. 언젠가는 단식요법이 좋을 듯하여 권해 드렸더니 선선히 듣고 단식원에 들어가셨는데, 그때도 옆에 함께 있어 드렸더라면 성공할 수 있었을지도 모를 일이었다. 아버지를 위하여 며칠도 시간을 못 내고 입으로만 어떻게 어떻게 하시면 좋겠다고 공염불을 했으니 얼마나 속으로 야속하게 느끼셨을까.

삼 년쯤 전 겨울이었는데, 그때 아버지는 거동도 못할 뿐더러 정신도 오락가락하시는 것이었다. 아버지가 얼마 못 사실 것 같은 생각이 들어 어느 날 퇴근길에 친정으로 향했다. 아버지 옆에서 하룻밤이라도 보내고 싶은 생각이 들었던 것이다. 그날 나는 생사의 덧없음을 생각하며 참담한 심경으로 자고 있었다. 그런데 잠결에 몇 번이나 큰 소리로 "거기 누가 있노?" 하시는 것이 아닌가. "박실이입니더." 하면 번번이 "니가 우예 올 여가가 있드노." 하시는 것이었다.

그후 아버지는 점점 더 정신이 없으시고 병세가 악화되었다. 다시 회복될 기약도 없이 자식도, 그 누구도 다 잊어 버리고 깊은 명상에 잠긴 것처럼 침묵의 세월을 보내셨다. 평생을 누구보다도 바쁘게 동분서주하며 사시다가 말년에 모든 것이 공허하다는 이치를 깨달으셨을까.

그 친구네 문상을 다녀온 지 사나흘 뒤였다. 아버지가 위독하시다는 연락이 왔다. 의사가 이번 고비는 넘기기 힘들겠다고 했다는 말까지 덧붙여서. 그런데 이상하게도 그 말이 별로 의미 있게 들리지 않는 것이었다. 그와 비슷한 고비가 여러 번 있었으니 아버지는 불사신으로 오래도록 사실 것만 같은 잠재의식 때문이었을까.

빨리 가 뵈어야지 하면서도 내 일 바쁜 핑계를 대며 며칠을 미루다가 어느 날 저녁 교대를 하겠다고 연락하고 병원으로 가기로 했다. 그랬더니 어머니가 그날은 당신이 있을 테니 다음날 낮에 와서 교대를 하라는 것이었다. 잠시 그렇게 할까 하고 생각하다가 그만 마음먹은 김에 저녁에 가겠다고 했다.

그날 밤이 아버지와 마지막일 줄이야 상상도 하지 못한 일이었다. 공공연히 우리 아버지는 빨리 가시는 것이 더 좋다느니 한 적도 있지만, 사실은 아버지가 돌아가실지도 모른다는 생각은 하지 않고 있었던 것이다. 그렇게 어려운 상태에서도 어쩐지 한 십 년쯤 더 누워 계실 것 같은 터무니없는 믿음이 있었으니…….

그날 밤 아버지는 숨이 가쁘고 너무나 힘들어 보였다. 어머니를 쳐다봤더니 벌써 여러 날을 그러신다고 하였다. 그 말에 나는 또 그전보다 많이 안 좋긴 하지만 그래도 그 고비를 넘기고 괜찮아질 것만 같은 생각이 드는 것이었다. 그날도 어쩌면 나는 마음속으로 '아버지, 이제 모든 애착 놓으시고 이승을 떠나십시오'하고 빌었는지 모른다.

그 다음날 새벽이었다. 어머니와 나는 서로 바라보며 안도의 숨을 내쉬었다. 아버지는 신기하게도 편안한 모습으로 숨도 고르게 쉬시고 아주 좋아지신 듯했다. 힘든 고비를 넘기고 우리 곁에 오래 계실 것만 같았다.

조금 더 있다가 따뜻한 물이 나오면 몸을 닦아 드려야겠다고 생각하다가 식구들 아침밥을 차려 주어야 한다는 생각에 그만 병실을 나오고 말았다. 집에 돌아와서 십 분쯤 되었을 때 전화벨이 울렸다. "아버지가 돌아가셨으니 빨리 병원으로 오라"는 것이었다.

나는 너무나 어이가 없어서 한참을 넋을 놓고 있었다. 이럴 수가! 말할 수 없는 낭패감과 회한 같은 것이 엄습해 옴을 느꼈다. "아버지, 잘 가셨습니다" 하고 말하면서도 너무나 소홀했던 내 모습이 원망스럽고 끝내 임종도 하지 못한 불효가 가슴을 저리게 했다.

그렇게 황망히 떠나실 줄을 모르고 그동안 공연한 생각들을 한 것이 후회되고 자신의 어리석음이 부끄럽게 떠올랐다. 중생들은 한 생각 일으켰다 하면 곧 죄가 된다더니……. 그런데 그 무렵 어떤 기회에 최면 상태에서 전생을 체험해 보고 윤회를 믿게 된 것이 아버지와의 인연을 마감함에 얼마나 힘이 되었는지 모른다. 나는 마음속으로 중얼거렸다. '아버지, 죄송합니다. 불민한 저를 용서해 주십시오. 그리고 아무쪼록 편히 다녀오십시오.'

(1999)

샐비어

최근에 친구에게 편지를 쓰면서 '샐비어가 아름답게 피었다', '내 사무실 뒤에 무더기로 피어 있는 붉은 꽃……' 하면서 연이어 두 번이나 샐비어를 들먹이고 있는 자신을 보고 웃음이 나왔다. 중년의 나이에도 이쁜 꽃 앞에서 무심할 수 없음이 느껴져서이다.

출근하여 주차를 하는 곳이 바로 샐비어꽃밭 앞이었다. 누가 심었는지 온통 샐비어밭이었다. 가장자리에 작고 노랗게 핀 꽃들은 들러리를 서 있는 것 같고 샐비어만이 빽빽히 솟아나 있었다. 이 가을 허전함을 못 이기는 사람들을 위한 깊은 배려인 듯.

어떤 날 아침엔 얘들이 발돋움을 하면서 내가 오는 것을 내다보는 것 같았다. 고된 직장생활에서 힘이 들겠지만 용기를 내라고 하며 반갑게 쳐다보는 것 같기도 하고, 지난번에 어쩌면 명예퇴직을 하고 그만둘 뻔했는데 거기 대해서도 다 알고 이해하고 있는 것처럼 보이기도 했다.

지난봄 어느 미명의 새벽에 산에 오르다가 실족을 한 일이 있었다. 야맹증이 있어서 어두운 곳에서는 각별히 조심해야 하는데 잠깐의 부주의로 큰 변을 당했다. 다리에서 한쪽 발을 헛디뎌 떨어진 것이다. 응급 구조대를 불러 병원으로 실려 갔는데 다시 생각해 봐도 아찔한 순간이 아닐 수 없었다. 조금만 각도를 달리하여 떨어져 머리를 받기라도 했으면 저승으로 갔을지도 모르는 일이었다. 엉치뼈 부근을 다쳤는데 다행히도 살이 깊어서 뼈가 부서지지 않았다고 의사가 말했다.

그때 두 달 간 병가를 내고 치료를 받았다. 타박상이 심한 정도였으나 그 영향인지 허리 디스크까지 겹쳤다. 평소에 이따금 '나도 병원에 한 번 입원해 보았으면……' 하고 부질없는 생각을 해 본 적이 있었는데 이번 일로 그런 경험까지 해 보았던 것이다. 몸이 아픈 것에 대해 당황스럽고 많은 반성이 되었다. 너무 정신없이 살아서 좀 쉬라는 의미로 받아들여지기도 하고 그동안 잘못한 일들이 많았음이 되새겨졌다. '건강은 상이고 질병은 벌이다'는 말이 생각나 부끄럽기도 했지만 한편으로 업장이 무너지는 것 같아 속이 시원하기도 했다.

목발을 짚고 병원을 오가며 이것이 어쩌면 직장을 그만두라는 계시가 아닐까 하는 생각을 해 보았다. 새 정부가 들어선 후 교사들의 정년도 단축되고 연금법이 바뀌느니 하면서 대대적인 명예

퇴직 바람이 불고 있었던 때라 더욱 그런 생각이 들 수밖에 없었다. 처음에 한 달 간 병가를 내고 다시 한 달을 더 쉬기 위해 진단서를 들고 직장에 갔을 때였다. 동료 직원에게 이번 여름 명퇴 희망을 내라는 공문이 오거든 꼭 연락을 하라고 부탁을 해 놓았다. 팔월에 현재의 조건으로 명퇴금이 지불되는 마지막 기회가 있었기 때문이다.

집에 와서 생각하니 사실은 퇴직에 대한 결심이 확실하지 않은 자신이 느껴졌다. 부상당한 것이나 디스크 증상은 치료하면 낫는다고 하고 그것 때문에 직장을 그만둘 필요는 없다고 했다. 슈바이처 같은 인상의 병원장은 집에 있다고 재발 안 된다는 보장은 없다고 하며 오히려 일을 계속하기를 종용하는 눈치였다.

나는 좀 쉬기도 할 겸 통도사 옆 아바타 센터에 가서 며칠 있다가 오기로 했다. 그러나 실제로 거기 간 목적은 퇴직 여부의 결정을 내리기 위한 것이었다.

아바타 센터의 젊은 지도자는 '직장에 얼마나 만족하고 있느냐'는 등 몇 가지 질문을 하더니 퇴직을 하는 것이 옳다고 결론짓는 것이었다. 나도 처음에는 더 생각할 여지가 없이 이제 그만두고 다른 일을 해 보아야겠다고 마음을 먹었다. 그리고 그 다른 일이 어떤 것이면 좋을까 하는 생각을 하며 평소에 하고 싶었던 일들을 떠올려 보았다. 그러나 도무지 자신이 서지 않았다. 싫든 좋든 보람을 얼마나 느끼느냐에 상관없이 반평생을 이어 온 직장의 일이 몸에 배어 쉽게 느껴지고 다른 일들은 생소하기만 하였다. 이런 용기

없는 나의 모습을 아바타 지도자는 못마땅한 투로 쳐다보며 '가슴 뛰는 삶을 살아라'라는 책을 읽어 보라고 권하기도 했다. 그러나 어쩔 수가 없었다. 어릴 때의 꿈이었던 문학에의 길이라든지 정신세계의 탐구나 종교생활 등 하고 싶은 일들도 많았으나 이미 때가 늦었거나 별 의미를 못 느끼는 면도 있었다. 그리고 무엇보다도 현실적으로 살아가는 데 지금의 직장생활이 오히려 삶의 자유를 더 누리게 할 수 있다는 것도 중요한 이유가 되었다.

하지만 그런데도 불구하고 앞으로 연금법의 불리한 개정이며 지금 나가면 명퇴금이 덧붙어서 경제적으로 유리하다는 점에서 또 갈등이 되는 것이 아닌가.

통도사 위 축서암 법당에 가서 하루 종일 앉아 있었다. 어떻게 하는 것이 좋을까. 그것은 좀체 결론이 서지 않는 난제였다. 교육학 석사이지만 요즘의 정보화 시대엔 잘 적응이 되지도 않고 동년배들이 무리지어 나가는 현실을 생각해 보면 늙도록 남아서 견디기도 힘들 것 같았다.

내가 한나절을 법당에서 나오지 않자 노스님이 문을 열고 들여다보았다. 무슨 고민이라도 있느냐는 듯이. 그분은 돈 몇 천만 원이나 일억이 있으면 무엇에 쓰려느냐고 했다. 그것 없으면 생계에 위협이 있느냐면서 돈 때문에 좌우되지는 말라고 하는 것이었다. 그러면서 나의 관상을 보니 백로의 기질이 있어 보인다면서 교직에 종사하는 것이 어울리지 않겠느냐고 했다.

그 말을 듣자 평소에 뭔가 다른 사람들과는 다르게 느껴지던 자신의 성정이며 아바타 마스터처럼 편하고 신명나게 살지 못하고 무슨 숙제를 하듯 힘들게 살 수밖에 없는 자신의 한계 같은 것이 이해되어졌다. 그리고 격무에 시달리느니, 적성에 맞지 않느니 하고 투덜대면서도 사실은 그 일을 중하게 여기고 좋아했다는 느낌이 들었다. 어떤 운명인 것처럼.

그날 이후 명퇴 문제에 대해선 더 생각지 않기로 했다. 손익 계산도 할 필요가 없고 그저 하는 날까지 하다가 그만둘 일이 생기면 그만두면 되는 일이었다.

토끼가 용궁에까지 끌려갔다가 온 것 같은 기분이 된 나는 교직에 대한 태도가 많이 달라졌다. 그렇게 가슴 설레는 기쁨은 없을지라도 현생에서 내가 선택할 수 있는 최선의 자리라는 생각에 전에 없이 사명감이며 보람 같은 것이 느껴지기도 했다.

대학 시절 친구에게서 받았던 편지의 한 구절이 생각난다. '샐비어 붉은 꽃이 너무 좋았는데 늦가을이 지나도록 시들지 않고 피어 있는 것을 보고 어느 날은 그만 밟아 뭉개 버리고 싶었다'는.

같은 꽃인데도 양지에 핀 것들은 빨리 퇴색하는데 음지에 있는 꽃들은 오래도록 -정말 가을이 다 가도록 마알갛게 붉은 웃음을 머금고 있었다. 아마 그 친구가 본 것은 응달에 핀 샐비어였던 모양이다.

'나의 마음은 불타고 있습니다', '바래지 않는 사랑' 등의 꽃말을 가지고 있는 브라질이 원산지인 샐비어. 작은 종처럼 생긴 꽃받침이며 붉은색 꽃잎들이 다가가서 쳐다보면 별로 고울 것도 없어 보인다. 하지만 무성하게 자란 초록색 잎들이며 길게 솟은 꽃대들은 '고귀, 정열, 끈기' 같은 단어를 떠올리게 한다. 나는 요즘 때때로 쉬는 시간이면 건물 뒤쪽 화단의 샐비어를 바라보며 그들을 연상하게 하는 오랜 직장생활과 무언가 쉽게 끊어지지 않는 끈질긴 인연의 줄 같은 것을 생각해 볼 때가 있다.

(2000)

K선생님과의 인연

아침에 서둘러 출근 준비를 하고 있는데 남편이 “아참, 어제 신문에 났던데, K선생님이 별세하셨단다.” 하는 것이었다. 나는 두서없이 “언제?” 하다가 발인이 언제더냐고 급히 물었다. 내일이더라는 말에 오늘 오후에 문상을 가야겠다고 했더니 남편도 “당신은 가 봐야 안 되겠나.” 했다.

그날 하루 시시로 콧잔등이 시큰거리고 눈시울이 젖어 오는 것을 느꼈다. 지상의 어느 한 부분이 떨어져 나가는 것 같은 상실감.

퇴근 길에 혼자 Y대학병원 장례식장이라고 쓰여 있는 담장을 돌아 들어섰을 때 그만 주체할 수 없는 눈물이 앞을 가로막는 것이었다. 친부모라도 돌아가신 것처럼 소리내어 흐느껴 울며 무언지 모를 회한 같은 것이 가슴속에서 치밀어 올랐다.

생각해 보면 선생님에 대한 기억은 빛바랜 사진처럼 희미하기만 했다. 그러나 세월이 흘러도 정서는 변함없이 남아 있다고 하던가. K선생님에 대한 고마운 정은 아직도 마음속에 남아 있는데 그동안 무엇을 하며 사느라 그렇게 바빠서 한 번 찾아뵙지도 못하고 이렇게 황당한 심경으로 영안실을 찾다니…….

장례식장이 보이는 건물 입구에서 미리 준비해 온 봉투를 꺼내 얼마의 돈을 더 넣었다. 그런 것으로나마 그분에 대한 미안함을 보상하려는 심사였는지 모른다.

특실A 분향실. K선생님. 82세.

떨리는 발걸음으로 영정 앞에 서서 노오란 국화 한 송이를 올리고 큰절을 하면서도 이것이 이승과 저승의 마지막 인사인가 싶어 내내 허탈한 심정으로 훌쩍거리고 있었다.

큰따님이 쫓아와서 누구냐고 물었다. 이십칠 년 전에 어느 학교에서 선생님 모시고 5년 간 같이 근무했던 교사라고 했더니, 무슨 과냐고 하며 말씀을 들은 기억이 나는 것 같다고 했다.

그때 선생님은 대구 근교였긴 했지만 개발되지 않은 면소재지의 신설 중고등학교에 교장으로 오셨고, 나는 교육 경력 3년밖에 안 된 풋내기 교사였다. 돌이켜보면, 그때 선생님은 직장의 상사였다기보다 스승이었고 어버이 같은 분이었다.

시골 조그만 학교에 열 명도 안 되는 교직원이 한 가족처럼 만났기 때문에 서로 간의 유대 관계는 아주 깊은 것이었다. 그 중에서도 특별히 내가 선생님을 존경하는 이유는 그분의 인격과 학구적인 면, 근면하고 검소한 성품 때문이기도 하지만 무엇보다도 나와의 특별한 인연의 결과이기도 할 것이다.

사람은 자기를 알아주는 사람을 위하여 죽는다는 말이 있다. 아마 그분은 나에게 있어서 교사로서의 능력을 인정해 준 최초이자 어쩌면 유일한 사람이 아니었을까 싶다.

K선생님은 그즈음 일본이나 외국의 교육학 잡지 등을 구독하며 늘 연구하고 교육 현장에 실천하려고 애쓰셨다. 그런데 우연하게도 내가 하는 수업 방법이 그분의 철학과 일치하는 바람에 두터운 신임을 얻게 된 것이다. 주입식 수업에서 탈피하여 학생 중심, 발표 위주의 수업을 지향하는 것 등.

그때 D군 대표로 시범 수업을 시키기도 하며 자랑스러워하셨는데, 그 후 10년쯤 뒤 수업 방법 개선에 대한 연구로 교육부장관 상을 타기도 했지만, 건강 문제 등 여러 가지 연유로 그분의 기대에 찬 활동을 하지 못한 것이 부끄럽게 여겨진다.

그 무렵 서른 살 전후의 나이였던 때, K선생님을 만난 것은 나에게 커다란 행운이었다. 직원회 때나 사석에서 들었던 수많은 얘기들은 지금도 잊혀지지 않고 남아 삶의 밑거름이 되고 있는 것들이 많다. 복도 저 끝 먼발치에서 그냥 뵙기만 해도 말없는 감화를 받곤 하던 그때, '루 살로메'의 전기를 읽으며 인생을 사유하던 그 풋풋한 젊은 시절.

그 후 전근이 되고 몇 년씩 연락을 못하고 지내다가도 선생님이 높은 지위에 계신다는 소식만 듣고 어느 날 느닷없이 전화를 하여 어려운 부탁을 드린 적도 있었다. 그때 두말없이 선뜻 들어주시던 그 믿음…… "이선생은 그만한 능력이 있어요." 하시던 말씀이 지금도 귀에 남아 내게 마지막 긍지를 심어 주는 것 같다.

D여고에 전근 가서 얼마 안 되었을 때 일이다. 선생님께서 교장실에 오셨을 때 "이선생, 애들 잘 가르치지요?" 하고 물으셨던 모양이다. 당시 교장 선생님은 어떤 일로 하여 나를 탐탁찮게 여기고 있던 터라 "뭐 애들 성적이 형편없이 내려가기만 하는데요." 하며 못마땅한 투로 대답했다고 한다. 그러니까 선생님은 약간 의아해하더니 대번에 "이선생 방법으로 가르치면 처음엔 성적이 내려가는 게 당연해요. 하지만 종국에는 틀림없이 실력이 향상되게 되어 있어요." 하고 얼마나 확신에 차서 얘기하셨는지 그 교장 선생님의 내게 대한 태도가 완연히 달라졌던 적도 있었다.

나는 은연중에 선생님이 든든한 후견인처럼 느껴졌고 그분의 기대에 어그러지지 않기 위해 무진 애를 쓰기도 했다. 지금도 그런 일들을 생각하면 사람을 진실로 믿고 인정해 주는 것이 얼마나 중요한 일인지를 생각하게 된다. 그리고 그분이 어떤 면에서는 인간적인 단점도 없지 않으셨겠지만, 사무 처리 등에서 얼마나 공심公心으로 일하셨는지에 대한 몇 개의 일화는 누가 들어도 감동받지 않을 수 없을 것이다.

명절이나 복날 같은 때 닭 한 마리, 수박 한 덩이를 사 들고 선생님 댁을 찾으면 그렇게도 고마워하시고 많은 얘기를 들려주시던 일들이 어쩌면 육친에 대한 그리움처럼 진하게 떠오른다.

따님의 말에 의하면 6년 전 상배하신 후부터 건강이 악화되기 시작했다고 한다. 언젠가 다리가 많이 편찮으시다는 소식을 듣고 그때는 꼭 찾아뵈려고 전화를 드렸더니 올 필요 없다고 심히 난처해 하시는 바람에 뒤로 미루고 말았었다. 그것이 벌써 삼사 년 전이었다.

나는 따님에게 그 동안 연락도 못 드리고 문병 한 번 못 가 죄송하다고 용서를 빌 듯 말했다. 따님은 아버지가 얼마 전부터는 사람도 못 알아보셨다고 하며 와도 소용없었을 것이라고 말했다. 그러면서, 듣기는 하신다고 합디다만…… 하는 것이 아닌가.

수많은 화환이 늘어선 뒤에 서서 차마 발길을 돌리지 못하고 머뭇거리는 내게 선생님의 푸근한 음성이 들리는 듯했다. '이선생, 너무 안타깝게 생각하지 마시오. 인생이 다 그런 것 아니겠습니까.'

(2001)

인도 명상 여행 (1)

지금 내 책상 위에는 부켄벨리아 꽃잎 몇 개가 분홍 종이에 싸인 채 납작하게 말라 있는 것이 보인다. 지난겨울, 인도의 카쥬라호 힌두교 사원이 있는 정원에서 하도 인상적으로 보여 한 송이 꺾어 온 것이다. '인도'라는 말을 떠올리면 어쩐지 오래 살았던 고향 같기도 하고, 기회가 되면 한 번쯤 더 가서 살아 보고 싶은 생각이 들기도 한다.

작년 여름이었다. '불교와 상담'이라는 제목의 워크샵이 직지사에서 열렸다. 2박 3일 동안 좀 쉬기도 할 겸 참석하였는데 워크샵은 하루 만에 끝나고 나머지 2일 간 뜻밖의 프로그램이 이어졌다. '명상 아카데미'에서 혜봉님과 안내자 십여 명이 내려와 명상 수행을 지도하는 것이었다.

그때 시키는 대로 따라해 보며 내심 굉장한 횡재를 한 기분이었다. 금강경을 읽으며 아상我相을 내려놓으려고 나름대로 애썼지만 어려웠는데, 아주 쉬운 방법으로 해결되는 체험을 하게 되었었다. 그것이 계기가 되어 '명상 아카데미'와 인연을 맺게 되었고 거기서 공부하는 분들을 따라 인도에도 가게 되었다.

17일이면 긴 시간이어서 망설이기도 했지만 내 나이에 가족들을 다 버리고 저 세상으로 간 지인을 생각하며 용기를 내었다.

출발하기 전 명상 과제가 '돌아오지 못하는 여행'이었다. 불의의 사고로 죽거나 테러를 당한다든지 어떤 처지에 놓이더라도 그것을 편안하게 받아들이고 두려움에서 벗어나 참으로 자유로울 수 있는가 하는 것이었다.

그때 뉴스에서는 인도 파키스탄 분쟁이 보도되고 있던 터라 위험성이 느껴지지 않는 것도 아니었다. 일행 중 한 분은 어머니가 우려를 하면서도 '도 닦는 사람들이 가니 죽을 일은 없을 거다' 하는 것을 '죽지 않는다고 믿어서 가는 것이 아니고 죽어도 괜찮다고 생각하기 때문에 간다'고 하였다는 말을 하기도 했다.

나도 죽음에 대한 생각을 얼핏 떠올려 보기는 했으나 담담한 심경으로 길을 나섰다. 여행의 핵심은 자기 속에 자기를 묶고 있는 틀, 속박에서 벗어나 자유롭게 사는 것이라던 말을 생각하며 방콕을 경유하여 인도의 수도에 도착했다.

저녁 무렵 델리에 내려 전용 버스를 타고 호텔로 가면서 내다본 거리의 풍경은 나무나 건물의 모습이 좀 이색적이긴 하였으나 우리 나라의 어느 다른 도시에 온 것처럼 친근감이 느껴졌다.

이튿날 간디의 묘 참배를 시작으로 인도 성지순례 명상 여행이 시작되었다. 연중 끊어지는 날이 없이 꽃으로 장식되어 있는 간디 묘 앞에서 3배를 하고 넓은 잔디밭에 정좌하고 앉았다.

이번 여행이 일반적인 여행과 다른 점은 시간 나는 대로 명상을 하고 그것을 조별 또는 전체 모임을 통해 정리하고 나누기를 하는 것이었다. 매일 저녁 그날 명상한 것을 얘기하는 시간을 가졌고, 전체 모임 때나 차 안, 유적지 등에서 혜봉님의 말씀을 듣곤 했었다.

일행들은 간디를 생각하며 잠시 명상에 잠겼다가 주변을 산책하기도 했다. 줄지어 서 있는 나무들, 셀비어를 닮은 꽃들이 보였다. 운동장만큼 넓게 둘려져 있는 둑 위를 걸으며 뭔가 성스러운 느낌에 말을 잃었다.

인디아게이트 앞에서 기념 촬영을 하고 티벳하우스 방문 그리고 주황색 법의를 걸친 도둠툴쿠 링포체를 친견하였다. 자기는 전생에 대한 기억이 없지만 다른 링포체들은 많이 기억하고 있는 사람도 있다고 말하는 그 링포체와 붓다공원을 거닐며 구경하였는데, 우리 나라에도 성현의 이름을 딴 공원이 있었으면 싶은 바람이 일었다.

델리에서 이른 아침 기차를 타고 암리챠르로 가는 길에서였다. 누군가가 창 밖을 내다보라고 소리를 질렀다. 마을 앞 들판에 여기저기 쭈그리고 앉아 있는 사람들이 보였다. 화장실이 따로 없는 이곳 사람들이 벌판에서 볼일을 보고 있는 진풍경. 그런데 그냥 이야기로만 듣던 것과는 달리 그것이 오히려 재미있고 자연스럽게 보이기까지 하니 이상한 일이었다. 땅이 넓어서일까 아니면 내게 인디언의 기질이 있어서일까.

머리에 터번을 두르는 시크교의 총본산 황금사원에 갔다. 커다란 호수 속에 전체를 황금으로 칠하여 지은 거대한 사원. 경전 읽는 소리가 종일 끊이지 않고 사원 전체를 울리고 있었지만 귀에 거슬리지 않고 마음을 편안하게 해 주었다. 그리고 암리차르의 리츠프라자호텔 식당에서 저녁을 먹을 때였다. 작은 무대 위에 두 명의 인도인이 아코디언과 북 같은 것을 연주하는데 그 중 한 사람이 노래를 부르고 있었다. 그것은 황금사원에서 듣던 경전 읽는 음성과 비슷하면서도 더할 수 없이 감미롭고 신비롭게 들리기까지 하였다. 한 사십쯤 되어 보이는 그 인도인의 음색에 반해 밥을 먹으면서 계속 그쪽을 쳐다보고 있었다. 음성에 전혀 힘을 주지 않고 온몸에서 흘러나오는 그대로 부드럽게 부르는 잊을 수 없는 목소리.

전용 버스로 7시간쯤 달려 다람살라에 갔다. 직선으로 끝없이 이어진 길을 달리며 인도가 정말 넓은 곳임을 실감할 수 있었다. 중간에 두어 번 내려서 짜파티(밀떡)도 사 먹고 짜이(홍차)도 마셨는데 컵이 얼마나 더러운지 도저히 입에 대지 못하는 사람도 있었다. 그러나 누구 컵이 더 더러운가 비교하기도 하며, 세제를 전혀 쓰지 않고 그릇을 씻으니 보기에는 그래도 건강에는 나쁘지 않다며 실컷 웃었던 기억이 난다. 신나게 짜파티를 만드는 아저씨는 얼마나 마음이 좋게 생겼던지 친척같이 푸근했다. 대체로 인도인 특히 티벳인들은 눈이 크고 피부가 거무스레한 편이긴 하였으나 우리 나라 사람들과 비슷한 인상을 가진 사람들이 많아 보였다. 순한 눈빛, 순박한 표정. 한 보름 남짓 인도에 살며 만난 사람들 중에 몇 번이나 내가 아는 누군가를 많이 닮았다는 생각을 해 보곤 했다.

다람살라는 이번 여행 중 가장 춥고 티벳 난민들이 살고 있는 곳이었다. 티벳 망명 정부 청사에서 라마와 만남을 가지고 정부 관계자의 설명을 들었다. 이제까지 중국의 티벳 침략과 티벳인들의 억울한 삶에 대해 모르고 있었던 것이 부끄럽게 여겨졌고, 그런 형편을 얘기하면서도 평화롭고 인자한 표정의 관리가 존경스럽게 보였다.

1960년에 달라이라마 큰누님이 세웠다는 티벳 어린이 학교(고아원)를 방문했을 때는 눈시울이 뜨거워지고 진한 감동에 가슴이 미어지는 듯하였다. 티벳 어머니들이 아이를 안전한 곳에서 낳아 달라이라마 보호 아래 키우겠다는 희망 하나로 위험을 무릅쓰고 눈덮인 카일라스 산을 넘어 여기에 와서 해산을 하고는 다시 돌아간다고 했다. 마당에 놀고 있는 아이들을 보살피고 있는 양어머니들의 표정이 꼭 친어머니나 할머니처럼 포근하고, 내면이 고요하게 정리되어 있는 듯 맑게 보였다.

티벳인들은 출세하고 부자로 사는 사람보다 수행을 많이 하고 남을 위해 봉사하는 사람을 더 잘 사는 사람이라고 평가한다던 얘기가 떠올랐다. 거기 젊은 여선생님의 설명을 들으면서 티벳 민족의 공심公心, 이타주의에 감동하여 우선 그들의 경제적 어려움을 도와 주고 싶은 마음들이 일었다. 그 자리에서 장갑, 모자 등을 벗어 주는 사람도 있고 형편대로 돈을 거두어 주고 귀국하면 정기적으로 도와 주는 모임을 갖고 싶어했다.

다람살라에 있는 한 티벳 비구니 처소의 법당에 앉았을 때였다. 나도 모르게 눈물이 솟구쳐 흘렀다. 일행 중 어느 분은 소리내어 흐느껴 울고 있었다. 나중에 들은 얘기인데 그 곳은 어머니의 자궁 속 같고, 대지의 어머니 같은 곳이라고 했다. 그렇게 고요하고 아늑하게 심신이 가장 쾌적한 느낌이었고 무언가 말없는 위안에 온갖 설움이 녹아 내리는 듯했다.

다람살라 메인템플의 새벽 예불에도 참석하였다. 우리 나라와 비슷한 분위기였는데 오체투지하는 사람들이 보였다. 나도 생전 처음 오체투지를 해 보았다. 자신을 낮추고 버리는 방법으로.

메인 템플 옆의 달라이라마가 거처한다는 노란색 지붕의 집 앞에서 사진을 찍으며 티벳과 달라이라마에게 한결 친숙한 감정을 느낄 수 있었다.

다람살라의 예술학교를 방문했을 때는 열댓 살 먹은 소년들이 정교한 탱화 같은 것을 그리고 있었는데 그 모습이 너무나 진지하여 삼매에 빠져 있는 듯했다. 오직 그 일만이 지상의 명령으로 여겨 다른 관심은 전혀 없는 것처럼.

다람살라 언덕배기에 있는 수리아 호텔의 남쪽 방에서 건너다 보이는 산중턱에 조그마한 움막집이 하나 있었다. 내가 만약 낯설고 추운 이국땅 저 움막에 억류되어 살게 된다면 하는 생각을 잠시

해 보았다. 어떤 경우를 당하더라도 편안하게 받아들여야 한다고 했는데…….

다람살라에서 사흘을 보내고 챠키역에서 밤기차(침대차)를 타고 델리로 떠났다. 차키역에선 기차가 연착되어 두 시간쯤 기다렸다. 초저녁 중천에 초승달이 떠 있고 그 위로 별이 하나 빛나고 있었다. 저녁 그늘이 묻어 오는 역사 주위를 서성거리며 고국의 인연들을 하나둘 떠올려 보았다. 먼 전생의 일처럼 희미하게 생각되기도 하고 아름답고 그립게 또는 안타깝게 느껴져 가슴이 싸아해지기도 했다.

(2002)

인도 명상 여행 (2)

야무나 강변에 서 있는 세계 불가사의의 무덤 타지마할에 갔다. 무갈제국의 샤자한왕이 자신의 네 번째 왕비 무무타즈가 아이를 낳다가 죽자 그녀를 애도하여 지었다고 한다. 흰 대리석과 수많은 보석으로 장식된, 세계에서 가장 아름다운 건조물의 하나.

22년 동안 2만 명의 명공들이 페르시아, 터키, 이란 등에서까지 동원되었으며 건물이 완성되자 이들의 엄지손가락을 잘라 유사한 건축물을 만들지 못하게 했다고 한다. 타지마할은 햇빛이 대리석을 비추는 각도에 따라 각기 다른 모습으로 반짝이는데 무엇보다도 가장 아름다운 자태를 보일 때는 밝은 달빛 아래에서라고. 그러나 아그라성에서 바라본 타지마할은 보름밤 달빛 속이 아니어도 환상적으로 떠올라 그 기막힌 사랑의 의미에 대해 명상해 보게 만들었다.

기차로 두 시간, 전용 버스로 다섯 시간 걸려 카쥬라호에 갔다. 에로틱한 미투나상이 있는 동사원, 수수께끼 찬델라왕국의 서사원을 보게 되었다. 쟈이나교 사원의 안팎 벽면에 가득 새겨 놓은 수천 체의 섹스 조각들. 인간 내면의 근원적 욕구를 명상을 통해 해결, 제도하지 않으면 그것이 병이 될 수도 있고 다른 많은 문제를 일으킬 수 있다는 얘기를 생각해 보았다.

일행들은 사원의 주변 여기저기에 자리를 잡고 앉아 오랫동안 명상에 잠겨 있었다. 감나무잎처럼 생긴 부드러운 녹색 잎사귀를 달고 있는 커다란 나무 사이로 우수수 바람이 일곤 하였다.

다음날 국내선 비행기로 바라나시에 도착했다. 류시화 씨의 '하늘 호수로 떠난 여행'에 나오는 그 유명한 릭샤를 타고 강가(갠지스) 강으로 나갔다. 곧 부서질 것처럼 낡은 릭샤에 두 사람씩 타고 인파가 들끓는 거리를 달리며 감회가 무량했다. 삼천 년 역사를 가진 시장 풍경, 무슨 전란 중의 피난민 행렬처럼 무질서하고 복잡하기가 이루 말할 수 없는 수천 명의 인파, 길가에 있는 기괴한 모습의 병신들, 거지들, 그리고 사람들 속에 태연히 걸어다니는 소와 양……. 나는 혼이 다 빠지는 듯 어지럼증을 느끼면서도 한편으로는 고향에 돌아온 것 같은 반가운 기분이 들기도 했다.

빈부, 계급의 차가 극심한 인도인들의 모습을 보며 부처님 당시에는 어떠했을까 하는 생각을 해 보았다. 단지 생존하기 위하여 구걸을 하는, 맨발에 헐벗은 모습의 비참한 광경은 더 이상 인간이라는 말이 어울리지 않았다. 살아 남기 위한 가장 절박한 몸부림.

드디어 강가강에 이르렀다. 저녁 무렵이었는데 사람들이 북적대고 있었고 요령을 흔들며 무슨 주문을 외는 듯한 소리가 마이크를 통해 끊임없이 울려 퍼지고 있었다. 매일 저녁 다섯 시 경부터 '불의 의식'이라고도 하는 영혼의 천도제 비슷한 의식을 하는 모양이었다.

다음날 보트를 빌려 타고 강 건너 모래밭에 갔다. 일행들은 부처님 제자처럼 둘러앉아 혜봉님의 법문을 들었다. 모든 번뇌를 소멸한 열반과 모든 얽매임에서 벗어난 해탈의 경지. 모래 위에 앉아 명상에 잠기는 사람, 부처님이 걸어 다녔다는 길을 따라 산책하는 사람들. 나는 부처님을 만난 듯 가슴을 설레이며 모래밭 저쪽 밭둑 위로 올라서 보았다. 그리 크지 않은 나무숲이 보이는 밭 사잇길에 서서 어쩌면 어느 전생엔가 와 본 적이 있는 듯한 낯익은 느낌을 느껴 보기도 했다.

강가강의 모래알은 다른 곳보다 더 미세하게 잘고 희게 빛나고 있었다. 금강경에 나오는 항하가 바로 이 강가강이라니……. 항하의 모래알만큼 많은 강이 있고 그 강들의 모래알만큼 많은 양의 보배로 보시하는 것보다 금강경을 공부하여 4구게 한 구절만이라도 남을 위해 설해 준다면 그 공덕이 더 크다는 엄청난 비유.

다시 배를 타고 거슬러 올라갔다. 다른 강과는 달리 강가강은 반대편으로 흘러 어쩌면 내세로 이어진다고 믿어서일까. 힌두교인들은 강가강에서 목욕하는 것이나 화장되는 것을 평생 소원으로 한다고 했다. 유유히 흐르는 강물 속에 마음속의 온갖 생각, 영원하지 않은 것들을 버리고 또 버렸다.

배에서 강변에 내려섰을 때 이상한 냄새가 연기 같은 것에 섞여 풍겨 왔다. 화장터였다. 바로 강변에서 몇 걸음 안 되는 곳에 장작더미를 쌓아 놓고 시체를 얹어 태우고 있었다.

언젠가 아득한 기억 속에 누구에게 들었는지조차 생각이 안 나지만 인도에 꼭 가 보라, 그리고 다른 것은 안 보더라도 강가강의 화장하는 모습은 꼭 보아라. 하던 말이 회상되었다. 바로 옆옆이 여섯 구의 시체가 타고 있는데 한 여자의 것은 가난하여 장작을 많이 깔지 못해서 그런지 불은 다 되어 가고 시체는 아직 덜 탄 채로 얹혀 있었다. 핏물이 어려 있는 다리 한 쪽이 땅바닥에 떨어져 있고.

저쪽으로 들것에 실려 탈 차례를 기다리며 줄을 서 있는 시체들이 보였다. 꽃으로 장식되어 있었으나 얼굴은 다 보였다. 비록 시체이긴 하나 산돼지 바베큐하듯이 태우고 있는 광경을 바로 옆에서 지켜보며 끔찍한 마음에 숨이 막힐 것 같은 충격을 받았다. 이 육신의 허망함, 무상함을 절절히 느꼈다. 마음으로 내 몸도 같이 불태워 보며 나와 남에 대한 집착을 놓고 생사명상을 하였다. 그런데 주변에 가족들도, 우는 사람도 별로 없어서 내가 물었더니 인도인들은 환생을 믿기 때문에 죽음을 그렇게 슬퍼하지 않는다고 누군가가 말하는 것이었다.

이튿날, 푸른빛의 야무나강과 부우연 빛의 강가강 그리고 땅 밑으로 흘러 눈에 보이지 않는 전설의 강이 만난다는 알라하바드에

가 보았다. 회색빛 갈매기 같은 새들이 줄지어 날고 있었고, 4년마다 열리는 힌두 행사를 위해 수만 개의 텐트가 쳐져 있었다.

오후에 녹야원에 가서 잠시 앉아 보았다. 그렇게 편안하고 고즈넉할 수가 없었다. 주춧돌만 남아 있는 녹야원 언덕 위에도 꼬마 거지들이 쫓아다니며 손을 내밀곤 하였다.

전용 버스로 일곱 시간 걸려 부드가야에 도착했다. 그때 마침 달라이라마의 법회가 예정되어 있어서 한 달 전부터 세계에서 몰려든 깨달음을 추구하는 사람들로 붐비고 있었다. 온 시가지가 인산인해로 축제 분위기였고 인도가 종교적인 나라임을 다시 한 번 체험할 수 있게 해 주었다.

부처님이 깨달음을 얻은 곳에 세워진 마하보디 대탑, 금박의 불상에 참배하고 보리수 밑에 앉아 부처님처럼 명상에 잠겨 보았다. 인생의 고해를 건너는 중도, 연기의 법칙을 생각하며.

영축산 위에서는 빔비사나왕의 얘기를 들었고 사리불존자가 수행했다는 바위 밑에 앉아 사진을 찍기도 했다. 옛터만 남은 나란다 대학에서 그 규모의 거대함에 놀라고, 티벳 승려들의 경전 읽는 모습을 보며 종교가 생활화된 그들의 삶을 느껴 볼 수 있었다.

부처님이 깨닫기 전 육년 간 고행한 전정각산에 오르는 길에는 길 양쪽으로 거지들이 수백 명 줄지어 앉아 있었다. 직업이 구걸인 사람들. 산 중턱 바위굴 속에 들어가 부처님의 고행상을 보고 뭔가 치열한 삶을 살아야겠다는 다짐을 해 보기도 했다.

전정각산 산정에 올랐을 때는 산상의 수훈 같은 혜봉 님의 말씀을 들었다. 번뇌, 욕망, 무지의 불꽃이 꺼지고 진리를 깨달아 모든 것이 행복할 수 있는 경지. 우리는 무엇을 위해 살 것인가 등을 생각하며 명상에 잠겼다가 내려오려고 할 때였다. 우연히 산 너머 동쪽 마을을 내려다보게 되었다. 그런데 어쩌면 그렇게도 마음에 와 닿을 수가 있을까. 너무나 적요하여 숨소리 하나 들리지 않을 것 같았다. 라디오, TV는 물론 없고 사람도 몇 살 것 같지 않은 나지막한 집들이 들 가장자리에 그림처럼 앉아 있었다. 언젠가 다시 한 번 여기에 오게 된다면 저 동네에 가 보고 싶다는 생각을 해 보았다.

전정각산 밑 '수자타 아카데미'에 들렀다. 우리 나라의 법륜 스님이 불가촉천민들의 문맹을 깨우쳐 주기 위해 세운 학교였다. 거기 한국인이 몇 사람 보이길레 나도 이런 데 와서 살 수 있겠느냐고 물어보았더니 얼마든지 가능하다고 했다. 그런데 한 가지 조건이 있었다. 거기는 치안이 잘 되지 않아 밤이면 총소리가 들리곤 하는 곳이어서 언제 어떻게 죽어도 항의를 않겠다는 서약을 해야 한다는 것이었다. 그 말을 듣자 겁이 좀 났다. 그러나 어느 미래에 이승의 삶을 정리하고 전정각산 밑에 가서 한 번쯤 살아 볼 수도 있겠다는 생각을 해 보기도 했다.

인도에서 마지막으로 들른 곳이 켈커타에서 '마더 테레사' 수녀가 세운 '죽음을 기다리는 집'이었다. 우리가 잠시 문 앞에 서 있는 동안에도 두 명이나 죽어 가는 사람을 안고 들어가는 것이 보였다. 길가에서 의식을 잃고 있는 거지들을 택시에 태워 이곳에 데리고 오면 자원봉사자들이 간호하여 살려내기도 하고 그대로 죽기도 한다고 했다. 간단한 절차를 밟고 건물 안으로 들어갔을 때 죽은 듯이 담요를 두르고 누워 있는 많은 환자들이 보였다. 감히 눈물조차 흘릴 수 없는 처참한 모습들.

있는 대로 주머니를 털어 보시하고 나오는데 거기 기둥에 새겨진 글귀가 눈에 띄었다. 지금 내 기억 속에 남아 있는 것이 정확한지는 모르겠으나 그것은 세계 각국에서 찾아온 자원봉사자들의 헌신적인 활동과 너무나도 잘 어울리는 말이었다.

'내가 하는 모든 일이 하느님이 보시기에 아름답기를!'

(2002)

어머니께 올리는 글

어머니, 세월이 유수 같다더니 해마다 찾아오는 정월 열사흘이 벌써 어머니께 팔십 번째가 되었군요. 우리 칠남매 가슴 가득히 감사함을 느끼며 머리 숙여 큰절 올립니다.

마음 같아서는 이 세상에서 가장 화려하게 큰상도 차리고 멋진 팔순 잔치를 해 드리고 싶었는데 어머니께서 극구 사양하시는 바람에 이렇게 약소한 자리 마련하게 되어 죄송한 마음 금할 길 없습니다. 그러나 어머니, 지금 이 순간 저희들 마음속에 넘쳐흐르는 어머니에 대한 고마움과 사랑과 존경심을 헤아리시고 미흡한 마음 녹이시기를 삼가 비옵니다.

돌이켜보면 어머니, 길고도 짧은 세월이셨지요. 열일곱 살의 어린 나이에 아버지께 시집오셔서 반세기가 훨씬 넘도록 살아오시며 좋은 날도 많으셨겠지만 그간의 억만 고초와 인고의 세월 어떻게 다 참고 이겨 내셨습니까.

몸이 허약하셨던 아버지 뒷바라지며 가난한 선비 집안에 육남매 맏며느리가 되어 시동생들 자식처럼 업어 키우며 밥 한 그릇 실컷 먹어 보지 못한 때도 있으셨지요. 그래도 한학자이셨던 할아버지에 대한 공경심으로 그 많은 봉제사 접빈객을 불평 없이 천직인 양 헌신적으로 살아오셨음을 저희들은 누구보다도 잘 알고 있습니다.

그토록 지긋지긋하던 가난의 굴레를 자식들에게는 물려주지 않겠다는 일념으로 발바닥이 닳도록 임고 아래 웃발 쫓아다니시며 남들의 두 배 세 배 일을 하셨지요.

요즈음 무릎이 아파 걸음도 잘 못 걸으시는 건 아마 젊은 날 너무 무리하게 일하신 탓일 것입니다. 성격이 급하셨던 아버지의 비위를 맞추시느라 더욱 힘이 드셨던 우리 어머니.

어머니, 그러나 지금 생각해 보면 그 시절이 또한 한창 나이에 가장 보람 있었던 때로 그립게 떠오르기도 하지요. 만년에 여러가지 병환으로 많이도 고생을 시키시다가 결국은 먼저 이승을 떠나신 아버지에 대해서도 원망보다는 아쉬움과 애련함이 남아 남모르게 눈물지으실 때도 있으시리라 여겨집니다. 오늘 이 자리에 아버지가 살아 계셨더라면 얼마나 흐뭇하고 좋으셨겠습니까. 그러나 인명은 재천이라고 했으니 이제는 다 잊으시고 편안하게 생각하십시오.

가지 많은 나무에 바람 잘 날 없다고 하는 말처럼 저희 남매들 키우시면서 자랑스러운 때도 있었겠지만 어쩌면 어머니 기대에 부응하지 못하여 안타깝게 해 드린 일이 더 많았을 것이라는 생각이 이제사 철 늦은 깨달음으로 다가와 목이 메어 옵니다.

어머니, 여러 남매 중 특별히 더 신경이 쓰이는 자식도 있으셨지요? 저도 그 중의 하나가 아니었을까 하는 생각을 해 보곤 합니다.

경제력이 거의 없으셨던 조부모님 모시고 네 분 삼촌들 뒤를 보살펴 드리며 어려운 형편에 저희들 다 교육시키기엔 등허리가 휘는 일이었지요. 어쩌면 불가능한 일이었는지도 모르겠습니다. 그 때 부모님께서 제게 차마 말은 못하시고 내심으로 얼마나 진학을 포기하기를 원하셨는지 먼 후일에야 문득문득 진한 느낌으로 다가와 가슴이 아프기도 했습니다.

아들만 대학까지 보내고 딸은 중학교 정도만 시키려고 작정하셨는데 억척같이 고집하여 최고 학부까지 다니고야 말았으니 저도 대단한 업을 지었다는 생각이 듭니다. 유달리 열등감이 많았던 탓인지는 모르나 친구들이 대학 다니는 것을 보며 그게 왜 그리도 부러웠던지요. 부모님 힘드신 것은 배려하지도 않고 제 욕심만 채웠던 것이 이따금 후회스럽게 떠오르곤 합니다. 나중에 어느 자리에서 '우리 힘으론 너 대학 못 시켰다. 그때 억지로라도 잘 해냈다' 고 하시며 오히려 고마운 뜻으로 술회하시는 것을 들으며 약간의 안도감을 느끼기는 했습니다. 그러나 며칠씩 단식 투쟁까지 해 가며 부모님의 뜻을 어기고 '대학이라고 한 번 다녀 봤으면 되었지

중퇴하라'고 겨울방학 때마다 종용하셨는데 기어이 학교를 졸업한 것이 이따금 마음에 걸리곤 합니다.

제가 결혼하여 자식을 키우며 뜻대로 되지 않아 속이 상할 때는 지난날 저 때문에 애태우셨을 부모님 생각이 절절히 나곤 했습니다. 저는 기껏 두 명의 아이를 키우면서도 그랬는데 어머니께선 저보다 네 배나 되었으니 그간의 노고가 얼마나 했겠는지 감히 짐작조차 하기 힘듭니다.

어머니, 인생무상이라는 말이 있지요. 책으로 써도 몇 권이나 될, 어머니 가슴속에 겹겹이 맺혀 있는 지난날의 기억들 이제는 다 잊어 주시고, 그래도 가끔씩 생각이 나시면 이번 생에 그럴 만한 인연이 있어서 그랬겠지 하고 너그럽게 이해해 주십시오. 저희 남매들 어리석고 불민한 탓으로 지금까지 속 썩여 드린 것 다시 한번 무릎 꿇고 용서를 빕니다.

어머니. 어머니의 그 인자하고 지극하신 사랑과 가르침으로 이제 저희들도 다 제 갈길을 가고 있으니 저희들 걱정은 추호도 하지 마시고 오늘 하루만이라도 기쁜 마음으로 즐겁게 보내십시오. 그리고 남은 세월 부디 건강하고 행복하게, 저희들이 조금이라도 더 은혜를 갚을 수 있을 때까지 오래오래 사시기를 두 손 모아 기원하며 이만 두서 없는 글 줄입니다.

(2003)

언니 생각

언니가 이 세상을 떠난 지 두 달이 지나갔다. 봄꽃이 피어나던 사월 초에 영별하고, 녹음이 우거진 초여름이 되었다. 그런데 아직도 언니의 부재가 실감이 나지 않고 그간의 일들이 무슨 영화의 한 장면처럼 어른거리기만 한다. 가족들의 오열 속에 바로 옆에서 지켜본 입관 절차며 산정 양지바른 곳에 땅을 파고 하관하던 모습들이 생생하게 떠오른다. 그런데 어쩌면 지금도 언니네 안방에 앉아서 전화를 받을 것만 같은 착각이 들곤 하는 것이다.

몇 년 전부터 건강이 좋지 않아 병원을 드나들긴 했으나 늘 괜찮다고 하며 아픈 내색을 하지 않는 편이었다. 평소에 안색이 좋지 않아 걱정스러울 때도 있었지만 매번 잘 견디어내곤 했으므로 아무리 위중한 병이라 해도 그렇게 빨리 떠날 줄은 짐작조차 못하였다. 지난날 아버지가 세상을 떠나실 때 오랫동안 병석에 계셨음에도 불구하고 그 황망함이 말할 수 없었던 기억이 난다. 그런데 언니는 별로 누워 있지도 않고(늘 시름시름 앓기는 했으나) 어지간한 활동은 다하곤 하였다. 좋아하던 여행도 남들 못지않게 다니고 취미생활도 열심히 하였다. 젊은 시절에는 맏며느리 노릇이며 사 남매 뒷바라지를 위해 힘들게 일하였지만 힘든다는 생각이 별로 없었다. 살아오면서 이따금 역경을 만났을 때도 끈질긴 생활력으로 이겨나갔고 아이들 하나같이 잘 키워 열심히 살게 만들었다.

생각해 보면 언니는 팔 남매 맏이로 태어나 어린 시절 고생을 많이 한 편이다. 동생들 하나는 업고 하나는 손에 잡고 피난 가던 육이오사변 당시부터 자수성가하신 부모님에게 문자 그대로 살림 밑천이 되었던 맏딸. 그때 하도 치열하게 살아 어지간한 어려움은 어려움으로 여겨지지도 않았는지 모른다.

우리 집에 큰일이 있을 때마다 와서 거들어 주던 외가의 친척 한 분이 있었는데 그분이 언젠가 언니를 두고 하던 말이 생각난다. "너희 동생들 모두 합쳐도 언니 하나만 못하다"라고. 성장기에 워낙 엄격한 훈육을 받아서인지 매사에 규모가 크고 능력이 있었다. 명절이나 제사 때는 물론이고 평소에도 부지런하여 직접 만든 음식이나 옷가지를 주위 사람들에게 나누어 주길 좋아하고 솜씨가 뛰어났던 언니. 집안 형편이 그토록 어렵지 않고 남들처럼 고등교육을 받았다면 한자리 크게 했을 거라고 지금도 아쉽게 얘기하는 사람들이 있다.

삶에 대한 의욕, 하고 싶은 일들이 많았는데 예순을 조금 넘긴 나이에 이승을 떠나게 되어 안타까운 생각이 든다. 일흔이나 여든이 넘도록 살며 그 동안 애써 노력해 온 보람을 마음껏 누리고 갔으면 좋을 텐데…….

언제나 자랑이 끝이 없던 자식들이며 이쁜 손자들 어이 잊고 갔을까. 어쩌면 어머니보다 먼저 떠나게 되어 그것이 제일 마음 아픈 일이었을지도 모른다.

치료 받으러 서울 간다더라는 말을 바로 밑의 동생으로부터 전해 듣고 "그럼 한 번 만나 볼래?"라고 무심코 말했더니 "며칠 전에 엄마랑 같이 점심도 하고 했는데 뭐, 다녀오면 그때 보자."라고 했다. 그랬는데 그것이 마지막 길이 되고 열흘 뒤에 싸늘한 시신이 되어 내려올 줄은 꿈에도 예측 못한 일이었다. 이따금 서울로 가서 치료를 받곤 했었지만, 그때쯤 얼굴이 아주 좋았기 때문에 언니 자신이나 우리 모두가 전혀 걱정을 하지 않았다. 나중에 어머니가 울면서 그게 그렇게 빨리 가려고 그동안 온갖 효성을 다하였구나 하시며 "만월 달 같은 너희 언니 얼굴을 어디 가서 볼꼬!"라고 했을 때 정말 실감이 나기도 했다.

서울에 올라가기 전에 친정 부엌의 싱크대가 낡았다고 하면서 돈은 언니가 댈 터이니 새것으로 갈아 드리라고 동생에게 부탁했다고 한다. 그런데 동생은 귀찮기도 하고 이제 노인이 얼마나 더 살겠느냐면서 못 한다고 했더니 그러면 서울 다녀와서 언니가 직접 하겠다고 했다는 것이다.

나는 친정이라고 가면 누워서 푹 쉬다가 오기가 일쑤인데 언니는 자기 집처럼 구석구석 정리며 대청소를 하곤 했다. 어설픈 것을 보면 그냥 지나치지 못하고 완벽주의자처럼 하려다 보니 자칫 무리를 하곤 하였다. 병을 앓게 된 원인이 오랜 세월 그런 성격의 영향도 있지 않았을까. 얼마 전에 친정에 가서 싱크대를 자세히 들여다보니 정말 많이 낡아 있었다. 그 동안 내가 무관심했던 것이 느껴지기도 하고 언니의 말이 생각나 어머니에게 싱크대를 갈아 드리겠다고 했더니 말도 못 내게 하는 것이었다.

언니가 이 세상을 떠나기 며칠 전 서울 병원에 있었을 때 몇 번의 통화를 했는데 나는 격려를 한답시고 "이번에 힘들더라도 치료를 잘 받고 내려오면 다시는 재발이 되지 않도록 해야 되겠다."라고 말하곤 했다. 그러면 언니는 "어떻게 해야 할지……." 하면서 한 달쯤 뒤 치료가 끝나고 내려가면 꼭 경산 너머 자인 쪽이나 팔공산 밑 공기 좋은 곳에 집을 짓고 철저하게 요양해야겠다고 다짐하듯 말했다. 아직은 죽으면 안 된다고 하며 그렇게 살고 싶어하던 바람은 간곳없고 이 세상 인연이 다해서 그런지 생사의 길은 냉엄하기만 했다.

언니의 혼백을 앞에 놓고 같이 들은 사십구재 때 법문이 생각난다. 우리가 상상할 수도 없이 먼 영겁, 억만겁의 세월에 비하면 현세의 삶이란 것이 얼마나 덧없고 짧은 순간일 뿐인지……. 나그네가 길을 가다가 갑자기 소나기를 만나 어느 집 처마 밑에서 잠시 비를 피하는 것과 같다는 우리네 인생. 오온이 개공하여 어느 것이

나라고 고집할 것이 아무것도 없다는 말을 생각해 본다. 언니가 그날 재에 참석한 모든 사람들이 일념으로 한 염불을 들으며 이생에서의 모든 애착을 놓아 버리고 훨훨 날아 극락왕생하기를 기원해 본다. 마음먹은 대로 다 이루어지고 즐거움이 극에 달한다는 극락세계.

뜻대로 되지 않는 일이 있게 마련인 사바세계, 견디고 참아야 하는 감인세계인 현세의 삶에서 우리는 형제로 태어났지만 또 어느 생에 다시 무엇이 되어 만날지 알 수가 없다.

언니가 한 달쯤 머무른 적이 있는 동화사 위 부도암 앞을 지나가면 인생무상을 뼈저리게 느끼게 된다. 지난 가을 언니를 그 암자에 있게 하고 혼자 내려오던 때의 그 쓸쓸함, 관음전에서 천주를 돌리며 기도하던 일들이 무슨 전설처럼 아득하게 떠오른다. 초등학교 시절 방학 숙제를 대신해 주기도 하고, 중학교 때 한 번씩 고향에 내려가면 지난날 여배우 이민자같이 서글서글한 모습으로 반겨 주던 일들. 가난한 시골에 태어나 흙에서 살던 어린 시절에의 향수가 언니 생각과 함께 가슴 뭉클해지곤 한다.

(2004)

무상 無常

지난겨울 결혼 기념일을 앞둔 어느 날이었다. 드문드문 만나서 같이 절에 다니던 예천 보살에게서 전화가 왔다. 평소 존경하던 노스님이 위독하시다는 연락. 창원의 한 병원에 계시는데 벌써 의식불명이어서 가도 알아보지는 못하시겠지만 그래도 생전에 한 번 뵈어야 될 것 같아 알린다고 했다.

가슴이 철렁하는 듯했다. 건강이 안 좋으신 줄은 알고 있었지만 그렇게 빨리 가시리라고는 생각하지 못한 일이었다. 멍하니 앉아 있는데 남편이 어떻게 할 거냐고 물었다. 힘없이 중얼거리듯 나오는 말이 "병원으로 가 봐야 할 것 같은데"였다.

이번 결혼기념 여행은 설악산 쪽으로 가려고 계획했었는데 갑자기 코스를 변경할 수밖에 없었다. 일단 창원으로 가서 문병부터 하고 남해안으로 한 바퀴 돌아오기로 했다.

창원의 그 병실을 몇 번이나 물어서 찾아갔을 때 면회 사절이라는 팻말이 붙어 있었다. 주춤거리고 있는데 마침 아는 스님을 만나 특별히 병실 안으로 들어갈 수가 있게 되었다. 산소 호흡기를 꽂고 가쁜 숨을 몰아쉬며 누워 계시는 스님을 뵙는 순간 만감이 교차하는 것 같았다. 뼈만 앙상하게 남아 푹 꺼진 볼 위로 굳게 감겨 있는 눈. 그런데 어쩌면 스님께선 내가 와서 보고 서 있는 줄을 아실 것만 같은 생각이 들기도 했다. 신도 두 분이 스님의 다리며 발을 주물러 드리고 있었다. 나도 그 옆으로 가서 무릎을 만져 보았다. 돌처럼 딱딱한 촉감. 마음이 아파 오래 주물러 드릴 수가 없었다.

한참 있다가 병실을 나오면서 남편에게 오래 못 가실 것 같다고 했더니 자기가 보기에는 곧 돌아가시겠는데 하며 돌아가시기 전에 잘 와 봤다고 했다. 병원을 나서서 남쪽으로 차를 달려 통영 여객선 터미널 근처에 숙소를 정하고 서호시장 앞 분소식당에서 저녁을 먹고 있을 때였다. 스님이 두 시간쯤 전에 입적하셨다고 연락이 왔다. 아, 이럴 수가……. 그렇게 빨리 가실 줄 알았으면 병실에 그냥 있을 것을 하고 말했더니 남편은 임종을 한 거나 마찬가지라면서, 우리가 병실을 나온 지 한 시간쯤 뒤에 가신 것 같다고 했다.

이튿날 한산도를 들렀다. 중학교 때 수학여행을 온 후 몇 십 년 만에 다시 보는 충무공의 유적지. 깨끗하고 한적한 분위기가 너무나 좋았다. 저녁 무렵 스님의 다비식이 있다는 하동의 작은 암자로 갔다. 이왕 나온 김에 거기서 하룻밤을 더 묵고 이튿날 3일장으로 하는 장례식에 참석하기로 한 것이다.

평소의 성품이 워낙 검소하셔서인지 거창한 의식을 못하게 유언하셔서 송광사나 각화사같이 큰절에서 안 하고 아주 간소한 영결식이 이루어졌다. 긴 막대기 끝에 감은 짚북데기에 불을 붙이고 스님에게 들이밀며 "스님, 불 들어갑니다. 어서 나오십시오!" 하고 외치는 젊은 수좌의 목소리가 가슴을 치는 것 같았다. 이윽고 활활 타오르는 불길 주위를 돌며 합장하고 염불을 하면서 무언지 모를 설움 같은 것이 북받쳐 오르고 그간 참았던 눈물이 비 오듯 쏟아져 나왔다.

"걱정하지 마라, 아무 생각 하지 마라." 하고 독백처럼 말씀하시던 스님의 서글서글한 목소리가 생생하게 들리는 듯했다. 지난날 언젠가 무명 업장으로 삶의 고초에 시달리고 있었을 때 하도 답답하고 힘들어서 한 번은 스님의 암자에 찾아갔었다. 입선入禪 중이신지 기척이 없었다. 넓은 마당의 한 귀퉁이에 쭈그리고 앉아 훌쩍훌쩍 울고 있었다. 얼마 뒤에 방에서 나온 스님은 언제 왔느냐, 왜 그러느냐고 묻지도 않고 못 본 체 돌아서시며 들릴 듯 말 듯 나지막하게 하시는 말씀이 그 두 마디였다.

십여 년 전 어느 겨울방학에 처음으로 태백산 각화사에서 오랫동안 머물고 있으면서도 스님이 계시던 남암에는 아예 못 가는 데인 줄 알았었다. 암자 입구에는 언제나 면회사절이라는 글귀가 붙어 있었고 하나밖에 없는 토담방에는 아무도 들어가 본 사람이 없었다. 그런데 운이 좋았던지 우연한 기회에 그 암자에 가 볼 수 있게 되었고 툇마루에 앉아 차를 얻어 마실 수 있는 몇 안 되는 신도 중에 한 사람으로 인정받게 되었다. 그 무렵 누군가가 내게 대해 뭐라고 말했을 때 스님께서 나를 쳐다보며 얼굴에 악기惡氣가 없지 않느냐고 말씀하시는 것을 들은 적이 있었다. 그때 그렇게 보아 주신 것이 얼마나 고마웠는지 모른다. 사실은 내면에 많은 악의를 품고 있었는데 그런 부분을 묵인하고 좋은 쪽으로 이야기해 주신 것이 감동적이었던 것이다. 생각해 보면 스님은 어느 누구에 대해서도 나쁘게 말하는 것을 들은 적이 없는 것 같다.

팔순이 넘도록 주로 혼자서 기거하셨는데 그렇게 철저하게 계율을 지키는 분을 본 적이 없을 정도였다. 과자나 빵은 계란이나 우유가 들어 있어서인지 안 드시고 음식도 까다로울 정도로 가려서 잡수셨다. 온 겨울 내내 멀건 김치 한 가지로 식사를 하셔도 건강이 아주 좋으신 편이어서 백이십 살까지는 사실 것 같다고 모두들 그렇게 생각했는데 갑자기 이승을 떠나시다니…….

가끔씩 친견해도 별말씀이 없으시곤 했다. 어쩌다 껄껄 웃으실 때는 이 세상 근심걱정을 모두 날려 버릴 듯 통쾌하기까지 하였지만. 실제로 스님 앞에는 모든 것이 별로 문제될 것이 없는 듯이 보였다. 심각하게 무슨 걱정거리를 털어놓아도 다 괜찮아질 것이다, 마음쓰지 마라는 것이 주된 답이었다. 뭐든지 순리대로 물 흐르듯 놓아두고 그냥 있는 그대로 바라보며 지족知足하는 삶을 지향하셔서일까. 억지로 욕심을 내어 의도적으로 해결하려고 노심초사하는 중생들의 애환이 안쓰럽게 보이셨을까. 언젠가는 가족에 대한 애착이 강하게 보였던지 '가족이라고 다 가장 가까운 인연은 아니다'

는 뜻의 말씀을 하신 적도 있었다. 가족 이기주의에서 벗어나길 바라는 뜻이었으리라.

효봉 스님과의 약속대로 도를 이루기 전에는 결코 세상에 나오지 않기로 해서인지 아니면 숨은 도인으로서 세상에 나올 필요성을 느끼지 못하셔서일까. 스님은 깊은 산 토굴이나 암자에서 한생을 보내셨던 것 같다. 삼계를 초월하여 그 어떤 명예나 이해관계에도 연연하지 않고 묵묵히 수행인의 외길을 걸으며 제방 선원 수좌들의 본보기가 되어 주셨던 분. 산속에서 가장 자연에 가까운 삶을 사시며 먼발치에서 바라보기만 하여도 마음의 오만 파도가 잠잠해지는 무심 도인.

그렇게 오래도록 언제까지나 사실 것만 같던 스님의 돌연한 열반은 많은 후회와 아쉬움을 안겨 주곤 한다. 편찮으시다는 소식을 듣고서도 문병 한 번 가지 않고 살기에 바빠 미루기만 한 일이며 무성의하게 살아온 날들이 도리를 다 못한 것 같아 미안함으로 남는다. 자주 찾아뵙지는 못했지만 이따금 만나 뵙고 싶었던 분이었는데…….

사방이 산으로 둘러싸인 태백산 중턱 조그만 암자에서 솔바람 소리를 들으며 차 한잔 우려 드시는 것을 무척이나 좋아하셨던 스님. 아무도 없는 좁은 산길을 휘적휘적 걸으시던 뒷모습이 눈에 선한데 스님은 지금 어디에 계시는 것일까. 인연 따라 모였다가 사라지는 것일 뿐 집착해야 할 영원한 것은 아무것도 없다고 했던가.

(2005)

4
있는 그대로

그냥 저녁노을을 무심히 바라보듯이
인간사 모든 일을 주어지는 대로, 어떤 기준이나
고정관념 없이 있는 그대로 받아들이며 편안하게
사는 수밖에 별도리가 없는 것은 아닐까.

멋진 이별

봄비가 이틀째 추적추적 내리고 있었다. 한창 피어오른 벚꽃들이 이번 비에 많이 떨어지겠구나 싶은 생각을 하며 창밖을 내다보곤 했다. 그저께는 청명 한식을 맞아 시아버지 산소엘 다녀왔다. 고향 마을 뒷산 양지바른 산자락에 편안히 누워 있는 무덤 하나.

시아버지께서 돌아가신 지 석 달이 넘었는데 아직도 당신의 부재가 실감이 나지 않는다. 별로 신고도 않고 갑자기 떠나셨기 때문일까.

지난 겨울 방학 때 김해에 있는 반냐라마 명상 센터에 가서 교사 직무 연수를 받고 있을 때였다. 이틀쯤 지났을까. 이른 아침 식사를 마치고 그날의 첫 강의를 들으려고 강당에 모여들기 시작할 즈음이었다. 누군가가 옆으로 오더니 내 이름을 확인하는 것이었다.

맞다고 했더니 어서 집으로 연락을 하라고 했다. 얼떨떨한 기분으로 사무실에 달려가 남편에게 전화를 냈다. 담담한 목소리로 "아버지께서 돌아가셨다."라고 하는 것이 아닌가. 어안이 벙벙해서 "어떻게 하다가……." 하며 말을 잇지 못했다. 남편은 돌아가시게 된 경위를 짧게 얘기한 뒤 빨리 오라고 했다.

열차를 타고 집으로 향하며 새벽에 갑자기 돌아가셨다는 말이 믿기지 않고 너무나 황당한 느낌이 들었다. 원래는 아주 건강하셨는데 4년 전에 대상포진을 앓으신 뒤부터 조금씩 기력이 쇠퇴해지기는 하셨다. 그러나 불과 며칠 전에 식구들이 외식을 했을 때 식사도 많이 하시고 기분이 좋게 보이셨기 때문이다.

대학병원 영안실로 들어가며 걸음이 휘청거리곤 했다. 경황없이 장례식을 마치고 사십구재를 지내 드렸다. 재를 올리던 마지막 날, 큰스님께 법문을 청했다. 스님은 탁자에 오르자마자 '오늘 이 멋진 이별을 하는 자리에 오게 되어 영광으로 생각한다'는 뜻의 말을 하는 것이 아닌가. 평소 그분의 성품대로 고인을 떠나 보내는 의식에서도 밝고 푸근한 분위기를 안겨 주었다.

법문을 들으며 '멋진 이별'이라는 말이 너무나 실감나고 마음에 남았다. 그것은 시아버지의 타계에 대해서 무척 어울리는 말 같았다. 생전에 좀더 잘해 드리지 못한 것이 후회스럽고 한 오 년쯤이라도 더 사셨으면 하는 아쉬움이 일었다. 하지만 팔순은 넘기셨고, 무엇보다 큰 고통 없이 가신 것이 다행한 일이라고 모두들 얘기하곤 했다. 돌아가신 시기도 겨울방학이 시작된 지 일주일도 안 된

때여서 교육자 자녀가 많은 집안에 여러 가지 의식을 치르기가 얼마나 수월했는지 모른다.

나중에 생각해 보니 어쩌면 당신께서는 미리 마지막을 예감하신 듯하기도 했다. 며칠 전부터 서랍 정리도 하고 시어머니께 평소 안 하던 말씀을 하기도 하셨다는 것이다. 지난날 살아온 이야기며 그동안 고생 많이 시켜서 미안하다는 등 고마움을 전하셨고 통장이 든 곳의 열쇠까지 맡기셨다고 한다. 그리고 가족들이 회식을 했던 날은 양력 설이어서 서울에 있는 증손자까지 다 모였었는데 그날도 되새겨 보니 평소와는 다른 모습을 보이셨던 것 같다. 저녁식사 후 어른들 댁에 들러 놀다가 집으로 올 때였다. 11층 아파트 문밖에서 인사를 하고 내려와 차를 돌려 나오려고 할 때 갑자기 아들 녀석이 "저기 할아버지 내려오셨다!"고 했다. 그러고 보니 주차장 저쪽에서 이리저리 기웃거리며 우리를 찾고 계시는 것이 아닌가. 전에 없던 일이었다. 우리는 모두 내려서 재삼 인사를 했고 당신께서는 우리가 탄 차가 보이지 않을 때까지 손을 흔들고 서 계셨다. 그때 그것이 자손들과의 마지막임을 짐작하셨을까. 그날따라 진지하게 보이시던 표정이 눈에 선하다.

시아버지께 여러 가지로 고마움을 느끼며, 어떻게 하여 그런 멋진 이별을 해 마치실 수 있었는지 생각해 보았다. 어린 시절 고생을 하셔서인지 인내심이 많으시고 초등학교에 오래 근무하시며 천진하고 순수한 성정이 몸에 배이신 것 같았다. 시집와서 삼십 년이 넘도록 살았지만 가장으로서의 권위를 앞세우거나 화내시는 것을 본 기억이 별로 없을 정도이다. 가족들, 제자들은 물론 주위 사람들에 대한 사랑도 지극하셔서 조문객 중에 가슴이 훈훈해지는 일화를 얘기하는 분들이 많았다. 욕심이 적고 현실을 긍정적으로 바라보며 늘 맑고 평화로우셨던 분. 생전에 그러한 삶을 사셨기 때문에 법문을 맡게 된 스님도 비슷한 분을 만나게 된 것은 아닐까.

묏자리도 어쩌면 그렇게 따뜻하고 평온하게 보이는 곳을 구할 수 있었는지 신기하게 여겨질 정도였다. 아무리 훌륭한 지관을 모시고 명당을 찾아다녀도 정작 선택되어지는 곳은 그 산소의 주인이 될 사람에게 달려 있다고 하던가. 몇 년 전에 남편은 어른들의 산소를 구하려고 유명하다는 풍수를 따라 몇 번 나들이를 한 적이 있었다. 그러던 어느 날인가 이젠 결정이 되었다는 듯 안심을 하는 눈치였다. 고향 가까이 영주나 풍기 쪽 소백산 자락을 돌며 좋은 자리를 찾다가 고향 마을의 뒷산을 가 보게 되었다고 한다. 가까운 조상들의 산소가 있기도 해서 두루 살펴볼 겸 갔었는데 거기서 우연히 발걸음을 멈추게 한 곳이 있었던 것이다. 어쩌면 아주 자연스럽게 만난 인연 같은 것.

평소에도 아직까지 큰댁, 작은댁이며 가까운 일가들이 살고 있고 예전 인심이 남아 있어 고향에 가기를 좋아했었다. 그런데 이제는 시아버지께서 계시므로 더 자주 찾게 된다. 산소 둘레에 옥향이랑 황금측백 등 작은 나무도 몇 그루 심어 놓아서 더욱 아늑하게 느껴졌다.

누구나 피할 수 없는 이승과의 작별, 그 죽음을 옛 친구 기다리듯 맞이하고 싶다. 그리고 주위 사람들에게 아름다운 뒷모습을 남기고 멋진 이별을 할 수 있다면 얼마나 좋을까 하는 생각을 해 본다.

(2006)

낙화落花

지난해 여름이었다. 내가 속해 있는 한 단체에서 영양군 일월면에 있는 주실마을에 가게 되었다. 거기서 조지훈 시인의 생가며 태실胎室, 문학관 등을 구경하였다. 청록파 시인의 한 사람이고 대표적인 현대 시인이자 국문학자이며 지조와 풍류가 있었던 인물. 그의 형도 시를 쓰고 독립운동을 했었다고 한다. 그런데 아깝게도 어린 나이에 이승을 떠났다고 하는 얘기를 들으며 벽면에 걸린 형의 시를 바라보니 그의 단명을 상징하는 듯하여 애처로운 마음이 들었다. "오래 살아 무엇 하리, 길게 살아 무엇 하리……"라는 시어들.

학창시절 문예반을 들락거리며 승무, 풀잎 단장 등 지훈의 시를 외며 감동하던 일들이 먼 세월 속에 어렴풋이 떠올라 와 감회가 깊었다. 그때의 소녀는 지금 이순耳順의 나이에 접어들어 주름살이 늘어가고 있음이……. 우리 일행들은 지훈의 생애를 되새겨 보며 천천히 거닐고 있었는데 문학관 2층 어느 쪽인가 가장자리에 왔을 때였다. 누군가가 여기 시인의 육성을 들을 수 있도록 되어 있다고 하는 것이었다. 나는 호기심에 얼른 버튼을 눌러 보았다.

오십도 안 된 나이에 폐를 앓으며 누이와 함께 낭독한 시 '낙화'였다. 누이도 시인이었다고 하는데 그녀의 목소리만 낭랑하게 들리고 지훈은 겨우 들릴락 말락한 소리가 처연하게 울려 나왔다. 걸음을 멈추고 서서 낭송 테이프가 다 돌아갈 때까지 들으며 가슴이 저려 오는 듯했다. 병색이 완연한 그의 목소리가 끝부분에 가서는 그대로 울음이었다.

"꽃이 지기로서니 바람을 탓하랴…… 촛불을 꺼야 하리 꽃이 지는데…… 꽃이 지는 아침은 울고 싶어라"

죽음을 예감하며 어찌할 수 없는 삶에의 애환이 절절하게 묻어 나오는 목소리. 그날 이후 때때로 그분의 음성과 '낙화'라는 단어, 그리고 '울고 싶어라'라는 말을 생각하곤 했다.

얼마 전에 어떤 분을 오랜만에 만난 적이 있었다. 십여 년 전 태백산 각화사 동암에서 용맹정진 참선수행하던 그를 만나게 된 것은 그의 사촌 누이를 통해서였다. 모두가 선망하던 명문 대학을 그만두고 출가하여 치열한 구도행을 실천하고 있었을 때. 그 즈음 몇 번 차를 마시며 이야기를 들은 후 드문드문 소식을 전해 듣곤 했었다. 주로 깊은 산 선방, 그 중에서도 가장 힘든 선원만 찾아다니며 뼈를 깎는 정진을 고수하고 있다는.

지난번에도 그의 누이를 따라 대전 동학사 부근 어느 선방에서 잠시 면담을 할 수 있었다. 한 삼 년 만에 다시 만난 그는 무슨 얘기 끝에 참 많이 늙어 보인다고 했다. 어디 아픈 데는 없느냐며 조금은 걱정스러운 듯이 묻는 것이 아닌가. 생에의 무명에 시달리며 퇴색해 가는 모습의 나를 쳐다보며 어떤 연민 같은 것을 느끼는 듯했다.

처음 봤을 때, 각화사 시절 그때는 …… 하고 한참 머뭇거리더니 꽃 같았는데 하며 희미하게 웃었다. 마음속에서 '낙화'라는 시가 다시금 생각났다. 세월은 참 무자비하고 야속하지 않느냐며 무슨 비애 같은 것을 생각나게 하는 그의 말을 들으며 나는 오히려 담담한 기분이 들기도 했다. 이미 외모에 초연해서인지 아니면 그나마 한때는 꽃 같았다는 말에 위안이 되어서인지는 모르지만. 나는 아무 이상이 없다고 대답하면서도 몰골이 말이 아니구나 싶은 생각을 했다.

요즘 들어 주위의 지인들 중 몇 사람이 중병에 걸렸다는 소식을 전해 들었다. 평소에 건강해 보이던 친척이며 친구, 그리고 지인의 딸까지……. 바쁜 시간을 쪼개어 문병을 가고 유명한 병원이며 의사를 찾아다니기도 했다. 달나라까지 오가는 세상, 현대 의학으로도 고칠 수 없는 병을 민간요법이나 심리치료, 기도의 힘으로 기적을 일으킬 수는 없을까 고심하였다. 삶이 무심하기는 이루 말할 수 없었다. 끝도 한도 없이 밀려오는 인생의 파노라마 같은 것.

좀 더 잘살고 행복해지기 위하여 불철주야 애쓰며 살아와 이제는 남들 부럽지 않게 살만 하니 죽을병이 기다리고. 눈에 넣어도 아프지 않을 사랑하는 사람들을 두고 먼저 떠나야 하는 서러움. 그 모든 것들이 연기법에 의한 인연 소치일 뿐이라고 간단하게 넘겨 버릴 수 있는지……. 어쩌면 애착하는 마음만 없다면 무상無常도 고苦도 별것이 아닐 수 있겠지만.

이런저런 업연으로 이생에 태어나 그간 많은 시간을 살아왔었다. 돌이켜보면 잠깐인 듯하지만 적지 않은 연륜. 나도 그리고 주위의 지인들도 언젠가는 꽃잎이 지듯이 사라져 갈 것이라는 생각을 해 본다. 몸은 지수화풍地水火風으로 분해되고 남아 있는 사람들의 기억 속에서도 서서히 없어지리라는 상상. 그것은 어쩌면 슬픔으로, 허무로 다가오는 듯하다. 아직도 삶에의 집착이 덕지덕지 묻어 이따금 '울고 싶어라'라는 말을 생각하고 있으니…….

1940년대에 지훈이 울고 싶어 하던 심정을 충분히 공감한다고 할까. 사십 대 한창 나이에 중병으로 생을 마감해야 하는 심정이 어떠했을까. 그것도 남다른 지성과 감성을 소유한 사람으로서.

태백산에서 처음 만났던 그는 평생을 바쳐 생사해탈을 위해 도를 닦고 있다. 현생의 모든 부귀영화를 외면하고 오로지 외길을 가는 치열한 수행인. 그는 지금쯤 평생의 과업을 해결해 마쳤을까.

지난번에 만났을 때 권유하던 말이 떠오른다. 이제 세속에서 살 만큼 살아 봤으니 더 늦기 전에 생애 중대사인 수행에 진력해야 하지 않겠느냐고. 그런데 아직도 그 말을 귀 밖으로 듣고 중생심에 연연하며 동분서주하는 자신이 안타깝게 느껴진다. 이따금 저 멀리 인도나 미얀마로 떠나 전문 수행처에 앉아 보고 싶다는 생각을 해 볼 때도 있었다. 하지만 지금 이 현실에선 그대로 마음 닦는 공부를 하는 것이 더 중요하고 시급하다는 생각이 든다.

언제쯤 계절에 상관없이 꽃잎이 지기도 하는 것을 울고 싶은 마음이 아닌 편안한 마음으로 볼 수 있을까. 파도가 일어났다 사라지는 것을 보듯이…….

(2007)

놓고 가는 삶

광복절 연휴를 전후하여 백두산에 가게 되었다. 올해 들어 허리도 아프고 건강 상태가 좋지 않았지만 모처럼의 기회를 포기하기는 아까웠다. 남편의 지인들 모임에서 기획한 여행.

생각해 보면 건강 문제만이 아니라 여러 가지 여건들이 한가롭게 여행을 떠날 만큼 편안하지는 못하였다. 만만찮은 여행비하며 며칠간의 시간적 여유, 그리고 어렵게 사는 주위의 시선들을 의식하며 망설이기도 했지만, 이제 더 나이가 많아지면 먼 길을 떠나기가 힘들 것이라는 생각도 들었다. 그리고 우리 민족의 영산을 죽기 전에 한번 보고 싶다는 생각을 하며 크게 갈등하지 않고 결정할 수 있었다.

간단하게 짐을 챙겨 들고 집을 나서는 것은 홀가분하고 즐거운 일. 언젠가 인연이 다하여 집을 영영 떠나고 이승을 하직할 때도 이리 가벼운 마음이 될 수 있을지.

공항에 나가 비행기 시간을 기다릴 때부터 몸도 마음도 편하고 쉬워지는 듯했다. 온갖 의무와 책임에서 해방되어 오로지 시간에 맞추어 움직이기만 하면 되기 때문이다. 예약된 단체 여행에서 개인의 욕심이나 선택, 결정은 필요하지 않게 된다. 차에 타라고 하면 타고 구경을 하라고 하면 하고 주는 대로 먹고 몇 시까지 자라고 하면 자면 될 뿐. 더욱이 평소에 못 보던 색다른 지명이나 문물을 만나고 별식을 먹을 수 있는 호강도 누릴 수 있으니 말이다.

하기는 평소의 삶도 여행을 즐기듯이 구경하듯 할 수도 있지는 않을까. 구구절절이 시비 분별을 하고 옥신각신하며 번거롭게 살 필요는 없다는 생각을 해 보기도 했다.

중국의 단동, 집안, 통화 등을 거쳐 버스를 하루에 열 시간씩 탈 때도 있었다. 우려했던 대로 허리가 욱신거려 버스에서 줄곧 누워 있었다. 단동 옆 압록강에서 배를 타고 신의주항을 바라보니 북한 아이들의 말소리가 들리고 검은 하의에 흰 상의가 대부분인 옷차림이 보였다. 지금도 굶어 죽는 아이들이 많다는 북한의 어려움이 실감되도록 삭막한 광경.

고구려 시조 주몽이 나라를 세우고 최초로 쌓은 졸본성의 성터인 오녀산성, 광개토왕릉, 장수왕릉, 400여 년간 고구려 수도였던 국내성이며 환도산성 등을 보며 그 시절 우리 영토에 대한 아쉬움을 느껴 보았다. 셋째 날인가, 버스를 다섯 시간이나 타고 보고 싶었던 백두산 중턱에 내렸을 때는 관광객들이 줄을 지어 산으로 오르고 있었다. 기온이 낮은 고산 지대라 한기를 느끼며 산정을 바라보았다. 몇 년 전 인도의 전정각산에 오르던 기억이 났다. 뭔가 종교적인 숙연함이 느껴지고 성지 순례라도 온 듯 경건한 마음. 수많은 계단을 힘겹게 오르며 일행들은 오로지 백두산을 보고 가야 한다는 생각을 하는 것 같았다. 안내자의 농담에 의하면 백 번 와서 두 번밖에 볼 수 없다 하여 이름을 백두산이라고 했다는 것. 그처럼 날씨 변동이 심하여 온전하게 산의 모습을 보기가 쉽지 않은 듯했다. 머리가 아프고 어지러워 몇 번을 쉬어서 드디어 백두산 천지 앞에 오르게 되었다. 앞서 온 많은 사람들이 운 좋게 산의 모습을 환하게 볼 수 있다고 웅성거리며 기분 좋은 탄성을 지르고 있었다.

사진으로만 보고 말로만 듣던 백두산 천지 앞에 서서 감개무량하여 가슴이 떨리는 듯했다. 무지무지하게 큰 못, 그 주위를 둘러싼 기묘한 산봉우리들. 어떻게 산정에 이러한 호수가 생겼을까 싶었다. 몇 장의 기념 촬영을 하고 나서 돌덩이 위에 앉아 조용히 못을 내려다보았다. 바로 밑 언덕 아래에 허술하고 작은 움막이 하나 지어져 있고 발동기 돌아가는 소리 같은 것이 요란하게 들려왔다. 그 토막집에 어쩌면 사람이 살고 있겠지 싶은 생각을 하며 마치 내가 거기 살고 있는 것처럼 아주 가난하고 외로운 심정이 되기도 했다.

영화 '타이타닉'의 마지막 부분이 생각났다. 여주인공이 배가 침몰한 후 천신만고 끝에 목숨만 겨우 살아서 한쪽에 쭈그리고 앉아 있던 장면. 망망한 대해에서 사랑하는 사람이며 모든 것을 잃고 단지 생명만 구조되어 그 말할 수 없이 참담하던 모습. 부귀영화를 꿈꾸며 항해하던 내 인생의 배도 언제부터인지 서서히 침몰해 가는 것은 아닌가 하는 생각을 하며 그 여주인공의 심정이 되어 보기도 했다.

기암괴석이 많은 동양의 그랜드캐니언 금강대협곡이며 너무나 장엄한 백두산, 제3기 말의 화산 활동으로 이루어진 칼데라호로 세계에서 가장 높고 수심이 깊은 고산 호수 천지연을 바라보며 나는 왠지 한없이 왜소해지는 것을 느끼고 있었다. 그리고 이제부터는 아무것도 욕심내지 말아야지 하는 생각이 절절하게 사무쳐 왔다. 그것은 거대한 자연현상 앞에서 무언가 두렵고 숙연해지는 느낌 같은 것이었다.

그냥 세 끼 밥이나 굶지 않고 살 수 있으면 되었지 무엇을 그렇게 많이 가지고 누리려고 애썼는지 자신이 불쌍하게 여겨졌다. 그리고 그러한 어리석음 때문에 오랜 세월 힘들게 만든 주위의 사람들에게 속죄하고 싶은 심정이 들기도 했다.

천지를 내려다보며 잠시 명상에 잠겨 있다가 일행들의 부르는 소리에 일어서며 다시 한 번 뒤돌아보았다. 이번 생에 여기를 다녀간 인연으로 아직도 다 놓지 못해 무시로 자신을 괴롭히는 수많은 고정관념과 집착들을 내려놓을 수 있었으면 좋겠다는 생각을 해보았다. 어디선가 들은 '놓고 가는 삶'이라는 말을 떠올리며…….

(2008)

무아無我

아침에 잠이 깼을 때 뭔가 상쾌하지 못하고 담담한 심경이 될 때가 있다. 삶의 무게가 좀처럼 가벼워지지 않고 힘겹다는 느낌. 그것은 욕심이 많아서인지 어리석은 탓인지는 모르나 평생의 화두로 남아 있는 듯했다.

운문 스님처럼 매일매일이 좋은 날이 되려면 마음속의 찌꺼기를 모두 내려놓고 허공과 같이 되어야 한다는데 그게 그리 쉽지 않은 모양이다.

어떤 이가 내게 "이제 삶에서 더 바라는 것이 없지요?" 하기에 문득 있다고 대답했더니 그분은 무엇을 바라는지 묻지도 않고 그것은 팔공산을 범어네거리로 옮겨 놓고 싶어하는 것과 같다고 했다. 끝없는 갈망, 채워지지 않는 욕구 같은 것.

어린 시절부터 완벽주의적인 면이 있어서인지 아무리 노력해도 만족이 되지 않고 충분히 행복하고 편안할 수 없는 성격이 되어 있었다. 언제나 자신의 기준은 저 위에 있고 현실은 못마땅한 수준에서 맴돌고 있을 뿐. 지금 이대로, 자신에게 주어진 모습 그대로가 아름다움이라는 것을 알지 못하고 어떻게 어떠한 형태로 살아야만 한다는 뿌리 깊은 고정관념. 그것은 자신과 주변인들을 힘들게 하는 요인이 되기도 했다.

어찌어찌한 인연으로 결혼을 하고 보니 시댁 식구들은 성격이 나와 사뭇 달랐다. 외적인 조건에 상관없이 자존감이 높고 자신만만했다. 거기다 손아래 동서까지 비슷한 경향이어서 집안에 행사가 있거나 할 때면 유독 혼자서 자의식을 느끼며 스트레스를 받곤 하는 것 같았다.

생각해 보면 많은 시간을 필요 이상으로 남을 의식하고 인정받기 위해서 살아온 듯 느껴지는 면이 있다. 누구보다 열심히 노력하면서도 늘 타인의 평가에 지나치게 신경을 쓰고 거기에 좌우되는 등. 상대방으로부터 조금이라도 나쁜 소리를 들으면 그것을 인정하지 못하고 오랫동안 마음이 편치 못할 때가 많았다.

어떤 장애인 시설 입구에 걸려 있는 현수막에 "행복한 세상, 차이의 이해에서 시작됩니다"라고 쓰여 있었다. 비록 장애일지라도 단순히 차이일 뿐이라는 것일까.

한 생애 많은 시간을 나와 남을 비교하면서 끊임없이 경쟁하고 시기하는 마음으로 자신을 괴롭히며 살아온 일들이 부끄럽게 여겨진다. 산에 있는 수많은 종류의 수목들이나 짐승들처럼 인간도 자신의 특징이나 근기에 맞게 살면 될 뿐이라고 말하는 사람이 있었다. 동물의 세계에서처럼 자연의 질서를 따르며 순리대로 사는 것.

지난 세월, 아니 지금까지도 뭔가 잘 살아보겠다고 무진 애를 쓰며 노력한 것이 많은 부분 개인적인 욕심을 채우기 위한 것이었다. 주위의 어떤 사람들을 부러워하기도 하고 사회 통념상 그렇게 사는 것이 성공이고 행복이라는 외면적인 부귀영화의 잣대에서 자유롭지 못한 생활.

삶은 엄밀하게 따지면 철저하게 주관적이고 정신적인 가치가 중요한 것을 알면서도 거름 지고 장에 가듯 이리저리 휩쓸리며 살 때가 많았다.

천체물리학에 관심이 많아서 그 방면의 책 읽기를 좋아하는 친구에게 들은 얘기가 가끔씩 떠오른다. 우주의 어느 지점에 올라가서 보면 지구가 작은 별처럼 보이고, 더 멀리 가서 보면 황사 때 날리는 한 개 먼지처럼 작게 보인다는 것. 그 상상도 할 수 없이 엄청난 우주 속 한 개 티끌일 뿐인 지구 위에 나란 존재는 없는 것과 마찬가지가 아닐까.

모든 형상을 가진 것은 허망하고, 그 모양이 모양이 아니라는 말이 있다. 우주 삼라만상, 그 중 인간도 다만 연기緣起로 이루어져 잠시 꿈을 꾸듯 살고 있을 뿐 실체가 없다는 얘기. 애초부터 우리의 존재 원리가 그렇게 되어 있는데 오랜 세월 무지한 탓으로 나란 생각에 사로잡혀 그것이 마치 영원히 있는 양 시시비비를 끝없이 펼치며 살아왔다.

아침에 눈을 뜨며 '감사합니다'라는 말을 백 번씩 되풀이하기도 하고 그동안 알게 모르게 지은 잘못을 참회하는 기도를 해 보기도 했다. 그러나 해도 해도 끝이 없는 번뇌 망상은 꼬리에 꼬리를 물고 일어나고 마음이 완전한 평안의 경지에 도달하기가 왜 그렇게 어려운지…….

얼마 전 어떤 분과 긴 얘기를 하였는데 헤어지면서 당부하는 말이 '내가 없지!' 하고 생각하라는 것이었다. 그렇게 하겠다고 가볍게 약속하고 돌아왔는데 이상하게도 계속하여 그 말이 떠오르는 것이었다. 그동안 그 비슷한 말을 수없이 들어 왔어도 실감이 나지 않았는데 그분이 남긴 내가 없다는 그 두 마디에 모든 것이 해결되는 듯했다.

비합리적이고 불평등한 대우를 받는 것 같아 목구멍에 걸린 가시처럼 아프고 가슴에 응어리가 되어 좀체 놓아지지 않던 어떤 알음알이, 분별 망상 덩어리가 한순간에 턱 사라지고 무분별지에 든 것처럼 마음이 편안해지는 것이었다. 이제 더 이상 무엇을 구하는 마음에도, 그 어떤 상황에도 흔들리지 않을 것 같은 희미하나마 확실한 길이 보였다.

얽힌 실타래를 풀 수 없을 때 단칼에 끊어 버리는 방법이 있는 것처럼 그것은 말길도 끊어지고 생각의 길도 끊어지게 하는 묘한 방편이었다.

(2009)

있는 그대로

길을 가다가 학교 건물이 보이면 잠시 멈추어 서곤 한다. 건물 유리창 너머로 어른거리는 학생들의 모습이며 떠드는 소리가 정겹기도 하고 아련한 그리움으로 다가오기도 한다. 사십 년간 근무하던 교직을 두 달쯤 전에 정년이 되어 나오게 되었다. 생각해 보면 강산이 네 번이나 바뀌는 긴 세월이었지만 또 한편으론 너무나 빨리 지나간 시간들이기도 했다.

그동안 교직이 적성에 맞지 않는 것 같아 직업을 바꾸려고도 해 보고, 명예퇴직을 하겠다고 두 번이나 신청했다가 철회하기도 했다. 많은 갈등을 느끼면서도 끝까지 완주하게 된 것을 생각하면 장하게 느껴지기도 하고 좀 미련스럽게 보이기도 한다. 그것은 한번 혼인한 사람과 잘 맞지 않으면서도 이런저런 이유로 중도에 포기하지 못하고 사는 사람들과 흡사했다고나 할까.

퇴직을 축하하는 친정 식구들의 모임에서 오빠가 건배사를 하며 "별 대과 없이 비가 오나 눈이 오나……." 하며 조금은 자랑스럽게 치하하는 말을 들으며 내심 담담해지는 심경이 되기도 했다. 젊은 시절 한때는 수업 잘 하는 우수한 교사로서 각광을 받기도 했으나 후반부에 와서 승진이나 모든 명예를 뒤로하고 일개 무명 교사로서 말단 외직을 전전하기도 했던 것이다. 그 모든 것이 스스로 선택한 길이었기에 조금도 후회가 없고 오히려 그 과정들을 통해 얻은 바가 많다는 생각을 해 보기도 한다.

어린 시절 중학교 정도만 시키려고 마음먹었던 부모님의 뜻을 거역하고 완강한 고집으로 진학을 감행했었다. 그리하여 평생을 교육자연하며 지낼 수 있었고 어딜 가면 '이 선생!' 하고 불러 주는 호칭을 좋아하기도 했다. 그러나 가르친다는 직업에 큰 자부심이나 보람을 느끼는 편은 아니었다. 그런데도 끝까지 지탱한 것은 어쩌면 경제적 수단과 사회적 인정, 학생들에 대한 최소한의 애정 때문이었는지도 모른다.

막상 정년퇴직 준비 휴가를 받아 몇 달을 지내면서 그동안 관심을 가졌던 곳을 찾아다녀 보았다. 가는 곳마다 나이가 많아서 힘들겠다는 생각이 들었다. 몇몇 자원봉사 활동 영역을 제외하면 연령 제한이 있어서 명함도 못 내밀고 돌아서야만 할 정도였다.

어떤 이는 지금까지 힘들게 일했으니 이제부터는 마음껏 놀기만 하라고 했다. 그러나 일 중독에 가까운 천성 탓인지 무작정 놀러만 다닐 수는 없었다. 오히려 사람은 죽을 때까지 일을 해야 한다는 처칠 수상의 말이 더 설득력 있게 들리는 것이 아닌가.

십여 년 전 정년이 단축되는 법이 통과되면서 많은 사람들이 꽤 탐이 나는 명퇴금을 받아들고 나간 적이 있었다. 그때 같이 떠나려고 마음먹었다가 끝내 포기했던 것이 지금에 와서 조금은 후회스럽게 여겨지기도 했다. “구더기 무서워 장 못 담근다”는 속담처럼 장 담그는 것이 중요한데 괜히 구더기만 무서워하며 살았었구나 하는 생각도 들었다. 직장을 그만두었을 때 다른 부작용이 많을 거라는 우려. 결국은 용기가 부족해서였을 것이다.

그때 어떤 분은 당장 사표를 내고 자기가 진정으로 하고 싶은 일을 하며 가슴 벅찬 삶을 살라고 강경하게 말하기도 했었다. 그런데도 그 ‘하고 싶은 일, 꼭 해야 되는 일’을 못 했던 것은 나름대로의 한계 같은 것이 있어서였을까. 아니면 그래도 교직에 대한 무게를 많이 두고 있어서였을까. 어쨌든 가 보지 않은 길에 대한 미련은 남기 마련인가 보다.

퇴직자 간담회에서 교육감이 “이제 교육자라는 멍에를 벗고 사회에 나가 마음껏 즐겁게 사십시오”라는 뜻의 말을 하는 것 같았다. 그 말을 들었을 때는 그동안 열심히 일한 것이 뿌듯하게 느껴지고 이제 그 구속에서 벗어나 홀가분하게 살 수 있겠구나 싶은 생각이 들었다. 어쩌면 지금까지 살아온 길이 나에게 최선이었을 수도 있지 않을까.

언젠가 말기 암을 앓으며 투병하고 있는 지인과 얘기하다가 문득 젊은 날 한때 이혼하고 싶어 했던 것을 기억하고 물어보았다. “그때 이혼 안 하길 잘했지요?” 했더니 예상 밖의 대답을 하는 것이 아닌가. 이혼했어야 했다는 단호한 태도. 죽음을 눈앞에 두고 왜 그렇게까지 생각하는지 처음엔 이해가 되지 않았다. 그분은 네 남매를 혼자서 키우다시피 하여 다 치송하고 나자 모진 병에 걸리게 되었던 것이다. 그 후 몇 년간 병원으로 요양원으로 다니게 되었는데 그사이 남편은 외도를 하고 있었던 것을 눈치챈 모양이었다. 그래도 자식들을 위해선 잘 참고 살지 않았느냐고 했더니 그것도 아니라고 고개를 흔드는 바람에 가슴이 서늘해지는 경험을 한 적이 있었다. 지금 생각해 보면 그분이 이혼을 했든 안 했든 아무 상관이 없다는 생각이 드는데 그때는 아마 이혼 안 한 것이 다행이었다는 생각을 한 모양이었다.

어느 어머니는 자식을 잘못 키워 불행하게 만들었다고 한탄하며 하는 말이 “다음 생에 다시 자식을 키우게 된다면 노을을 바라보듯이 하겠다”고 했다. 노을이 어떤 모양으로 물들든지 이렇다 저렇다 시비하지 않는 것처럼 자식이 부모 욕심대로 되지 않는다고 탓하거나 속을 끓여서는 안 된다는 말 같았다. 자식 때문에 얼마나 힘들었으면 그런 말을 할까 싶은 생각이 들면서 공감되는 바가 많았다. 그것이 어찌 자식 키우는 일에만 국한되는 것일까마는.

지나간 세월을 좀 다르게 살았으면 더 좋았을 것을 하고 되뇌어 볼 때도 있지만 아무 소용없는 일일 뿐이다. 그냥 저녁노을을 무심히 바라보듯이 인간사 모든 일을 주어지는 대로, 어떤 기준이나 고정관념 없이 있는 그대로 받아들이며 편안하게 사는 수밖에 별도리가 없는 것은 아닐까.

(2010)

파노라마

사십 년을 근무하던 직장에서 퇴직한 지 일 년이 넘었다. 그동안 어떻게 무엇을 하며 지냈는지 모르게 세월은 너무나 빨리 흘러가고 있었다. 평소에 하고 싶었던 일들을 조금씩 기웃거리기도 하고, 건강에 이상 징후가 보여 병원을 들락거리기도 하면서. 다행히 입원할 정도의 상태는 아니어서 안심은 하였지만 지금까지의 생활 태도와는 다르게 각별히 조심해야 하는 경고장을 받은 셈이었다.

주위에서 친구들이 퇴직 기념 해외여행을 간다느니 하는 말들을 하곤 했다. 그러나 나는 아예 먼 나라의 얘기인 양 한쪽 귀로 듣고 흘려버리곤 했었다. 지난날 한때 무척 좋아했던 여행을 건강 때문에 못 간다고 생각하니 안타까운 마음이 들기도 했었지만.

건강에 도움이 될 것같이 보이는 곳을 찾아다니며 많은 시간과 노력을 투자하였다. 그러기를 어언 일 년이 지나가며 스스로 느끼기에 많이 좋아졌다는 생각이 들었다. 가까운 지인들도 퇴직한 후 확실히 나아졌다고 하며 좀 더 일찍 나올 걸 그랬다고 하기도 했다. 직장 일이 힘들면서도 이런저런 이유로 그만두지 못하고 끝까지 머뭇거렸던 것이 조금은 후회스럽게 떠오르기도 했다.

그런데 지난여름 어느 날 우연히 동유럽 여행을 갈 수 있는 기회가 생겼다. 한 열흘 남짓 걸린다고 했다. 나는 생각해 볼 여지도 없이 힘들어서 못 갈 것이라고 거절부터 하였다. 며칠도 아니고 열흘이 넘는 날을 감당하지 못할 것이 뻔하다고 하면서. 그런데 돌아서서 생각하니 가슴이 찡해지면서 발길이 떨어지지 않는 것이었다. 여행을 권유하는 사람들은 지금 안 가면 이제 더 늙어지고 죽기 전에 다시는 못 가게 될 것이라고 하였다. 그런 말들을 들으며 "누가 가기 싫어서 안 가나……" 하며 구차스러운 변명을 늘어놓기도 했었다.

동유럽 하니까 제일 먼저 스위스 생각이 났다. 중학교 때 밤을 새며 읽었던 '알프스의 소녀'에 나오는 '하이디, 클라라' 같은 이름들이 떠오르기도 하고, 내노라하는 친구들의 유럽 갔다 온 얘기들을 들으며 부러웠던 기억들이 한꺼번에 올라오는 것이었다. 그리고 어쩌면 그동안 건강이 어느 정도 회복되었으리라는 기대감이 용기를 내게 만들었다. '죽기 아니면 살기'라는 심정으로 비행기에 올랐다.

프랑크푸르트에 내려서부터 전용 버스로 여행을 시작하였다. 긴 버스의 옆면에 '파노라마'라는 영어 글씨가 커다랗게 적혀 있었다. 매번 차에서 내려 구경을 하고는 다시 그 파노라마에 올라타곤 하였다. 처음엔 아무 생각이 없었는데 며칠이 지난 후 이상하게 대문자로 굵게 쓰여진 그 단어가 자꾸만 눈에 띄는 것이었다.

여행을 다니며 소설에서나 읽고 사진으로만 보던 이국의 경치를 직접 보며 감탄도 하고 꽤 유식한 가이드의 끊임없는 설명을 듣기도 했지만 머리에 남는 것은 별로 없었다. 하루 구경을 마치고 돌아서서 자고 나면 그 전날 무엇을 봤는지 얘기하기가 힘들 정도로 기억력이 영 말이 아니었다. 단순히 나이 탓을 하기에는 좀 심한 건망증이 느껴져 자신에게 실망을 하곤 했다. 단지 세 여인(오스트리아 합스부르크 가문의 계몽 군주 마리아 테레지아와 엘리자베스 씨씨 그리고 소피아 왕비)에 얽힌 얘기들은 가슴에 진한 감동을 안겨 주었다.

버스로 댓 시간씩 몇 개국의 국경을 넘나들며 가이드는 정말이지 많은 얘기들을 들려주었다. 나는 그 내용들을 건성으로 들으며 차창 밖을 무심히 내다보곤 했다. 육백 년의 건축 기간에 걸친 화려하고 웅장한 교회며 성당, 아름다운 건물과 경치들. 여행은 일정에 따라 루체른, 인스부르크, 잘츠부르크, 비엔나, 부다페스트, 프라하 등의 생소한 도시들을 파노라마처럼 스쳐 지나가고 있었다. 한 곳에 머무르지 않고 계속하여 움직이는 여행.

온 산야가 푸른 잔디로 뒤덮여 있고 크리스마스카드에서 본 듯한 그림 같은 집들이 띄엄띄엄 보이는 스위스의 알프스 산장에 내렸을 때는 무리를 해서라도 여행 오기를 잘했다는 생각이 들었다. 그리고 문득 어머니 생각이 났다. 유럽 여행을 떠난다고 했더니 "너는 이 세상에 태어난 보람이 있구나." 하며 생로병사의 굴레를 벗어나지 못해 온갖 병고에 시달리는 구십 노구를 힘겹게 지탱하시던. 그 어머니 말씀대로 힘겨워 못 올 뻔했던 이번 여행을 하며 그동안 애쓰며 살아온 날들에 대한 보상을 받는 듯 마음이 푸근해지기도 했다.

생각해 보면 세월이 무상하여 언제 지나가 버렸는지 모르는 육십여 년의 시간들. 좋은 일들이 더 많았음에도 안타까운 기억들이 먼저 떠오르는 것은 완벽주의적인 성격 때문일까. 한 생각 돌이키면 자기 삶을 있는 그대로 긍정하고 만족하며 살 수도 있었을 텐데……. 어리석고 욕심이 많은 탓으로 바보스럽게 살기도 하고 누군가의 말처럼 젖은 짚단에 불을 붙이듯 했던 기억들. 오욕칠정에 끄달리며 쉼 없이 흘려보낸 지난날들이 오래된 전생의 사실인 양 희미하게 파노라마처럼 떠올랐다가 사라져 가곤 했다.

"이것 또한 곧 지나가리라"라는 말과 같이 어떤 상황도 고정되거나 영원한 것은 없는데 너무 집착하며 살았었다는 생각이 들었다. 이번 생에 내가 만난 사람들 중에 특히 진한 의미로 기억되는 몇몇 사람들에 대한 미안함, 고마움 등이 절절하게 떠올라 눈시울이 뜨거워지기도 했다. 어쩌면 그 모든 사람들은 수 억년 전부터 헤아릴 수 없이 많은 생을 거듭하며 지금까지 알게 모르게 내가 만든 인연이었다는 깨달음과 함께.

이 생이 끝이 아니고 또다시 다음 생으로 윤회전생 하며 이어질 끝없는 생사의 파노라마.

(2011)

절대 긍정의 세계

오래 전부터 두 달에 한 번씩 안과에 들러 검진을 받아 왔다. 눈에 지병이 있었던 것이다. 병이라기보다 장애에 속하는 희귀성 난치병 아니 불치병이었다. 망막색소상피변성증. 일명 알피라고 부르는 이것은 많은 중도 실명인들의 병명이기도 하다.

이십여 년 전 어느 가을 하도 눈이 욱신거리고 아파 늘 다니던 안과에 간 적이 있었다. 몇 가지 검사를 마친 의사가 그날따라 정색을 하고는 엄포를 놓았다. 직장을 그만두고 쉬어야 한다는 것이었다. 계속 책을 읽거나 무리를 하면 지금은 간간이 오는 통증이 심해져 견딜 수 없게 되고 시력이 점점 나빠져 봉사가 될지도 모른다고 했다.

의사는 병명이 뭔지 왜 그렇게 되는지 설명은 않고 그냥 이건 부자병이어서 잘 먹고 잘 자면서 편해야 된다고만 했었다. 그때 의사의 그러한 극단적인 말을 듣고 놀랐지만 설마 하는 마음이 있었던지 처방대로 하지는 않았다. 단지 고등학교에 근무하고 있었는데 중학교로 내려오고 전공과목도 책을 덜 봐도 되는 것으로 바꾸기만 했다. 그때 우연하게 교사 자격증을 두 개 가지고 있었던 것을 얼마나 다행하게 여겼는지 모른다.

눈을 최대한 아끼려고 노력했지만 그 후로도 이따금 앓으며 안과를 들락거렸다. 그런데 한 십 년쯤 전이었을까. 최신 기계를 도입하여 개업했다는 젊은 의사에게 가 보게 되었다. 정말 처음 보는 기계들을 이용하여 검사를 하고는 병명이 뭐라고 하면서 이 병은 선천성으로 야맹증을 동반하고 시야 협착이 심해 일반인들보다 눈의 피로가 몇 배 더 심하다느니 녹내장 등이 올 확률도 많다느니 했다. 그러면서 치료는 불가능하지만 병의 진행 속도를 완화시켜 주는 약을 평생 먹어야 한다고 하는 것이었다.

그로부터 꾸준히 안과를 다니며 나는 엄살을 부릴 때가 많았다. 책을 좀 낫게 보거나 컴퓨터 작업을 하고 있으면 눈이 쑤시고 아프다느니 침침해졌다느니 하면 의사는 늘 그 연세에 보통 사람도 그런 경우가 있다고 하며 눈 상태가 괜찮은 편이라고 하곤 했다. 내가 몇 번씩이나 직장을 그만두어야 되지 않겠느냐고 물었었는데 그는 잠간씩 생각해 보다가는 사표를 내는 것보다 계속 근무하는 쪽으로 종용하는 것이었다. 지금 무슨 새로운 연구를 시도하거나 하지는 말고 그냥 평상시대로 일하라고만 했다. 책을 적게 보는 것만이 문제가 아니고 마음을 편하게 해야 하는데 퇴직한다고 그리 되겠느냐고 말하기도 하면서.

의사의 지원에 힘입어 끈질기게도 정년퇴직까지 버틸 수 있었다. 그런데 퇴직 후 2년이 지나면서 문득 눈이 현저하게 나빠지는 것이었다. 안경 도수를 아무리 높여도 시력이 좋아지지 않는 것을 보며 마음이 착잡해졌다. 평소에 보던 책들의 활자가 희미하게 보여 책을 덮기도 했다. 몇 년 전에 처분한 뒤 얼마 남지 않은 책장의 책들을 꺼내 버리기도 하고 남들에게 주려고 내놓기도 했다. 책에 대한 애착을 놓아야겠다고 생각하면서.

그러던 어느 날 진료를 마치고 나오면서 의사에게 뭔가 확인하듯이 "녹내장 같은 것이 올 염려가 많지요?" 하고 물었었다. 그랬더니 의사가 이제까지와는 다르게 단호한 어조로 "녹내장이 오는 게 문제가 아니라 이 병 자체가 실명으로 가고 있는 겁니다."라고 하는 것이 아닌가.

그동안 짐작은 하고 있었지만 신뢰하던 의사의 입에서 분명한 말을 듣고 나니 암 선고라도 받은 것처럼 충격적이었다. 실명이 오기 전에 죽을 수 있었으면 좋겠다는 생각이 들기도 했다. 나는 물에 빠진 사람이 지푸라기라도 잡는 심정으로 간절하게 다시 물었다. 어떻게 하면 이 병의 진행을 지연시킬 수 있겠느냐고. 의사는 언뜻 별 방도가 없다는 표정을 짓더니 갑자기 생각난 듯이 딱 한 가지가 있다고 했다. 눈을 커다랗게 뜨고 쳐다봤다. 구원의 길이라도 찾는 심정으로. 의사는 오직 이것밖에는 없다는 듯이 "신경을 쓰지 말아야 합니다."라고 하는 것이었다. 그러고 보니 그전에도 가끔씩 눈 상태가 안 좋아 보일 때 "요즘 뭐 신경 쓰는 일 있습니까?"라고 하던 기억이 났다.

나는 내가 무엇에 신경을 쓰며 살고 있는가를 돌이켜보았다. 마음 공부를 나름대로 한다고 하면서 아직도 집착하고 있는 일들이 떠올라 왔다.

집으로 돌아가는 길, 하오의 가을볕이 전에 없이 따사롭게 느껴졌다. 마침 진홍빛으로 물들어가는 단풍나무며 노란 은행잎들이 무슨 축제라도 하는 듯 찬란하게 빛나고 있었다. 이 자연의 현상들을 볼 수 있다는 것이 얼마나 좋고 고마운 일인지 숙연해지는 기분이 들기도 했다.

평소에 내 걱정을 많이 해 주며 점자라도 미리 배워 놓는 게 어떻겠느냐고 하던 친구를 생각하며 어느 날 점자도서관에 들러 보았다. 거기서 마침 알피 환자들을 만날 수 있었는데 그들은 모두 완전 실명이 된 사람들이었다. 내 이야기를 들어 보더니 지금까지 진행 상황을 봐서 앞으로 5년이나 10년 후가 고비일 거라고 하는 사람도 있고 팔구십이 넘어 죽을 때까지 괜찮을 거라고 희망적으로 말해 주는 사람도 있었다. 대부분 젊은 시절이나 중년에 실명을 맞게 되는데 지금 나이에 그 정도 시력을 가지고 있다는 것은 아주 완만하게 진행되고 있는 것이라고 했다. 알피 환자로서는 축복받은 케이스라고 하며 운이 좋다고도 했다. 그리고 의사들은 자기들보다 오히려 모르는 면이 많다고 하며 의사가 처방해 주는 약 먹지 말고 영양제나 먹으라고 하는 사람도 있었다.

얼마나 불편하고 힘들까 싶은 마음에 이것저것 물어보았는데 예상외로 그들의 표정은 밝아 보였다. 물론 처음 몇 년간은 대부분 당황하고 어려웠겠지만 세월이 흐르면서 적응이 되었는지 편안하고 즐거워 보이기까지 했다. 신기하게도 그런 상태에서 지하철을 혼자 타고 다니며 도서관 직원으로 근무하는 사람도 있었다. 시각장애인용 컴퓨터로 사무를 보며 온갖 정보를 알고 있고, 자원봉사자들의 도움으로 등산도 하고 하모니카를 배운다든지 음성 도서를 통해 많은 책을 접하며 의미있는 삶을 사는 사람들. 절망의 끝에 서면 다시금 희망이 보이는 이치일까. 인생의 한쪽 문이 닫히면 다른 쪽 문이 열린다는 말이 생각났다. 때로는 이승과 저승의 중간쯤을 살고 있는 것 같다고 하는 그들을 바라보며 동병상련의 아픔을 느끼기도 했지만 스스로의 입장에 순응하며 잘살고 있는 모습이 매우 감동적이었다.

운명이 내 밥상에 개떡을 차려 주면 개떡이라도 감사하게 먹으며 살아야 한다 했던가. 자신이 더할 수 없이 초라하게 느껴지거나 어떤 경우에 처하더라도 긍정적인 사람이 되도록 노력해야겠다는 생각을 해 보았다. 그게 그리 쉬운 일은 아니겠지만 상대 긍정이 아닌 절대 긍정의 세계, 그것을 증득하여 누리는 것이 신경을 쓰지 않고 살 수 있는 한 방편이기도 할 것이다.

(2012)

소녀 시절을 회상하며

시골에서 초등학교를 졸업하고 중학교 1학년 때부터 대구에 나와 자취를 했다. 부모님께서는 특별히 나를 공부시키기 위한 목적에서라기보다 그때까지 하숙했던 오빠의 밥을 해 주기 위해 중학교에 보내 준다고 하셨다. 오빠 밥을 잘 해 주라고 하신 말씀이었지만, 그때는 액면 그대로 믿고 오빠 덕분에 학교를 다닌다고 생각했다.

어린 나이에 자취생활은 퍽 고달픈 것이었다. 그리고 책 읽기나 예능 방면에 취미가 있었으므로 밥하기, 빨래, 청소 등은 별로 흥미가 없었다. 그러나 학교를 다니기 위해서는 그런 일들을 안 할 수가 없었다. 그때부터 나는 남자로 태어나지 못한 것이 한스러웠다.

그리고 좀 부유한 가정에 태어나서 직접 밥을 하지 않아도 되었으면, 또 혼자만이 쓸 수 있는 독방이 있었으면 얼마나 좋을까 싶었다.

그 독방에의 꿈은 사십이 다 된 지금에야 겨우 이룰 수가 있었다. 그리고 밥을 직접 하지 않아도 되는 행운도 함께 누리며 살고 있다.

나는 지금 여학교에서 교편을 잡고 있다. 점심시간이나 쉬는 시간 같은 때, 복도 끝에서 들려오는 왁자지껄한 웃음소리며 청아한 목소리들을 듣고 있으면 왠지 마음이 들뜨고 함께 소녀가 된 듯한 착각에 빠질 때가 있다. 운동장에서 마음껏 뛰어노는 학생들을 지켜보며 때때로 나의 소녀 시절을 회상해 본다.

주로 대봉동 마뚜산 근처를 옮겨 다니며 자취를 했었다. 비가 오는 날이나 바람이 몹시 부는 날, 해질녘에 마뚜산에 올라가 저무는 시가지를 내려다보기를 좋아했다. 그때는 보충수업이니 자율학습 같은 것이 없었기 때문에 오후 서너 시만 되면 학교 수업은 끝이 났다. 방과 후엔 곧장 집으로 가지 않고 취미 생활을 하곤 했다.

도서실에서 책을 읽거나 미술실, 음악실, 무용실, 과학실 등에서 자기가 하고 싶은 활동을 할 수 있었다. 나는 대게 도서실에 남아서 오랫동안 책을 읽었다. 주로 소설을 읽은 기억이 난다. 그때 읽은 소설들이 아마 내 인생에 많은 영향을 끼쳤을 것이다.

도서실 창가에 앉아서 황혼이 짙어가는 모습을 바라보며 공상에 잠길 때가 많았다. 장차 소설가가 되고 싶다는 생각을 했었다. 소설 속에서 각양각색의 인생여정이 마음대로 적나라하게 펼쳐지고 있었기 때문이다. 현실에서 그렇게 자유롭게 많은 체험을 하면서 살 수는 없으니, 작품 속에서만이라도 한 번 멋지게 삶을 창조해 볼 수 있었으면 싶었다.

그리하여 문예반에 들어가 산문을 써내기도 했으나 특별히 인정을 받지는 못했다. 나는 재능에 자신을 가질 수 없었다. 학교 성적도 뛰어나질 못했기 때문에 훌륭한 소설가가 되리라는 꿈은 꿈으로서만 허공에 떠 있었을 뿐이다.

그때 만약 누군가가 나의 문학성을 따뜻하게 격려해 주었거나, 아니면 자신이 굳은 신념으로 계속하여 노력했더라면, 이십여 년이 지난 지금쯤은 그 방면에 조예가 깊게 되었을 것이다.

그때 선생님들께서 자주 여학교 시절이 '인생의 황금시대'라는 말씀을 하시곤 했다. 그 무렵엔 별로 심각하게 들리지 않았으나 많은 세월이 지나면서 그 말의 뜻을 생각해 보게 된다. 인생의 어느 시기인들 황금같이 중요하지 않으랴만, 그중에서도 특히 생의 출발기인 소녀 시절이 가장 소중한 것 같다.

소녀 시절을 회상해 보면서 후회스러운 것이 몇 가지 있다. 공부를 더욱 열심히 했더라면 하는 생각, 소질을 계발하는데 철저하지 못한 점, 종교 생활의 기반을 닦아놓지 못한 것 등이다.

사람들을 크게 양분한다면, 능력 있는 사람과 없는 사람, 특출한 재능을 가진 사람과 못 가진 사람, 종교적인 사람과 비종교적인 사람으로 나눌 수 있다.

반평생을 살아오면서 절실하게 아쉬운 것이 공부할 수 있는 건강과 여건이 주어져 있었을 때 왜 실컷 여한이 없도록 공부를 하지 않았는가 하는 점이다. 소질 계발이나 종교 생활 역시 마찬가지이다. 물론 지금도 늦지 않다고 볼 수 있겠지만, 되도록 어린 시절에 일찍부터 기틀을 잡아 두면 얼마나 수월한지 모른다.

봉건적인 남존여비 사상으로, 딸을 교육시켜서 정신연령을 높이고 소질을 살려 주겠다는 생각은 없이, 다만 오빠의 밥이나 해 주고 중학교 정도 마치면 집안일이나 가르쳐서 양반집에 시집보내는 것을 정도正道로 여기신 부모님 밑에서 나는 많은 반항심을 가지고 공부를 했다. 그러한 상황에서 여학교 시절은 항상 불안하고 미래에 대한 안정된 희망을 가질 수 없었다. 여성교육무용론을 주장하시는 부모님은 번번이 학교를 중퇴시키려 했고, 그럴수록 나는 끈질기게 버티어 나갔다.

지금 생각하니, 그때의 일들이 내게 오히려 강한 인내심을 키워 준 원동력이 된 것 같기도 하다.

아름답고 청순하고 꿈 많은 여학교 시절 -소녀 시절이 내겐 우여곡절이 많은 고생스러운 시절이었다. 그러나 그때의 결핍과 고통이 지금은 어쩌면 더욱 간절한 추억이 되어 기억의 바다를 흐르고 있다.

한 마리 산노루처럼

일전에 친구인 P선생으로부터 전화가 왔을 때였다. 달포가 넘도록 서로 연락도 없이 지냈던 터라 자연히 먼저 안부를 묻게 마련이었다.

그러나 그의 '그동안 무엇을 했느냐'는 물음에 그만 말문이 막혀 한참 동안 머뭇거리고 말았다. 갑자기 아무것도 머리에 떠오르지 않고 막막한 심정이 되는 것이었다. 기껏 '감기가 들어서……'로 답을 떼우긴 했지만 전화를 놓고 생각하니 스스로 무안한 기분이 들었다.

실제로 감기 때문에 두 주일째 고생을 하고 있긴 하지만, 그까짓 감기 정도를 못 이기는 체력도 짜증이 났고 지난 몇 달 동안에 무엇을 했는가 하는 자책감이 밀려왔다.

그것도 자신의 전공과목 연구에 바빠 정신이 없었다는 P선생의 말을 들으니 더욱 비교가 되었다. P선생은 내게도 뭔가 노력하여 성취할 수 있도록 기대하고 있었다. 그런데 어쩐지 그것이 나에게는 부담스럽게 느껴졌다.

이제 방학이 되면 한 번 만나 얘기를 나누자고 한 약속을 생각하며 나는 그동안 무엇을 하며 살아왔는가를 되돌아보았다.

평범한 일상의 반복밖에 별로 떠오르는 것이 없었다. 어떻게 하면 좀 더 현명하게 편리하게 살 수 있을까에 대한 생각은 끊임없이 하고 있었다. 비록 실천은 잘 하지 못해도 아이들 교육 문제라든지 의식주 생활의 향상, 장래의 일 등에 대해 고심하고 분망하게 뛰어다니기도 했었다.

그런데 막상 한마디로 무엇을 했다고 말하기가 어려웠다. 그것은 어쩌면 너무 많은 것을 생각하고 했기 때문에 그 잡다함 속에서 통일을 찾기가 어려웠는지도 모른다.

주변을 돌아보니 내가 소유하고 있는 것들이 참 많았다. 물질적이든 정신적이든 그동안 모아 온 것들이 너무 많아 그 속에 꾹 눌려 있는 자신의 모습을 발견하게 되었다. 고인 물이 썩듯이 모으기만 하고 흘려보내지 않아, 지금 나의 영육은 조금씩 부패되고 있는 것 같았다.

가끔씩 안식년을 갖고 싶다는 생각을 할 정도로 몹시 피로하고 짜증스러울 때가 있었다. 그만큼 많은 욕심과 소유물 때문에 괴로워하면서도 선뜻 내버리지 못하는 마음, 그것은 미망에 싸인 범부 중생으로서의 큰 병이 아닐 수 없었다.

그리하여 나는 이번 기회에 중대한 결심을 하고 하나씩 버리는 작업을 시작하기로 했다.

제일 먼저 내 방부터 정리하고 싶었다. 늘 '읽고 싶다, 읽어야 한다'는 부담감으로 압도해 오던 책장부터 치우기로 했다. 눈이 안 좋아서 잘 읽지도 못하는데 읽을거리는 자꾸만 밀려 마음에 짐이 되었었다.

처녀적부터 모아 왔던 수많은 책들을 일단 처분하기로 했다. 그 책들이 필요함직한 사람들을 생각해내어 가져다 주기도 하고 아깝지만 고물 장수에게 넘기기도 했다. 그러나 아직도 영 버려지지 않는 것들은 다락방에다 옮겨 놓았다.

그 다음엔 찬장 위에나 서랍장 위에 올려져 있던 물건들을 모조리 내려서 꼭 필요한 한두 가지만 다시 얹어 놓고 모두 처분해 버렸다.

그리고 서랍 속의 옷가지들, 부엌의 그릇 종류, 뒤안간에 해 묵혀 모아 놓은 온갖 집기들을 대폭 처치해 버렸다.

남편은 휼빈하게 비어진 내 방을 보고 '황량하다'고 한 적이 있지만 적어도 내 방만은 나의 취향대로 편하게 해놓고 싶다.

몇 년 전 송광사에 갔을 때 '수류화개실'에 있는 B스님의 방을 본 기억이 오래 남아 있다. 정갈하게 도배가 되어 있는 방에 단지 책상 하나와 벽에 옷걸이 하나, 그리고 전지가 한 개 놓여 있을 뿐이었다. 소박하고 단순하게 사는 모습을 실제로 보며 소유가 곧 구속임을 생각해 보았었다.

나는 아직도 버려야 할 것이 너무나 많다. 그동안 바쁜 생활을 핑계로 미루어 오던 소유물의 정리를 틈틈이 이행해서 정말로 없으면 안 될 최소한의 분량만 가지고 싶다. 그것들도 언젠가는 모두 버려야 할 것이지만…….

풀잎 끝에 달린 이슬이나 번개, 그림자, 꿈 같은 인간의 삶에서 무엇을 굳이 소유하려 할 것인가.

사실은 내가 더욱 절실하게 버리도록 노력해야 할 것은 모든 정신적인 장애이다. 쓸데없는 생각들과 이미 지나간 일들에의 반추, 불확실한 미래에의 불안같은 부질없는 상념들을 버리고 항시 현재의 시간을 즐기고 거기에 충실하도록 애써야겠다.

P선생이 연구에 몰두하여 다른 데 신경쓸 여가가 없었듯이 나는 나의 삶에 전념하여 충만한 순간들을 누리고 싶다. 그것이 어떤 연구물로 평가받는 업적이 되지 않더라도 최선을 다해 살았으면 그것으로 충분하리라.

나는 때때로 타인의 시선에 좌우되지 않고, 자신이 만든 가치관이나 소유물에도 얽매이지 않는 완전한 자유인이 되고 싶다는 생각을 해 본다. 푸른 산속에서 아무것도 소유하지 않고 아무것에도 연연하지 않는, 그리하여 모든 문명의 굴레를 벗어나 무애자재한 한 마리 산노루처럼 살고 싶은 것이다.

백목련을 바라보며

새 학교로 옮겨온 지 한 달이 넘도록 생소한 환경이 눈에 익지 않아 마음이 편치 못했다. 쉽게 적응할 줄 모르는 성격으로 꽤 오랫동안 소외감과 이질감에 시달려야 했다. 점심시간에 식당이나 휴게실에서도 선뜻 동료들의 대화에 끼어들지 못하고 혼자 교정을 거닐 때가 있다.

그러던 어느날, 교사 앞 화단에 있는 백목련꽃이 피고 있는 것을 발견했다. 언제부터 피기 시작했는지 벌써 반 이상 꽃봉오리가 벌어지고 있었다. 역사가 오십 년 가까이 되는 이 학교엔 값지고 오래된 나무들이 많다. 향나무, 매화, 벚나무, 히말라야시더 등이 어우러져 있는 가운데쯤 백목련은 커다랗게 자리잡고 있었다. 지금까지 내가 본 중에선 가장 큰 것이었고 나무의 모양이 또한 균형

잡히고 아담하였다.

나는 그 근처에 다가가서 하염없이 바라보고 있었다. 수백 개의 흰 꽁봉오리들이 일제히 피어 있는 모습은 너무나 아름다우면서도 가슴 뭉클한 감동을 느끼게 했다.

며칠 사이에 꽃봉오리들은 완전히 개화하고 있었다. 출퇴근길에 발걸음을 멈추고 한참씩 쳐다보며 섰기도 하고, 교무실 창밖으로 흐드러지게 피어 있는 순백의 축제를 바라보고 있으면 이상하게도 가슴이 저려 오는 것 같기도 하고 숙연해지는 심정이 되곤 했다.

언제부터인지 백목련꽃을 보면 소복한 여인을 연상하게 되고, 저승의 소식을 전해 주는 듯한 느낌을 갖곤 했다. 그런데 이 봄에는 그런 생각이 더욱 절실하게 드는 것이었다.

얼마 전 간암으로 갑자기 죽은 사촌 형부 생각이 불현듯 떠올랐다. 임종하기 사흘 전에 본 혼수상태의 창백하던 얼굴 모습이 목련 꽃잎들 속에서 어른거리며 떠올랐다. 아직도 그의 죽음이 실감나지 않는데, 어쩌면 그는 죽어서 백목련꽃으로 환생하고 있는 것 같은 생각이 들었다.

파계사에서 치른 사십구재 때, 직장의 근무 때문에 참석하지 못했는데 마음은 하루 종일 파계사에 가 있었다. 그날도 백목련을 쳐다보니 형부의 넋이 거기 있는 듯, 곧 눈에 보일 것만 같았다.

Y대학병원에 입원했다는 소식을 듣고 놀라서 달려갔을 때 형부는 아직 자신의 병명을 모르고 있었다. 내가 “이제는 좀 편하게 살고 건강 제일주의로 건강에 유의하라”는 투로 말했더니 “이제 퇴

원해 나가면 그렇게 살겠다."고 약속하던 것이 그와의 마지막 대화였다.

활짝 피어서 아름다움의 극치를 이루던 그 꽃봉오리들이 어느 날 문득 바라보니 시들며 오무라지고 있었다. 지는 꽃은 보기가 흉하던데 이 오래된 백목련나무의 꽃잎들은 시들 때도, 그리고 땅 위에 떨어져 누워 있을 때도 결코 추하게 보이지 않았다. 이파리의 모양이 그리 크지도 않을 뿐더러 마구 떨어져 내리지도 않고 조용히 낙화하는 모습은 잘 정돈된 도인의 모습을 보는 듯했다.

꽃잎이 완전히 지고 앙상한 나뭇가지가 허전하게 보이더니 얼마 뒤부터 연두색 작은 잎들이 돋아나오기 시작했다. 꽃이 지는 것으로 그 생명이 다하는 줄 알았는데 이젠 푸른 잎들을 꽃봉오리마냥 피워내며 백목련은 묵묵히 하늘을 향해 서 있다.

그 전에도, 아니 올 봄에도 다른 곳에서 백목련을 많이 보곤 했었다. 그런데 유난히 교정의 이 나무에 매혹되고 마음이 흔들리는 것이 이상했다. 그것은 평지보다 훨씬 높은 언덕 위에 있는 이 여학교의 고풍스런 분위기 속에 정숙하게 성장해 온 연륜 때문일 것이다. 그리고 단명하게 세상을 떠난 형부의 죽음을 생각하는 나의 잠재의식이 이 나무와의 인연을 더 깊게 했을지도 모른다.

교정을 오가며 이 나무를 한 번씩 쳐다볼 때마다 나는 죽음을 생각하고 사촌 형부의 느닷없는 병환을 떠올리곤 한다. 그리고 본래무일물本來無一物이라든지, 인생이 한 가닥 뜬구름이나 이슬 같다든지, 꿈같다는 말을 조금씩 실감하게 되는 것이다. 그리하여 비로소 내가 그토록 끈끈하게 쥐고 있던 숱한 욕심들이 허망함을 인식하고 그런 것에서 다소 자유로워질 수 있는 자신을 발견하게 된다.

같은 교직에 있었던 형부는 성격이 치밀하고 엄격하여 학교 근무에 너무나 철저하였다. 오직 직무에 충실하였던 그는 반년 전에 어려운 승진을 하여 놓고 그만 세상을 떠나고 말았다. 살얼음을 밟듯 조심하며 정확하게 살아온 그에게 죽음에 이르는 병도 너무나 확실하게 맞닥뜨린 것이었다.

어떤 면에서 그와 비슷한 성격을 가진 나는 스스로 자신을 괴롭힐 때마다 그의 죽음을 생각해 보게 된다. 그의 죽는 방법이 곧 나의 방법이 될 수도 있을 것이기에…….

새 학교에서 근무하는 일이며 낯선 사람들과의 서먹한 관계에서 오는 불안감으로 신경이 쓰일 때마다 나는 그런 것들을 초월하여 좀더 넓고 깊은 마음으로 포용력을 키워야 함을 생각해 본다. 어느날 돌연히 사촌 형부처럼 떠나갈지도 모르는 목숨을 붙안고 무엇이 그리 걸리는 일이 많을까.

이제부터 하루에 한 번씩 백목련을 바라보며 명상에 잠기는 수행을 해야겠다. 죽음은 백목련 나무처럼 바로 내 가까이 친근한 벗으로 서 있을지도 모르므로…….

시동詩洞에서

여행용 가방을 들고 아파트 문을 나서며 나는 어딘가 멀리 도망이라도 가는 것 같다는 생각을 해 보았다. 남편은 그 전날 출장을 가고 혼자서 하룻밤을 지낸 뒤 나도 일박이일의 짧은 기간이나마 집을 비우게 되었던 것이다. 가는 곳이 강원도 홍천이라는 곳이어서 간단한 여행 준비를 하면서도 내의 한 벌과 두꺼운 웃옷을 챙겨 넣었다. 시월 초순이기는 하지만 내 머리 속에서 강원도라는 곳은 늘 추운 곳으로 기억되어 있었다. 인제가 고향인 한 친구에게서 강원도엔 눈이 많이 내리고 보름씩 길이 끊길 때도 있다는 얘기를 들은 적이 있었기 때문이다.

직장에 나가 토요일 오전 근무를 마치고 서둘러 북부정류장으로 갔다. 차 시간이 많이 남았는데도 친구들이 거의 다 와서 기다리고 있었다.

홍천엔 초등학교 동기인 친구가 군인으로 근무하고 있었다. 그는 얼마 전에 어려운 승진을 하여, 그 기념으로 친구들을 초대한 것이다.

경북 영천에서 이십 리쯤 떨어져 있는 임고에서 초등학교를 졸업한 우리들(그해 졸업생 수는 99명이었다)은 그 뒤 사십년 가까운 세월이 지나면서 다시금 만나기 시작했다. 코흘리게 시절 근동에서 친척처럼 어울려 함께 자란 죽마고우, 지금은 산지사방 흩어져 살고 있지만 만나기만 하면 반갑고 마음이 푸근해졌다.

버스로 네 시간쯤 걸려 원주에 도착하니 그 친구가 차를 보내어 마중나와 있었다. 거기서 홍천까지 한 시간 가량 차는 저녁 그늘이 내리기 시작하는 산골짜기를 굽이굽이 돌아 들어가고 있었다. 산이 많이 보이고 인가가 차츰 줄어들기 시작하자 조금씩 쌀쌀한 기운이 느껴지는 듯했다.

문명의 이기가 멀어지고 잣나무숲이 우거진 태고적 그대로의 산천을 지나가며 나에게 덧씌워진 온갖 위선의 허울이 한 꺼풀씩 벗겨지고 인간 본연의 순수함으로 돌아가는 홀가분함을 맛볼 수 있었다.

민간인 출입이 통제되어 있는 부대의 문을 통과하여 관사 앞에 도착하니 평상복을 입은 그 친구가 기다리고 있었다. 군인 같지 않게 인자하고 부드럽게만 보이는 그 친구는, 늘 웃는 표정으로 친구들에게 세심한 배려와 각별한 대접을 아끼지 않았다.

밤이 되자 영천, 포항, 서울 등지에서 각기 출발한 친구들이 모여들어 시간 가는 줄 모르고 환담하며 노래하고 춤을 추기도 하였다. 그동안 열심히 살면서 인생의 희비애환을 나름대로 체험하고 이제 오십 고개를 넘으며 이따금 스치는 허탈감과 삶의 의미 같은 것을 터놓고 얘기하는 친구도 있고, 작년에 유명을 달리한 친구의 불운한 생애를 회고하기도 하며 새벽녘에야 잠시 눈을 붙일 수가 있었다.

다음날 아침, 산골의 아침 공기가 너무 좋아서 숙소 주변을 거닐다가 한 병사를 만났을 때, 이 마을 이름이 무엇이냐고 무심코 물어보았다. 그랬더니 그는 반가운 표정으로 시동이라고 하며, 한자로 글 시자라고 강조해서 설명하는 것이었다. 옛날에 이곳은 유배지였고, 귀양온 선비들이 시를 많이 썼기 때문에 동네 이름이 그렇게 붙여졌다는 것이다. 그리고 그 병사의 상관인 그 친구가 기거하는 관사는 포도대장이 살던 포도청이었을 것이라는 말도 했다.

나는 마을을 둘러보았다. 인가가 몇 채 보이긴 했으나 사람의 모습은 눈에 들어오지 않았다. 밭뙈기가 있었지만 이미 추수를 했는지 별로 농사를 지은 흔적도 없고 황량한 것이 화전민촌 같다는 생각이 들었다.

그 전날 관사 구경을 할 때 그 친구의 방 책상 위에 놓여져 있던 몇 권의 시집이 떠올랐다. 딱딱한 군인의 이미지와는 달리 작은 시집이 있는 것이 인상적이어서 몇 장 넘겨 보았더니 기다림, 그리움 등의 말들이 눈에 띄었다. 군대식으로 질서 있게 정돈된 방에서 몇 권의 시집을 발견한 것이 그 친구의 인간미를 엿보게 하는 계기가 되기도 했지만, 이곳에 살면 누구든 시인이 안 될 수가 없겠다는 생각도 들었다.

관사 앞 자갈길 양옆에 줄지어 하늘거리는 코스모스도 도심에서 보던 것과는 다르고, 노란 국화와 샐비어도, 맨드라미처럼 생긴 자줏빛 꽃도 왠지 조금은 허전하게 느껴졌다. 그리고 아름드리 밤나무 숲에서 많이도 떨어져 있는 알밤을 주을 때는, 가족들에게서 멀리 떠나 혼자 지내는 여기 병사들의 고독감 같은 것이 서늘한 바람 속에 피부로 전해지는 듯하기도 했다.

언젠가 동창들의 모임에서 저녁을 먹으며 오랜만에 참석한 그 친구가 좀 여윈 듯하여 친구들이 왜 그러냐고 물었더니, 웃으면서 '보고 싶은 사람들을 못 보아서 그렇다'고 농담삼아 하던 말이 떠올랐다.

사방을 둘러보아도 여자라곤 보이지 않는 카키빛 제복 속에서 고된 훈련과 집단 생활이 주는 구속감을 감내하고, 어쩌면 적성에 맞지도 않을 것 같은 직업에 충실히 적응해 나가며 유배지였던 이곳 시동에서 근무하는 그 친구가 어떤 성직자 같다는 생각을 해 보기도 했다.

계획된 시간표대로 부대 현황을 소개받기도 하고, 내무반 견학과 전차 구경도 하였다. 어마어마한 액수의 무기들을 보며 전쟁에 대한 생각을 다시 한 번 해 보는 좋은 경험을 가졌다.

점심 식사 후 더할 수 없이 청량하게 빛나는 가을볕을 받으며 부대 옆 오솔길을 산책했다. 고요하다 못해 적막한 느낌마저 드는 숲길에 갈대랑 작은 들국화 등 이름 모를 가을 들꽃들이 해맑갛게 여위어 가며 웃고 있었다.

나는 모처럼 도회의 번잡함을 떠나 한가로운 마음이 되어 보았다. 코발트빛 가을 하늘이 그렇게 맑아 보이는 것도, 흰 구름을 그렇게 여유 있게 바라볼 수 있는 것도 정말이지 오랜만의 일인 듯했다.

그 옛날 방랑 시인 매월당 김시습이 머물다 간 곳 같기도 한 이 강원도 골짜기에 어쩌다 죄를 짓고, 아니면 누명을 쓰고 쫓겨 와서 세상의 부귀영화를 체념하고 자연을 벗삼아 풍월을 읊었을 선비, 시인 묵객들을 상상해 보았다. 그리고 나도 이따금 세속을 떠나 이런 곳에서 시를 읽으며 살아 보고 싶다는 생각을 해 보는 것이다.

산장의 여인처럼 아무도 날 찾는 이 없는 곳에서 풀벌레 소리만 들으며 모든 존재의 번거로움을 잊고 가장 단순한 삶을 살아 보고 싶은 것이다.

시골에서 태어나 철없는 유년기를 보내고 학업을 위해 도회지로 나온 뒤 영욕의 세월은 꿈같이 흘러가 버리고, 이제 고단한 삶을 쉬고 싶어지는 때가 있다. 가난하게 살았던 어린 시절의 한도 어지간히 풀었고, 명리와 욕망에의 집착도 지금쯤은 고개를 숙이기 시작하고 있다.

내 삶에서 중요한 것은 얼마만큼 출세하여 세상의 인정을 받느냐 하는 것이 아니라, 얼마만큼 내가 원하는 방식대로 살며 나의 본성을 찾아 실현할 수 있느냐 하는 것일 것이다.

봄을 앞에 두고

지난해 연말, 겨울방학이 시작된 후 며칠 되었을 때였다. 무슨 일로 마음이 편치 않았던지 먼 곳에 다녀오고 싶은 생각이 일어났다. 부산행 열차를 타게 되었다. 바닷바람도 좀 쏘이고 싶었지만 한번 만나 보고 싶은 사람이 있어서였다.

몇 달 전 우연히 고속 터미널로 가는 버스를 기다리다가 길가의 창문에 비치는 하나의 액자에 눈길이 끌리게 되었다. 별생각 없이 그 내용을 훑어보고 있는데 유리문이 열리더니 들어와서 보라고 하는 것이었다. 작은 표구점의 주인인 듯한 남자분은 꽤 친절했다.

'뫼 살던 버릇 남아 산 밑에 집을 지어…… 몸은 바빠도 마음은 늘 한가하이…… 이 속에 시를 적으니 마음이 편하다'라고 하는 등의 연시조였다. 그 남자분은 시조의 작자 S씨에 대해 설명하기 시작했다. 이렇게 훌륭한 분을 모르고 있었느냐는 듯이……. 나도 그 이름을 듣자 어렴풋이 기억되는 것이 있는 사람 같았다. 시조를 몇 번 다시 음미하면서 초연한 삶의 자세에 이끌려 언젠가 한 번 찾아가 보고 싶다는 생각을 했었다.

공연히 불만에 차서 삶의 의미가 희미해질 때 그런 분을 친견한다는 것은 새로운 자극을 받는 계기가 되기 때문이다. 기차에서 내려 어렵게 찾아간 그 집은 말 그대로 산밑이었다. 버스도 들어오지 않는 깊은 골짜기에 정결하게 집을 지어 놓고 살고 있었다.

시중을 드는 분의 안내로 실내에 들어갔을 때, 그분의 첫인상은 실로 비범한 것이었다. 눈빛에 전혀 동요가 없고 침묵 속에 침잠해 있는 사람 같았다. 세상의 명리에 눈 하나 깜짝하지 않을 것 같은, 바위같이 우직해 보이면서도 깊은 통찰이 깔려 있는 듯했다.

찾아온 용건이 무엇인지 물었다. 대충 액자의 시조를 본 얘기를 했더니 잘 납득이 되지 않는 모양이었다. 그분은 나를 쳐다보더니, 예술 방면에 종사하느냐고 했다. 아니라고 대답하면서 문학을 조금 한다고 했더니, 책을 낸 적이 있느냐고 물었다. 아직 없다고 했다. 그 말을 하면서 언젠가 내가 책을 내게 된다면 이분에게 표지화를 부탁해야겠구나 싶은 생각이 들었다.

S씨는 불상을 그리고 있었다. 결혼은 하였으나 아이는 낳지 않았다고 한다. 그와 같은 천분을 가진 사람이 아이를 낳지 않은 것은 오히려 당연한 일처럼 생각되었다. 그분은 자신의 삶이 잘 살고 있는 것이라고 자신 있게 얘기했다.

정교하게 스케치를 하고 있는 옆에서 한참 들여다보다가 그만 가 보라고 하는 바람에 일어섰다. 대문밖까지 나와서 인사를 하는데 고개를 얼마나 깊이, 오랫동안 숙이고 있는지 무안할 지경이었다. 바보스러울 정도로 겸손한 그분의 태도를 보며 그날의 내 불만이 무색해지는 것을 느꼈다.

한 가지 일을 추구하며 평생을 산다는 것은 축복받을 일이다. 그 일이 자기가 즐기는 것이면 더욱 좋을 것이다.

얼마 전, 오랜만에 잘 아는 분을 만났더니 '그동안 어떻게 살았느냐?'고 묻는 것이었다. 나는 '밥 먹고 살았어요' 하고는 씩 웃고 말았다.

밥을 먹으며 살아온 것이 어언 사십 년이 넘었다. 그동안 잡다한 일들로 분주하게 살아오느라 인생의 멋이 무엇인지도 모르며 그럭저럭 세월만 보내 버렸다. 부평초처럼 떠돌며 시행착오를 거듭하고 있는 것이다.

S씨는 60평생을 바깥 사람들과는 거의 만나지 않고 살아왔다고 한다. 은둔하다시피 살며 그림에만 전념했다. 선시를 의역하여 책으로 낼 만큼 선의 경지며 시정이 풍부한 사람이기도 하지만, 세상물정에 흔들리지 않고 자신의 세계에 충만하여 안분자족하고 있는 모습은 나에게 많은 것을 깨닫게 해 준다.

이 글을 쓰고 있는 책상 너머 창밖으로 한 폭의 풍경화처럼 아늑한 시가지의 모습이 보인다. 그냥 바라보기만 하여도 따사로운 하오의 볕은 벌써 봄이 멀지 않았음을 느끼게 한다.

이제 지나가는 바람결에 봄기운이 불어오면 한 나이를 더 먹게 되고, 한 해의 삶을 새로 시작해야 하리라. 무거운 외투를 벗어던지고 홀가분하게 새출발을 시도해 볼 일이다.

어느 해 봄, 망상을 이겨내기 위하여 금강경을 읽으려고 결심했던 적이 있었다. 그런데 그 봄이 지나가고 몇 번의 봄이 더 지나갔지만 끝까지 금강경을 읽지 않았다. 그것 하나만으로도 내가 얼마나 종교적인 사람이 못 되는가를 알 수 있을 것이다. 그러나 나는 또다시 봄을 앞에 두고 염불을 해야겠다는 생각을 하고 있다.

최근 B출판사에서 나온 수필집 한 권이 내 손에 들어오게 되었다. 나는 그 책의 표지며 저자와 책 이름을 보는 순간 걷잡을 수 없는 질투심에 떨고 있었다. 갑자기 소화가 되지 않는 것 같았다.

그 저자 L씨는 한 번도 만난 적이 없는 사람이었다. 다만 잡지나 저서를 통해 그의 글을 읽고 어떤 사람인가를 대략 짐작하고 있을 뿐이었다.

십여 년 전 처음으로 루·살로매의 전기를 다 읽던 날, 하루종일 아무일도 손에 잡히지 않고 허황하던 기억이 새롭게 떠오른다. 내가 열렬히 소원하면서도 용기며 재능이 부족하여 이루지 못한 것을 성취하며 사는 것이 말할 수 없이 부러웠다.

L씨의 삶도 나의 것과는 판이하다. 결혼도 하지 않고 특별한 인생을 걷고 있는 그가 무엇이 그렇게 부러울까. 그런데 남들이 다 하는 결혼을 하지 않았기 때문에 그에게는 다른 많은 혜택이 주어질 수도 있는 것이었다.

결혼은 해도 후회, 안 해도 후회란 말처럼 인생의 중대 결단에는 한 쪽을 포기해야 하는 진리가 포함되어 있다. 나는 내가 포기했던 한 쪽을 가지고 있는 L씨를 어리석게도 부러워한 것이다.

나는 탐심이 참 많은 사람인 모양이다. 꿩도 먹고 알도 먹으려는 것처럼 한 가지도 양보하려고 하지 않는다. 좋게 보면 성취욕이 강한 사람이라고 할 수 있으나 고달픈 운명을 타고난 것 같다.

남들이 보기에는 전생에 무슨 복을 지었는지 오욕락을 다 누리며 사는 것 같으나 자신이 느끼기에는 마음이 편치 않을 때가 많다. 그것은 기대 수준이 너무 높기 때문이기도 하겠지만, 어리석음 탓이리라.

나의 이 어리석음이며 탐내는 마음을 고치는 약은 종교이다. 그런데 이제까지 많은 절을 찾아다니기도 했지만 옳게 수행을 실천해 본 적이 없었다. 참선도 독경도 염불도…….

이제 마흔네 번째의 봄을 앞에 두고 나는 다시 한 번 좋은 결심을 하지 않을 수 없다. 부끄럽게도 '부처님 믿는 사람이 웬 질투심이 그렇게 많으냐'는 핀잔을 듣지 않도록 마음 닦는 공부를 해야겠다. 그리하여 나도 S씨처럼 회갑 때쯤 되어서는 잘 살아왔노라고 자신 있게 얘기할 수 있어야 하리라.

마지막을 아름답게

'가을 산 깊은 골짜기에는 길 떠나는 것들로 가득하구나.'라고 읊은 누군가의 시구절을 읽으며 가을이 깊었는가 했더니 어느새 찬바람이 머리카락을 날리고 있다.

문득 다 닳아가는 달력의 남은 날들을 헤아려 보니 올해도 얼마 남지 않았구나 하는 생각에 가벼운 허탈감이 밀려온다.

또 나이를 변경해야 한다는 생각과 몇 개의 모임에서 이 해의 마지막을 장식할 망년회 초대가 있을 것이라는 예상이 된다.

해마다 이맘 때쯤이면 남편의 고교 동기생 주최의 부부 동반 송년 파티를 비롯하여 친구들이나 집안 친척들 단위의 모임이 있게 마련이다. 조촐한 음식을 차려 놓고 잔잔히 흐르는 음악을 들으며 성장을 하고 앉아 있으면 또 한 해가 지나가는구나 하는 아쉬움과 회상의 물결이 일곤 했다.

나는 쉼없이 다가오는 이 해의 종착역을 바라보며 지난 일들을 돌이켜본다.

생전 처음 아파트로 이사를 온 후 가정부를 내보내고 파출부의 도움을 받긴 했으나 아침밥을 손수 지은 것이 커다란 변화였다. 직장에 나가면서도 조석을 직접 하는 여자분들을 얼마나 부러워했던가. 그리고 봄에만 해도 키가 나와 비슷하던 작은 아들이 이제 나보다 훨씬 크니 흐뭇한 일이다.

또 발달상담학회 주관의 자기성장 프로그램에 부지런히 다닌 결과 상당한 진전을 보게 되었다. 어쩌면 15년 전에 전공한 상담심리학을 살려 카운슬러의 자리에 서 볼 수 있을지도 모른다.

그러나 너무 많은 욕심을 가지고 분주했던 것에 대해서는 적지 않은 불만이 있다. 직장이며 가정일만 해도 한가할 수 없는데 상담, 수필, 불교 등의 언저리에서 서성거리고 아직도 거대한 힘으로 밀려오는 탐진치의 바람에 갈대처럼 흔들리곤 한다.

그러나 이제 불혹의 나이를 한 굽이 돌아 광활한 평원에 나설 때가 되었다. 곧잘 자학하던 버릇을 없애고 지난날의 무명을 스스로 용서하며 자신을 사랑해야 하리라. 그리고 모든 것을 잊어버리는 연습을 해야겠다.

팔십을 넘긴 이후 몇 년이 지났는지 나이를 잊었다는 어느 분의 얘기가 떠오른다. 자신의 삶을 잊고 무아의 세계에서 살 수 있는 것은 얼마나 신나는 경지일까. 식물인간처럼 기억이 상실되어 모르는 것이 아니라 아무것에도 머물러 집착함이 없는, 응무소주 이생기심應無所住 而生其心 같은 것.

일년 동안 측은할 정도로 온갖 것에 매달려서 헤매다가 어느 순간 연말이 다가옴을 깨달았을 때 세월의 무상함을 느끼고 담담한 심경에 빠지게 된다. 그러나 인생은 미제未濟라고 했듯이 그런대로 한 세상 지내 보는 것도 재미있는 일이다.

마음을 어지럽히던 사진들이며 생각들, 그러한 번뇌를 다 놓아버리고 잊기 위하여 이제 곧 망년회가 열릴 것이다. 그러면 나는 화려한 연회복에 환한 웃음을 지으며 마음껏 춤추고 노래하리라. 마지막을 아름답게 하기 위하여.

'꿈속과 같이 맑게 갠 하늘 가에 붉은 손 흔드는 잎사귀들'처럼…….

K선생님에의 회상

가을볕이 유난히 따사로운 하오, 교단에 서서 창밖을 내다볼 때면 이따금 K선생님 얼굴이 떠오를 때가 있다.

지금부터 23년 전, 고교 2학년 때 담임이셨던 그분은 나의 생애에 커다란 영향을 주셨다.

2학년에 진급을 한 후 얼마 되지 않아서였다. 가정 사정으로 한 달이 넘도록 결석을 하게 되었다. 형편이 어려우니 학교를 그만두라는 아버지의 권고도 있었지만, 너무 오래 결석을 한 나머지 자신감을 잃고 스스로도 중퇴하고 싶은 생각을 하며 시골에서 농사일을 하고 있었다.

그때 만약 K선생님께서 적극 도와주지 않으시고 장기 무단 결석을 이유로 퇴학을 시키셨더라면 어떻게 되었을까. 그 당시 K여고는 명문 학교로서 빈 자리만 생기면 거액의 돈을 기부하고 보결로 들어오려고 줄을 서 있었다 하니 더욱 아찔한 생각이 든다.

운 좋게 퇴학 당하기 일보 직전에 다시 교실로 돌아가게 되었다. 하지만 그동안 놓친 교과 진도 때문에 고역을 치루어야 했다. 친구들의 노트를 베껴 가며 애썼지만 다음의 중간고사엔 거의 백지를 제출할 수밖에 없었다.

그 후 성적표를 받는 종례 시간에 공교롭게도 나는 무슨 일로 교실에 없었고, 종례를 마치고 나오시는 선생님과 복도에서 만나게 되었다. 선생님은 통지표를 건네주시며 아무 말씀도 하지 않으셨다. 그러나 그때 선생님의 표정을 나는 지금도 잊지 못하고 있다. 선생님께서 오히려 더 무안해 하시고 걱정해 주시는 것 같았고, 안경 너머 그 검고 사려 깊은 눈빛이 가슴에 진한 충격을 안겨 주는 것이었다.

아무리 합리화시킬 이유가 있었다 해도 그 성적표는 나에게 치명적이었고 오래도록 좌절감에 빠지게 했다. 그런데 2학년이 끝나도록 선생님은 한 번도 성적 때문에 꾸중하시거나 못마땅해하지 않으시고 깊은 이해와 공감으로 격려해 주셨다.

K선생님을 생각하면, 수업 시간에 배운 지식보다 그분에게서 풍기는 분위기와 삶의 방법, 태도 등이 더 강하게 떠오른다.

국어선생님으로서 문학적 기질을 다분히 가지셨고 생활 자체가 예술적이셨다. 아마 내가 대학에서 국문학을 전공하게 된 것도 선생님의 영향이 컸을 것이다.

교과서 공부 이외에 유명한 시집을 소개해 주신다든지 작품을 낭독해 주기를 좋아하셨다. 언젠가 황순원 씨의 단편 '소나기'를 읽어 주시며(그윽하게 울리는 청아한 목소리로) 주인공 소년과 소녀의 미묘한 사랑의 감정에 찬탄을 보내시던 것이 눈에 선하다.

때때로 소설 속에 나오는 사랑에 대한 견해며 그분 자신이 친구의 여동생과 결혼한 사실 등 삶의 문제에 관한 얘기를 많이 해 주셨는데, 그 영향으로 나는 고전적 낭만주의에 심취하고 연애지상주의의 일면을 가지고 있다.

그해 여름방학에 문예반 친구들이 중심이 되어 학급 문집을 만들었을 때 그 책 서문에 쓰신 선생님의 글은 지금도 거의 외고 있을 정도로 감동적이었다.

'……먼 수평선 상에 뿌리어 언제든 거두지 못하는 어린 날의 꿈이 졸고 있는 바다로 불혹의 신사가 남행 열차를 타는 계절…….'

방학이면 진해에 있는 친구 집에서 한 달을 쉬고 오기 위해 바다로 가신다든지 문학 활동을 하고 있는 친구들의 생활, 꿈과 현실의 차이에서 오는 실망감 등 그분에게서 들은 이야기는 아직도 나의 뇌리에 생생하게 남아 있는 것이 많다.

지난번 동기회에 갔을 때 K선생님의 소식을 물었더니 서울에 사신다는 얘기를 들었을 뿐 주소는 모른다고 했다. 어떻게 하여 알 수 있는 길이 있다면 다시 한번 만나 뵙고 싶다. 벌써 회갑을 넘기셨을 선생님께 약주라도 대접해 드리며 옛날 얘길 나누고 싶다. 그리고 그동안 살아오신 경험담을 더 듣고 싶고 내 얘기도 해 드리고 싶다. 그때 학업을 중단할 뻔했었다가 거의 자력으로 가정교사 등을 하며 대학원까지 졸업하고 지금은 선생님처럼 교편을 잡고 있다든지, 선생님에게서 들은 글쓰기법 강의를 기억하며 몇 편의 수필도 쓰고 있다는 등……. 그리고 선생님과 같은 이상적인 연애결혼으로 아이를 낳아 키우며 잘 산다고 자랑하고 싶다.

'제임스 딘' 주연의 '초원의 빛'을 가슴 두근거리며 두 번씩이나 보면서 풋풋한 첫사랑의 꿈을 그리던 열일곱 사춘기 때 K선생님은 나에게 로맨틱한 삶의 모델로서 예술적 취향을 일깨워 주셨고, 따뜻한 인간애를 가진 멋있는 교사로서의 이미지를 심어 준 고마운 분이셨다.

태백산 각화사에서

기차가 이하역을 지날 때쯤 느닷없이 눈시울이 젖어드는 것이었다. 주말 오후 기어이 강릉행 완행열차에 오르고 말았다. 입석표를 들고 붐비는 열차 한구석에 쭈그리고 앉아 생각나는 것은 별로 없었다. 단지 왜 고집스럽게도 평범하게 휴일을 즐기지 못하고 혼자 떠나야만 하는가 하는 생각이 들 뿐이었다.

무언가 크게 괴롭다거나 슬퍼서가 아니라 그저 막막한 삶에의 안타까움이 가슴에 응어리가 되어 사그러지지 않았다.

대구에서 네 시간 가까이 봉화를 지나 춘양역에 내렸을 때는 삼월 중순인데도 눈발이 분분하게 흩날리고 있었다. 대학 시절 즐겨 읊던 "샤갈의 마을에는 삼월에 눈이 온다……"던 시구가 떠오르고, 낯선 역사 너머 시골 동네가 샤갈의 그림에 나오는 마을처럼 정겹게 보이는 것이었다.

택시를 타고 태백산 줄기에 자리한 각화사에 도착하니 마침 저녁 예불 시간이었다. 법당에 들어가 합장하고 "지심귀명례……" 예불문을 따라 외니 고향에 돌아온 것 같은 느낌이 들었다.

지난겨울 우연한 기회에 이 절에서 묵은 적이 있었다. 인연 따라 먼 곳을 찾게 되었지만 절 분위기가 너무나 조용하고 좋았었다. 원효대사가 창건하였다는 유서 깊은 이 절은 최근에 중창하여 깨끗하고 중후한 모습으로 단장되어 있었다. 그저 법당에 앉아 있거나 옆에서 바라보기만 하여도 온몸에서 탐욕이 씻겨져 내리는 듯 홀가분해지는 것이었다.

거기다 간간이 듣게 되는 스님들의 법문은 세파에 찌든 가슴을 후련하게 만들어 주었다. 언젠가 저녁, 서산대사가 소요대사에게 법을 전하게 된 과정의 얘기를 들었을 때는 불현듯 나도 출가하고픈 생각이 일어났다. 그것은 참으로 쉬운 일이었고, 최상의 선택으로 여겨지는 것이었다.

"스님, 저도 그만 출가하고 싶습니다." 하였더니 주지 스님께서 지그시 바라보시며 좀더 생각해 보자고 하셨다. 그러면서 우선 겨울방학을 절에서 지내고 가능하면 몇 달 휴직을 하더라도 백일 정도 기도해 보라고 하셨다.

태백산 정기를 받아서인지 용기가 생긴 나는 집으로 전화를 내어 기한부 출가를 허락받았다. 당초에 며칠만 다녀가기로 한 것이 대폭 연장된 것이었다.

각화사에는 큰절 주변에 남암, 서암, 동암 등의 암자가 있고, 거기 기라성 같은 숨은 도인들이 살고 있었다. 삼년 결사로 묵언, 은거하며 참선 정진하는 젊은 스님들도 있고, 이 생에서 공부를 해 마치겠다는 철저한 결심으로 평생 혼자서 토굴 생활을 하며 촌각을 아끼는 노스님도 계셨다. 이따금 그분들의 모습을 뵙는 것만으로도 몇 십 권의 책을 읽는 것보다 얻는 것이 많았다.

오백 년씩 묵은 솔바람 소리는 파도소리처럼 청량하게 들려오고 행락객이나 외부인의 출입이 거의 없는 적막한 산속에서 나의 수도 생활은 시작되었다. 세상의 공부는 조금이라도 더 알고 분별하려고 애쓰는 것인데, 여기서의 공부는 반대로 그 알음알이를 다 놓는 일이었다. 다 버리고 아무 생각에도 머무르지 않는 상태에서 화두만이 성성하게 살아 있게 된다. 시작도 끝도 없는 생명, 과거도 미래도 없이 오직 영원한 현재만을 사는 평안함을 맛볼 수가 있었다.

새벽 3시에 일어나서 밤 10시까지 꽉 짜여진 일정 속에 피곤하기도 했지만 그것은 내게 새로운 희열을 안겨 주는 것이었다. 매일 천 배 가량 절을 하고, 말로만 듣던 삼천배도 해 보았다. 손에서 염주를 떼지 않고 관세음보살을 끊임없이 염송하며, “관세음보살을 부르는 이 물건이 무엇인고?”하는 것이 화두였다. 베갯머리에 잠들 때도 그 화두만 챙기려고 애를 썼다. 사시 예불 시간 같은 때는 큰 소리로 염불을 하다가 몇 번이나 주체할 수 없이 뜨거운 눈물을 쏟기도 했다. 내 삶이 경계에 부딪히기도 했던 지난날 아픈 기억의 파편들이 이따금 뇌리를 스치고, 그것들은 가슴을 후비는 뼈아픈 참회의 몸부림으로 다가드는 것이었다.

나는 지금까지 수행을 별로 해 본 적이 없었다. 삶에의 기력이 떨어질 때 밧데리 충전하듯이 법문을 들으러 다녔고 알량한 이론이나 조금 섭렵하는 정도였다. 그런데 머리로 이해한 공부가 결코 내 살림살이가 되지는 않음을 확실히 알 수 있었다.

법복을 입고 염주를 굴리는 나의 모습은 어쩌면 생소한 것인지도 모른다. 그러나 그 얼마나 마음이 편안했던가. 지나온 수십 년 세월이 꿈결처럼 잊혀져 갔다. 내게 언제 자식과 남편이 있었으며 애통고통 쫓아다니고 욕망의 노예가 되어 헤매었더란 말인가.

하지만 구정이 가까워지자 하산하지 않을 수 없었다. 이대로 영영 내려가지 않을 수도 있겠다는 생각을 몇 번 해 보기도 했지만 두고 온 인연들이 마음에 걸리는 것이었다. 애착을 끊기란 얼마나 힘든 일이었던가.

몇 달 휴직이라도 하고 다시 산으로 가고 싶던 소망은 무산되었다. 다만 공휴일이나 방학 때를 이용하기로 하고 나의 일상은 평범하게 돌아갈 수밖에 없었다. 개학이 되고 바쁜 일정 속에 쫓기던 어느 주말, 문득 각화사 생각이 났다. 그것은 나에게 피곤한 심신을 달래주는 귀의처 같은 것이었다.

내가 많은 종교 중에 굳이 불교를 택한 이유 중의 하나는 절이 산속에 있기 때문일 것이다. 어떤 분에게 왜 깊은 절에서 사느냐고 물었더니 “산봉우리 위에 떠 있는 흰구름이 보기 좋더구만” 했다는 말처럼.

야맹증

어린 시절 언제부터인지 밤에는 잘 보이지를 않았다. 어두우니까 안 보이는 것은 당연하다고 생각했다. 다른 사람들도 다 그러려니 하고 대수롭지 않게 여겼다. 그런데 주변 사람들이 밤에 내가 하는 행동을 보고 이상하게 느끼면서 걱정을 하곤 했다. 왜 그것도 안 보이냐면서 놀리는 친구도 있었다.

철이 들어가면서 나는 밤눈이 어둡다는 것을 알게 되었다. 밤에 어디 갈 때는 가로등이 있는 길을 골라 다녔다. 시골에 불빛이 없는 길은 지척을 분간하기가 어려웠다. 어쩌다 혼자 가게 될 경우는 쩔쩔매곤 했다. 동행이 있을 때는 특별히 거북한 사람이 아니면 팔을 잡았다. 염치 불고하고 남녀노소 가릴 것 없이 도움을 받을 수밖에 없었다. 미안하기도 하고 때로는 오해를 받을까 싶어 '야맹증이 있어서요. 좀 붙잡아도 될까요?' 하며 구차하게 양해를 구하기도 했다.

이런 사정을 잘 아는 사람들은 도움을 청하기도 전에 먼저 다가와서 붙잡아 주었다. 세상에는 남을 배려하는 따뜻한 사람들이 많음을 문득문득 깨닫는다.

붙잡지 않고 걸으면 속도를 맞추기가 힘들어 일행을 놓칠 때가 많았다. 빨리 걷게 되면 발 앞의 장애물을 못 보고 넘어지기 일쑤였다. 다리 다치기를 수없이 하다가 무릎 골절상을 두 번이나 겪었다. 사십여 일간 입원하여 휠체어를 탄 적도 있었다.

워낙 성격이 급하고 조심성이 없는 데다 눈까지 안 보이니 사고를 칠 수밖에 없었을 것이다. 평소에 빨리 걷는 버릇이 있어서 친구들이 경보 대회에 나가 보라고 할 정도였다. 골절로 입원한 이후는 좀 천천히 다니게 되었지만.

야맹증을 고치려고 알아봤으나 방법이 없었다. 식구들이 나를 속이고 쥐고기를 먹인 적도 있었으나 소용이 없었다.

나이가 들어가면서 밤눈은 더욱 어두워졌다. 전혀 보이지 않는 깜깜이가 된 것이다.

어느 날 저녁 무렵, 비가 내리는 귀갓길이었다. 아파트 옆 공원길에 평소에는 가로등이 잘 켜져 있었는데 그날은 웬일인지 불이 없었다. 뒤돌아나가서 대로변으로 갈까 생각하다가 그냥 걸었다. 늘 다니던 길이고 행인을 따라가면 되겠지 싶었다. 그런데 어느 지점에선가 갑자기 매우 깜깜해지면서 아무것도 보이지 않았다. 어림짐작으로 몇 걸음 더 옮겨 봤지만 도대체 감을 잡기가 어려웠다. 방향 감각도 없어지고 절벽에 선 것처럼 꼼짝할 수가 없었다. 뒤돌아가려고 해도 가는 길을 가늠할 수가 없었다.

비슷하게 걷던 사람도 있었는데 어디론가 사라졌다. 적막강산이었다. 길을 잘못 들어서 공원 안쪽 엉뚱한 곳에 서 있는 것 같았다. 순간적으로 가슴이 덜컥 내려앉았다. 무인도에 서 있는 것 같은 막막함을 느꼈다. 이 일을 어쩌나.

비는 더욱 세차게 내려 우산 밑으로 옷이 다 젖고 있었다. 추위와 두려움에 휩싸여 한참을 서 있는데 어딘가에서 인기척이 들렸다. 얼마나 반가웠는지 나도 모르게 큰 소리로 구조를 요청했다.

눈이 안 보이면 다른 감각이 더 발달한다는데 나는 그렇지를 못했다. 어떻게 이십 년 넘게 다니던 길을 그렇게 모를 수가 있을까.

한 번은 미명의 새벽에 팔공산 갓바위를 가게 되었다. 가끔씩 가는 길이라 갈 수 있겠지 하고 일행을 따라나섰다. 어슴푸레하게 날이 밝아오고 있었다. 그날의 일행들은 가깝게 잘 아는 사람들이 아니어서 좀 붙잡고 가자는 소리를 못했다. 그래도 어지간히 보이는 길이어서 혼자도 갈 수 있으리라 믿었다. 그 일행들은 예상외로 걷는 속도가 빨랐다. 무의식중에 그들을 따라가야 한다는 생각을 했는지 나도 속보로 걸었다.

올라가는 길 어디쯤인가 난간이 없는 시멘트 다리가 있었다. 그 다리를 지나는데 너무 가쪽으로 갔는지 그만 한 쪽 발을 헛디뎌 떨어지고 말았다. 마침 가뭄이 들어서 물은 없고 바위 위에 떨어진 것이다. 정신이 아찔하고 어찌된 영문인지 몸을 조금도 움직일 수가 없었다.

구급차에 실려 병원에 갔을 때 의사가 말했다. “그 정도 높이에서 추락했으면 엉치뼈가 부러졌을 텐데 엉덩이 살이 깊어서 타박상만 입었군요. 그리고 머리를 부딪치지 않아서 천만다행이네요.” 라고 했다. 하마터면 그때 죽었을 수도 있었겠다 싶었다.

두 달 동안 직장을 쉬면서 많은 반성을 했다. 야맹증 있는 사람이 각별히 주의하지 않고 새벽에 산에는 왜 올라갔을까 하고.

어쩌다 내게 이런 병이 왔는지 생각해 볼 때가 있다. 선천성인 것 같으니 전생에 무슨 잘못이 있었을까. 사람은 태어날 때 저마다 몇 가지 숙제를 가지고 온다는 말이 생각났다. 이 병을 통해서 이루어야 할 어떤 사명 같은 것이 있지는 않을까. 이미 내게 주어진 업보이니 긍정적으로 받아들이고 대처하는 수밖에 도리가 없다.

한낮에도 안 보이는 현상에 비하면 그래도 얼마나 다행한 일인가. 밤눈이 어둡다고 불평할 것이 아니라, 낮에라도 볼 수 있다는 것에 대해 감사할 따름이다.

(2022)

콩트

산노루

버스가 낯선 거리를 비틀거리며 달리고 있었다. 같은 시내이면서 여태껏 한 번도 와 본 적이 없는 곳이었다.

찬바람이 부는 북비산 언덕을 굴러내려 또 어딘가로 바퀴를 돌리고 있는 버스에 기대어 정현은 피곤한 몸을 늘어뜨리고 있었다. 별로 손님이 많지 않은, 그래서 더욱 울적한 무엇이 느껴지는 밤의 버스 통행이었다. 정현은 무심히 창밖을 향하던 눈을 돌려 맞은편을 건너다보았다. 그때 정현의 눈을 멈추게 하는 사람이 있었다.

그는 검은 작업복과 안경을 낀 깊숙한 눈매의 청년이었다. 그도 또한 아르바이트를 마치고 돌아오는 정현이처럼 피로에 젖어 있는 듯했다. 얼굴이 조금 여윈 편이어서 날카롭게 보이는 윤곽과는 달리 선량하게 빛나는 눈망울이 주는 우수 같은 것이 있어 정현에게 친근감을 안겨 주었다. 그 마음의 어느 가장자리엔가 공감의 영역을 찾을 수 있을 것만 같은 그런 얼굴이었다.

그런데 그다음 순간, 정현은 깜짝 놀라 고개를 떨구고 말았다. 그 청년이 이쪽으로 눈을 주었을 때, 그러니까 그 청년과 정현이가 정면으로 눈이 부딪쳤을 때였다.

정현은 눈의 착각을 일으켰다. 그가 꼭 희욱이라고 생각했던 것이다. 그래서 자칫했으면 '어마!' 하고 소리를 낼 뻔했다.

그러나 다시 그가 아니었음을 인식했을 때는 부끄러움과 서운함으로 하여 얼굴에 손을 가리고 말았다. 그것은 참 기막힌 오류였다. 희욱이가 지금 여기 있을 리가 만무한데도 그렇게 보였던 것은 차 안의 희미한 불빛 탓일까, 아니면 그를 생각하는 정현의 환각이었을까.

정현은 차창 밖을 스치는 현란한 네온사인을 응시했다. 그 무수한 불빛 사이로 욱의 커다란 두 눈이 조용히 다가왔다가 사라지곤 했다.

그것은 아주 오래전의 일이었다. 아마 키가 지금의 반쯤밖에는 안 되었을 유년 시절, 얼굴의 윤곽조차 희미한 기억의 저편에서 한 소년이 눈물어린 눈으로 손을 흔들고 있었다.

희욱의 집은 정현의 집에서 한 서너 집쯤 격해 있는 외진 곳이었다. 탱자나무 담장이었고 대문은 없었다. 마당 입구에는 늘 커다란 거름(퇴비) 무더기가 쌓여 있었다. 넓은 마당과 허름한 초가삼간엔 아무리 둘러봐도 훔쳐가고 싶은 물건이라곤 하나도 없었다. 그런

처절한 가난에도 불구하고 조금도 구차스럽게 느껴지지 않던 것은 욱이 어머니의 화사한 모습과 갈 때마다 빈입으로는 보내지 않는, 하다못해 감자 하나라도 구워 주는 세심한 친절 때문일 것이다. 그리고 바로 마당 앞을 흐르는 맑은 냇물과 집을 둘러싸고 있는 포플러 숲은 여름이 제철이었다. 그 그늘 아래에서 숙제를 했고 풋감 삭힌 것을 갈라먹기도 했다. 그렇게 철없이 어렸을 때는 그들의 시골 마을이 이 세상의 전부인 줄 알고 있었다. 천진난만하게 뒹굴며 세월 모르고 지낼 수 있었다.

그리고 소꼴(소풀)을 베다가 정현이 손가락을 다쳤을 때, 희욱이가 입고 있던 런닝셔츠를 쭉 찢어서 싸매 주던 일이랑, 초등학교 4학년 때의 보건 시간에 피구를 할 때 희욱이는 꼭 정현이에게만 공을 던지곤 하여 반 동무들의 웃음거리가 되기도 했던 일들이 아련하게 지금은 하나의 신화가 되고 있었다.

그런데 6학년이 되면서부터 욱인 자꾸 우울해지기 시작했다. 중학교에 진학할 수가 없었던 것이 그 이유였을 것이다. 그때까지 학교에선 늘 정현이와 일이등을 다투는 성적이었는데도 불구하고……. 그래선지 욱은 항상 정현의 뇌리에서 슬픈 얼굴을 동반하고 있기도 했다.

정현이가 과외 수업을 마치고 늦게 학교에서 돌아오는 길에 어쩌다 욱이와 만나면 서먹서먹하기만 했다. 그럴 때 욱은 소꼴 망태기를 치켜올리며 바쁘게 소를 몰고 골목길로 들어가 버리기도 했다.

그 후 정현이가 T시에 진학하고부터는 방학 때 밖엔 볼 수가 없었고, 그것도 자주 만나지진 않았다. 희욱이는 어느새 큰 일꾼이 되어 있었고, 온통 마을의 고된 일은 도맡아 품들고 있었기 때문에 언제나 바빴다.

흙투성이의 무릎이 찢겨진 바지, 긴 허리 위로 펄럭거리는 남방을 앞으로 불끈 틀어매고 서글서글하게 웃으며 '왔나!' 하고 제법 어른스럽게 방학이 되어 만나면 하는 인사였다. 그리고 방학이 다 끝나고 다시 떠나는 차에 올라, 차가 막 떠나려고 하면 희욱은 어디선가 달려나와 마구 손을 흔들어 주는 것이다.

멀어져 가는 모퉁이로 눈물 고인 눈망울이 보이는 것만 같아 공연히 정현은 며칠씩 방문을 닫아걸고 생각에 잠긴 적도 있었다.

그러던 어느 겨울방학 때의 일이었다. 희욱은 그날 산에 나무를 하러 갔다가 아주 늦게 돌아온 적이 있었다. 며칠 전에 정현에게서 빌려간 '황순원 전집'을 읽느라고 몇 밤을 잠을 자지 못했기 때문에, 소를 타고 산으로 올라가다가 졸음이 와서 하마터면 떨어질 뻔했다. 그런데 그날 오후 늦게 돌아오는 길에서였다. 피로한 눈을 감고 한참 걷다가 눈을 떴을 때, 바로 가까이에 산노루 네 마리가 놀고 있는 게 보였다. 그는 반동적으로 살금살금 접근해 갔다. 손이 닿을락 말락 했을 때 갑자기 노루 새끼들은 놀라서 뛰기 시작했다. 욱은 죽을 힘을 다해서 쫓아갔다.

그러나 산등성이를 몇 개 넘도록 달렸으나 결국 다 놓치고 말았다. 날이 어두워져 더 보이지 않았던 것이다.

그날 정현이에게 그 이야기를 하면서 희욱은 못내 아까워했다.

날만 어둡지 않았다면…… 하고 그는 누차 되풀이했던 것이다. 그리고 정현이 앞에서 그렇게 속상해하는 모습은 -그걸 한 마리 붙들었다면 너에게 주었을 텐데 하는 것 같았다.

그해 겨울 이후, 정현은 한 번도 욱일 보지 못했다. 그의 어머니 말에 의하면 꽤 멀리 떨어진 어느 마을로 머슴살이를 갔다고 했다. 그 뒤로 또 부산에 있는 어느 목공소에 취직이 되어 갔다고 하기도 했다.

어쩌면 지금쯤 희욱인 야간 학교에라도 다니며 못다 한 공부를 하고 있을지도 모를 일이었다. 정현은 두서없이 바쁜 생활 속에서 간간히 그를 생각할 때가 있었다. 그 인생의 짧은 여정에서 만났던 얼마 안 되는 사람들 가운데, 잊고 싶지 않은 몇몇의 사람, 거기 희욱은 하나의 청량한 기억으로 남아 있었다.

운주사 돌부처

초판 1쇄 발행 2022년 4월 27일

지은이 이경숙
펴낸이 이은재
편 집 권정근
디자인 이태호

펴낸곳 도서출판 그루
출판등록 1983. 3. 26(제1-61호)
주소 42452 대구광역시 남구 큰골 3길 30
전화 053-253-7872
팩스 053-257-7884
전자우편 guroo@guroo.co.kr

ISBN 978-89-8069-468-6